亚登森林的回响　　查尔斯·霍姆

Law Book Review

法律书评

(15)

苏力 / 主编

北京大学出版社
PEKING UNIVERSITY PRESS

图书在版编目(CIP)数据

法律书评. 15 / 苏力主编. -- 北京:北京大学出版社,2025.6. -- ISBN 978-7-301-28077-5

Ⅰ.D9

中国国家版本馆 CIP 数据核字第 2025HK3718 号

书　　　名	法律书评(15)
	FALÜ SHUPING(15)
著作责任者	苏　力　主编
责 任 编 辑	方尔埼
标 准 书 号	ISBN 978-7-301-28077-5
出 版 发 行	北京大学出版社
地　　　址	北京市海淀区成府路 205 号　100871
网　　　址	http://www.pup.cn　http://www.yandayuanzhao.com
电 子 邮 箱	编辑部 yandayuanzhao@pup.cn　总编室 zpup@pup.cn
新 浪 微 博	@北京大学出版社
	@北大出版社燕大元照法律图书
电　　　话	邮购部 010-62752015　发行部 010-62750672
	编辑部 010-62117788
印 刷 者	大厂回族自治县彩虹印刷有限公司
经 销 者	新华书店
	650 毫米×980 毫米　32 开本　9.875 印张　230 千字
	2025 年 6 月第 1 版　2025 年 6 月第 1 次印刷
定　　　价	69.00 元

未经许可,不得以任何方式复制或抄袭本书之部分或全部内容。
版权所有,侵权必究
举报电话: 010-62752024　电子邮箱: fd@pup.cn
图书如有印装质量问题,请与出版部联系,电话: 010-62756370

北京大学法学院　主办

主编：苏力（北京大学法学院）

本期执行主编：李晟（中国海洋大学法学院）

编辑委员会：

戴昕（北京大学法学院）

胡凌（北京大学法学院）

田雷（华东师范大学法学院）

魏磊杰（厦门大学法学院）

于明（华东政法大学法律学院）

岳林（上海大学法学院）

张鼎（西南财经大学法学院）

左亦鲁（北京大学法学院）

学生编辑：

杨子潇　陈靓　马欣佚

郝煜东　朱恬逸　刘名卿

目 录

专题研讨——宪制、国家与空间政治

"青年学者新书沙龙·此疆尔界：门罗主义与近代空间政治"
　　实录 / 003
宪法留白、活的宪法与规范宪法
　　——田雷教授《继往以为序章》的一个理论接续 / 凌　斌 / 106
迈向现代国家：晚清—民国时期的国家重建
　　——读《旧邦新造：1911—1917》、《中国香港：文明视野中的
　　　　新边疆》与《现代中国的形成：1600—1949》/ 徐　申 / 135
重新"开眼看世界"的比较宪法
　　——评《海国宪志：全球化时代的比较宪法》/ 陈永乐 / 149

本土墨香——聚讼纷纭

社会史与法律史的对话
　　——评《聚讼纷纭：清代的"健讼之风"话语及其表达性
　　　　现实》/ 杜正贞 / 163
"话语"如何拯救内卷的研究？
　　——评《聚讼纷纭：清代的"健讼之风"话语及其表达性
　　　　现实》/ 赵　晶 / 173

表达与客观之间？

——读《聚讼纷纭：清代的"健讼之风"话语及其表达性现实》的一点思考 / 凌 鹏 / 196

异域书品

理性、道德与普通法

——评注《道德的法律强制》 / 毛允佳 / 213

不计后果地谈论隐私和爱？

——评 Privacy, Intimacy, and Isolation / 刘名卿 / 249

国际法是国际的吗？

——浅析安西娅·罗伯茨（Anthea Roberts）的著作 / 康依诺 / 268

人权历史的"显微术"

——关于 Christian Human Rights 的方法论探讨 / 李祎琳 / 283

编辑手记 / 301

《法律书评》稿约 / 303

"青年学者新书沙龙·此疆尔界:门罗主义与近代空间政治"实录

致 辞

戴昕(北京大学法学院副教授):各位师友们,下午好!今天很高兴能够用线上线下相结合的方式举办这样一场青年学者新书沙龙活动,主题是讨论北大法学院章永乐老师在2021年4月出版的新书《此疆尔界:门罗主义与近代空间政治》。我是北京大学法学院的戴昕,同时也参与《法律书评》集刊的相关工作。

《此疆尔界》这本书问世以来,受到学界很高的关注。章永乐老师虽然在法学院工作,算是法学学者,但这部作品却具有真正意义上的跨学科视角和超出大多数法学研究的知识品位。因此,从法学界来看,确实比较异类——"独树一帜"意义上的"异类"。

这本书探讨的空间政治问题,在近年来受到越来越多的关注。而这本书从思想和话语的角度切入,立意独到。空间在不同的语境中有不同的意义。一方面,我们这个沙龙能以线上和线下相结合的方式来完成,正说明空间局限正越发不能成为阻隔交流的理由。而使门罗主义具有说服力的,所谓"空间与有效沟通、有效控制、有效治理的紧密相连",可能也既不是普遍的,又不是必然的,更不是恒定的;但另一方面,疫情中的种种经历也让我们越发能够理解,在今天这样一个技术宣称可以完全消弭空间距离的时代,空间到底能够在何种意义上局限我们的行动和交流。

今天我们邀请了包括法学、历史学、政治学、社会学等不同专业的老师,希望促成一次非常难得的跨学科研讨。借此机会也宣传一下,作为活动发起方之一的《法律书评》集刊,已经坚持了十八年,为法学界保留下了一块进行严肃的学术批评的阵地。最近刊物过往所有书评文章已经收录进入北大法宝数据库,可以在法宝上直接搜索、查看、下载。未来也希望各位老师、朋友能够把珍贵的文字稿件提供给《法律书评》。

接下来请《此疆尔界》的作者,北京大学法学院章永乐老师作主题发言。

引 言

章永乐(北京大学法学院副教授):《礼记》有云:独学而无友,则孤陋而寡闻。在过去二十年里,如果说我能够稍稍摆脱"孤陋而寡闻"的状态的话,靠的就是各位师友的支持和鼓励。我结识的是一群既潜心学问又充满家国天下情怀的人。与你们在一起,我感觉自己拥有友爱,朝向真理,这是一种何其让人沉醉的状态!

戴昕兄在议程里给我安排了半个小时作引言,但我准备只讲十到十五分钟。之前"三联学术通讯"公众号以及《上海书评》的丁雄飞兄对我的访谈,引导我尝试表达自己的延伸思考,大概已经达到了我的天花板。要实现突破,再上层楼,就需要各位师友的帮助。今天是各位师友集体给我开小灶,我准备好了仔细听,认真学,入耳入心。

放在大家面前的活体解剖标本《此疆尔界》,是我过去十年研究积累的一个产品,但我没有勇气说"十年磨一剑"。第一,近年来我们学术职业的安全性与稳定性急剧下降,似乎只有不断地写作和发表,才能缓解大环境带来的不安全感;第二,这本书写得确实不算慢。我在书的后记里回顾了它的写作过程。其中漏说的一点是,我最早发表的关于门罗主义的文字,大概是中央政策研究室刊物《学习与研究》2018年第3期上的《蒂勒森的"门罗主义"》。如果以此为起点,这本书从酝酿思路到出版也就三年的时间。

但在这三年里,发生了很多事情。从大的形势来说,先是中美关系急转直下,国际体系剧烈动荡,然后是新冠疫情暴发,我们在今天的生活仍然处于一种半停滞状态。从个人的际遇来说,2019年我目睹了这本小书的呈献对象,我们的朋友张晓波的猝然离世。而我在2020年3—4月,也曾经被新冠疫情困在法国南特卢瓦尔河畔,一度怀疑自己能否活着回来。三年来,我经常在幽暗中自言自语。如果没有与各位师友的持续交流,那些无法收束的思绪可能就会变成自我戕害的刀锋,而非落在纸上,形成有条理的文字。

我是幸运的,这本书的写作一直得到各位师友的帮助。在这本书还处于初稿状态的时候,刘小枫老师就组织了一个30多人的工作坊,花了一个上午的时间讨论它的运思、结构与材料。今天的研讨会,是出版之后的研讨,具有"工程验收"的性质。这本书在写作过程中能够引起这么多师友的兴趣,我事后反思,大概是因为它触及了大家都重视的一些问题意识。其中最根本的问题,是空间的人群边界,和人群的空间边界。"美洲是美洲人的美洲"与中国古代的"天下者,天下人之天下也",二者都在追问人与空间之间的关系。近代的主权的观念代表了在领土型国家层面寻求清晰的自主性边界的努力。而1823年的门罗主义,则代表着在超国家的区域层面界定自主性边界的努力。只不过,随着美国力量的膨胀,这种对自主性的诉求,也很快演变成了一种支配与干涉的诉求。在门罗主义的全球传播与接受过程中,界定自主性的空间边界的诉求,甚至延伸到了国家以下的空间层面。这在近代中国尤为突出。

于是,对于门罗主义的讨论,关系到霸权的形态。我们看到一种这样的霸权:它宣称自己要代表和捍卫他人被压抑的自主性,以不干涉乃至反干涉的名义来进行干涉。20世纪的中国,与这种以同情弱小者为名的霸权形态,曾经有过丰富的接触与斗争经验。但后来,我们反而对它不是那么熟悉了。强世功老师在香港三联书店出版的《文明终结与世界帝国》,就是在探讨这样一个霸权及其建构的全球法秩序。

在此基础上,我们可以讨论全球霸权与区域霸权之间的动态关系,尤其是区域霸权所体现的二重性——它一方面声称反抗全球霸权对于区域内弱小国家与民族的压迫,另一方面又以保护的名义,压抑本区域的弱小国家与民族。它模仿了全球霸权所走过的区域霸权阶段的道路,但是,全球霸权并不允许这样的模仿。

进而,我们可以讨论区域与国别研究的一些元问题,讨论历史上的帝国与霸权力量是如何划定空间并设定秩序,讨论它们在界定空间秩序时所运用的知识工具和由此形成的知识传统。然而,存在"帝国之眼"所看到的区域与国别,也就存在反抗者所看到的区域与国别。反抗者所用的许多空间概念,其实是压迫者所带来的。但是,通过反抗,这些空间概念可以被赋予新的含义。比如说,"亚洲"就是这样一个概念。大英帝国与美帝国的亚洲概念、日本帝国的亚洲概念与20世纪中国革命者的亚洲概念,必然具有不同的内涵。

更进一步地,我们能够从"帝国与国际法"的角度,来探讨两个世纪以来国际法的演变,探讨美国与拉丁美洲国家对于区域国际法主导权的争夺,探讨美国在西半球根据地的国际法实践如何为其建构全球秩序提供基础,探讨德日两国模仿美国范例展开的区域国际法建构尝试及其失败,从而思考未来的多极化会带来一种什么样的国际法秩序。

我们能够探讨内外关系,探讨国内秩序与国际秩序的关系,探讨宪法与国际法的关系。在近代,"天下是天下人的天下""美洲是美洲人的美洲""亚洲是亚洲人的亚洲""中国是中国人的中国""广东是广东人的广东"这些表述方式之间发生了强烈的共振,这给我们提供了线索,去思考不同层面的秩序变动的相互关联性。

我们可以探讨20世纪中国的"旧邦新造",探讨新民主主义革命如何在"超国家"层面回应区域霸权的侵略,在"次国家"层面回应"联省自治运动"背后充满惰性的军绅政权,探讨革命如何打破原有的空间边界,重新设置空间秩序。

我们可以探讨未来的国际秩序与区域秩序,探讨那些基于"管辖范围"(jurisdiction)的新型空间政治以及相应的法则冲突,探讨"一带一路"与"涉外法治",探讨"人类命运共同体"与"主权"概念之间的关系。

我们可以从一个超级传播的链条,探讨概念史的方法的运用,探讨"形态学"对于建构传播链条的意义,探讨全球法律史和全球思想史在中国语境中的展开,探讨"全球性"究竟体现在研究对象本身,还是研究者的比较框架之中。

也许我们还可以进一步探讨我们与学术传统之间的关系。丁耘老师在 2008 年的一篇评论李泽厚的文章里,曾经提出"改革开放时期的西学四导师"的说法,❶"西学四导师"包括青年马克思、康德、海德格尔和施特劳斯。十三年过去了,确实再也没有同等影响力的"西学导师"出现。但现在是什么样的思想与实践的力量,在推动着我们的思想向前行进?

《此疆尔界》可能触碰到许多问题,但它只能回应其中非常有限的部分,而且是浅尝辄止的回应。它的各章的质量可能是参差不齐的。由于语言能力和资料的原因,写日本的一章可能是薄弱的,写德国的一章其次;英文与中文的资料也许相对比较全一些,但由于涉及主题很大,头绪很多,写作的时候,难免会有框架性强但缺乏深描的问题。其实,每一次门罗主义话语的运用,都涉及非常复杂的本地的空间政治过程。杨念群教授在 2019 年年底的书稿讨论会上强调过"发掘话语背后的本地政治过程"的重要性。但这本书也许主要是先把框架做出来。要对本地政治过程进行深入探讨,可能需要更为细致的个案研究。

最后,期待各位"主治大夫"对这本小书进行"活体解剖"。这场活体解剖试验可以揭示这本书和它的前期准备工作的局限性,但同时也可以为思考我们的思想工作与时代之间的关系提供一个切入点。假如我们无法治疗时代的话,我们至少也可以通过这样的试验,治疗自己。

---

❶ 参见丁耘:《启蒙主体性与三十年思想史——以李泽厚为中心》,载《读书》2008 年第 11 期。

"青年学者新书沙龙·此疆尔界:门罗主义与近代空间政治"实录

引言起的作用如同爆炸物的引信,燃烧完了,就要听到爆炸声了,无论是烟花、鞭炮、手榴弹、炸药包,还是意大利炮、东风导弹、原子弹、氢弹……今天北京迎来了2021年的第一场雪。群贤毕至,少长咸集,耳听论道,眼观雪落,岂不妙哉。

戴昕(北京大学法学院副教授):非常感谢章永乐老师的主题发言。我们今天的主要工作,就是花时间来帮助章老师发掘这本书的学术意义。因为学术批评活动的最大价值,就在于读者总能从作品中发掘出作者自身未必意识到的有价值的问题。

第一单元

主持人(澎湃新闻记者丁雄飞):各位老师下午好,十分感谢今天让我来这次沙龙进行学习。我们沙龙第一场主题是"跨学科视角",每位老师发言最多不超过十分钟,最后时间宽裕我们再自由讨论。首先有请中国人民大学历史学院的高波老师。

高波(中国人民大学历史学院副教授):谢谢主持人,我有幸参与过章老师书稿的第一次讨论,这次拿到书稿以后又认真拜读了一遍,有很多新的收获。虽然书稿的框架基本上没有大的变化,但是每一部分都有进一步的推进,我自己读了以后有很多的收获。虽然章老师的书在几个学科交界面上都有辐射性影响,对很多看起来跟门罗主义不相关的问题都有启发意义,但因为今天参与沙龙的老师来自各个学科,各有所长,所以我主要就近现代史这个领域谈一谈。我想大概谈以下两个问题。

第一个问题,门罗主义作为一个主要运用在超国家领域的概念话语，竟然能够在特定时空中挪到组成同一个国家的省一级来使用，这是很奇怪的。对于应该怎么解释这一问题，章老师在书中已经做了很重要的探索。但我认为这部分似乎有些意犹未尽，我想对此谈点自己的想法。

在中国的政治传统中，省是非常特别的存在。它大概在元代诞生，既是大一统的部分，又有一点地方自治的色彩。而且，仅就空间政治这个角度来讲，省其实是很难建立在任何门罗主义上的。因为，它的建立过程，就是一个有意打破任何自然界限的过程。历史地理学中有一个名词叫作"犬牙交错原则"——为了防止割据，防止出现门罗主义，故意让一个省横跨自然的山脉、河流。这个原则贯彻得非常彻底，彻底到中国现在很少有按自然山脉、河流来切割的省份。可是，这一状况在近代似乎发生了一百八十度的倒转：就是要强调自然、借助自然，来建立一个强烈的空间政治模式的门罗主义。这到底应该怎么解释，应该还有进一步去拓展的空间。至少一个特别重要的点是，章老师重新在门罗主义这样一个全球演变的过程中，给了它一个位置，这是中国进入近代的很重要的一个节点。

我们需要进一步地阐发它，包括怎么动用中国传统的思想观念。因为，我们讲中国古代的天下秩序，经常会强调它是一个"无外"的政治：它是不讲边界的，或者至少在理念上不讲边界。但是，这只是话语层面。形式上是"无外"的政治，但实际上明白大致的统治界限在哪里，文明辐射的界限在哪里。比如，对朝鲜，我们就有一种非常强大的亲近感，甚至为它打了两次具有国运意义的战争。但是，对另外一些地方，我们就觉得没有那么大的联系了。因此，在中国，一定有一个关涉到区域和地方的、实践着的门罗主义的内核。它让我们意识到：在哪里，我们要拒他人于门外。但问题在于,我们怎么在道理上去阐发它?其实,我们可以借鉴中国古人的一些看法。比如,明清之际的思想家王夫之就有一个说法,他说玉门以东就是中国,因为玉门以西的水全部往西流了。他用所谓"水东流"来界定什么是中国,这个界定方式,就有一点想借用某种自然意义上的方式来界定中国的倾向。还有,对所谓"藩"的理解,也不是通过国界、经纬度那样一条线的方式来划分的。比如,古代的朝鲜并不是几条几何线划定的范围,而是一个存在影响的特定政权的范围。这些思考都有助于我们进一步发掘实践中的天下主义是什么,而不是话语中的天下主义是什么。这也许和门罗主义也有一定的关系。

第二个问题,章老师对美国门罗主义形成的研究,让我联想到了在中国古代史中对祖宗之法的探讨。虽然两者在政体、地缘环境、文明上差距很大,但作为祖宗之法的美国门罗主义的形成,其实和中国王朝时代祖宗之法的形成是有某种可类比性的。

首先,作为美国的祖宗之法,美国的建国原则是通过宪法订立的,这是明确的,至少从条文上面没有变动过。而同样作为祖宗之法的实践性的门罗主义,则是在门罗之后到19世纪中后期慢慢形成的,且后面到20世纪有很大改动。可以说,这是两种形成政治传统的方式:一个是在政治体建立的时候就形成,在条文上进行明确;另一个则是在跨越百年的实践过程当中形成。

类比到中国古代。当前关于中国古代祖宗之法的最好的研究,来自邓小南老师对宋代的研究。根据邓小南老师的研究可知,宋代的祖宗之法是后一种,它并不只是在宋太宗、宋太祖时代建立的一套非常明确的条文,而是诞生于实践,只做不说,通过接近一百年的时间,到北宋中期的时候才慢慢形成。也即共治天下、柔性统治。清代的情况与宋代比较类似,也是花了一百多年,到了乾隆时期才慢慢形成。相反,明代的祖宗之法就是前一种,几乎在朱元璋一个人统治的时候就被完全奠定了,是法条的、刚硬性的。实际上,朱元璋是具有极强制度建立能力的人。比如在废除宰相方面,祖宗之法的强大导致即使因此出现很多问题,丞相制度就是恢复不了。可以说,朱元璋很像一个近代意义上的立法式的君主,他确立的政治原则变成了整个王朝贯彻始终的所谓刚性祖宗之法。我想,这种中西对比也可以拓展我们对于中国古代政治,包括中国近代政治的认识。

最后我想留下一个问题:门罗主义到底是哪一种?它虽然是实践性的,慢慢形成的,但又表达着对美国建国原则的形式的尊重,似乎是混合的。这是我最后想请教章老师的一个问题。我大概说到这里,谢谢。

主持人(澎湃新闻记者丁雄飞):下面让我们有请中国人民大学国际关系学院政治学系的欧树军老师。

欧树军(中国人民大学国际关系学院教授):我主要从三个关键词出发来谈谈对《此疆尔界》这本书的读后感:反思、祛魅和超越。

第一个是反思。这本书抓住关键人物的关键思想,从观念史、概念史的纵深处,用门罗主义去反思殖民主义、霸权主义和帝国主义对全世界的影响。

第二个是祛魅。这本书同时也是对西方化的全球史、普遍性、世界性的祛魅。

第三个是超越。这本书超越了"学科门罗主义",融合了法学、历史学和政治学的知识背景。同时,这本书也超越了"话语的门罗主义",探讨了历史观、世界观、发展观的此疆尔界。

过去十多年来,不同学科的学者共同见证了围绕大国竞争展开的世界历史进程,竞争涉及利益与实力、话语与文化、制度与文明、知识与学术,以及世界与自身之间的关系,还有门罗主义本身所蕴含的孤立主义和扩张主义的冲突。越来越多的学者开始反思冷战结束以来三十年中所出现的西方世界的文化霸权,尤其是重新认识美国。美国自身很多学者也在做这种反思,只是他们的视野更多仍以美国政治为背景,而《此疆尔界》这本书显然是以中国政治为背景。

如果以美国政治为背景,重新理解门罗主义对于美国和世界的意义,它的全球话语背后,是美国作为民族国家、作为全球帝国的不断扩张,是从本土帝国主义转向全球帝国主义,是从区域霸权转向全球霸权。就此而言,美国在冷战结束之后的世界主张,是以实力为保障的阳谋。美国国会研究局的数据表明,1789年美国建国以来,美国人几乎很少处于和平状态,美国军队一直在国外发动战争、参与战斗,进行侵略性的军事行动,只有十一年例外(1796、1797、1897、1935—1940、1977、1979)。其中,美国军队是绝大多数战争和侵略行动的发起者,只有"二战"期间日本对美国五个太平洋殖民地(夏威夷、菲律宾、关岛、威克岛、阿拉斯加)的袭击是个例外。但是,只有少数战争出现在美国的历史教科书中:独立战争、1812年战争、美墨战争、美西战争、"一战"、"二战"、朝鲜战争、越南战争、1991年和2003—2011年的伊拉克战争、阿富汗战争以及针对伊拉克和叙利亚所谓伊斯兰国的战争。2001—2021年的反恐战争,包括战争开支、退伍军人的福利和战争债务利息等在内,总花费6.4万亿美元。这笔钱可以为美国处于贫困线以下的1300万儿童支付十八年的医疗费用,为 2800 万学生提供四年公立大学奖学金,为 100 万退伍军人提供二十年的医疗保健,为 400 万清洁能源工作者支付十年工资。

因此,门罗主义背后是处于永久战争状态下的美国,门罗主义是帝国主义、军国主义、资本主义、种族主义、父权主义、民族主义、宗教沙文主义等方面相互影响的产物。就此而言,美国是先以军政立国,又以军政治国,美国领导人创造了永久的"战争经济",美国成为人类社会独一无二的处于永久战争状态的"战争国家"。

门罗主义所代表的对外战略,既有区域性的孤立主义,又有越出西半球走向世界的扩张主义,这本书为人们展示了对外战略观念的塑造和内部社会思想和社会制度机制之间的复杂关系,同时促使人们思考知识生产的中心化和去中心化。西方霸权国家借助学术研究机构形成的国际科学网络,"二战"以来形成的战争情报需求对大学教育体制的重组,以及 20 世纪 50 年代以来,美国大学在福特等私人基金会资助之下形成的跨学科区域研究所培育出来的一代冷战社会科学家,其中的知识生产机制或许仍然值得重视。展望未来,如果学术思考能够抓住时代的思想脉络、文明的精神要素,对中国人和人类的处境尤其是亚洲、非洲、拉美新生国家命运进行发人深省的寻根问底,或可在观念史、概念史、思想史的深入考察基础上,形成更为整体性的理论框架。

最后,章老师的《旧邦新造》《万国竞争》《此疆尔界》三本书,讨论的时间点截止于 1945 年。我想,进入 1949 年以来的现代中国,既是大家共同的学术事业,也是一项艰巨的学术工程。谢谢大家。

主持人（澎湃新闻记者丁雄飞）：谢谢欧树军老师。下面我们有请北京大学社会学系的田耕老师。

田耕（北京大学社会学系副教授）：谢谢主持人，各位老师好，非常荣幸有机会参加这个会议，我之前在北大的时候和一些老师讨论过章老师的这本书，有很多收获。刚才两位老师谈了很多的他们想法，我非常同意。章老师这本书提出了一个关于中国近代史的新的写法，在这个写法里面，他把对政治权力的讨论、国际法的变迁，还有近代国际秩序的建立，都非常有趣地结合在了一起。我相信对于许多学科的学者来讲，这是一次非常新颖的出发，而且会带来很多的挑战和思考。

之前和章老师也讨论过我的基本问题：门罗主义虽然是以孤立和抗拒的形态出现的，但它实际上直指一种需要被代言的自主权。所谓自主，指的是本地人对本地社会或者本地政治邦联的自治权。这样来看，门罗主义是自主与自治的代言。这个说法表面上是矛盾的——既然是自主，为什么需要代言？这是门罗主义内在一个非常关键的矛盾。被代言的自主权就不能用如"孤立"这样的字眼去理解。这种打引号的"自主"要成立，首先是更大层面上的国际秩序需要变化，所以被代言的自主有一个复杂的政治动力变化，就是重构国际秩序所带来的对自主性要求的变化。

重构的国际秩序是什么？我觉得这背后是一个非常悠长的传统。章老师这本书在一个半球的范围内归纳了门罗主义"旅行"带来的激发。如果我们回到西半球，门罗主义触发的实际上是所谓殖民帝国的变化，典型的如梅因对伯克、奥斯丁等人的批评。这个批评的核心是，因为不能再按照自由法理学的角度去衡量殖民帝国的扩大,所以不能够把习俗视为爱自由的帝国的一个障碍,而是要将其作为重建秩序的基石。所以,在维多利亚时代的政治思想里面,梅因的《古代法》对于古式社会的重建,实际上就是对几个重要的帝国主义思潮的汇集,对习俗的重新发现和开掘,以及对文明化为内在逻辑的自由帝国主义的挑战。

而《此疆尔界》这本书里面讲的门罗主义的逻辑,则可被归纳为:需要扩大政治空间的帝国,最先需要扩展代言其他社会文明和国家的能力。所以,优先取得解放的是一种新的代言权,这种代言权不再受以前文明等概念的束缚。在维多利亚时代的法学和国际主义的构建里面,这一点是非常突出的。对一个新的代言能力的需要,可能在梅因时代就会成为一个非常关键的主题。从《古代法》诞生的19世纪70年代开始,一直往后,一直到巴黎和会威尔森时刻,我觉得"更强的代言能力的争夺"取代了此前比较赤裸裸所谓文明化的框架——各国是兄弟,但必须要指定带头大哥。在这个逻辑里面,门罗主义是非常重要的一步。因此,我觉得章老师的这本书挑战了传统帝制的"代表"和"主权"的两大基石,而将重点转移到对"代理"其他地域和文明的自主权的争夺上面。

第二个问题,如果门罗主义是下行的,可以从"国际帝国主义"取代所谓"帝制民族国家的争夺",向着更基础的政治单位延伸,那么,那些"湖南人的湖南""广东人的广东"等口号中的"湖南""广东",到底是什么含义?"广东人"和"湖南人"的含义又是什么?这个时候,我会看到这场代言争夺中的另外一方面,即所谓nativism或者自治的核心对于自治能力的要求。

在民初联省自治里面,所谓"湖南人的湖南""广东人的广东",其实背后是说"这样的湖南人"和"这样的广东人"拥有一些在传统社会里面没有的共性。因此,"湖南人的湖南"不等于湖南自治或割据,"广东人的广东"也不等于广东的自治或割据,它的含义远远比孙中山军政府的含义影响更为深远。这是章老师这本书中的门罗主义的另外一部分含义:为什么本地主义或者自治论,没有与统一、大一统、"建政"构成强烈的冲突,反而构成了此后在中国愈演愈烈的国族论的推进器。在这方面,章老师这本书做了一部分工作。在门罗主义下行的基础上,这种在传统社会不可能构成的共识和共性,正在被挖掘出来。继而,门罗主义的下行又带来了另一个问题:我们需要系统地理清,在中国现代史上,自治论、自主论和类似"中国只有家族,没有民族"之类的说法,是怎么样纠缠在一起的?门罗主义的下行又如何在革命割据那里形成了高潮,并最终打破了自治、自主与一统之间的矛盾?理清这些问题对于中国这样的一个政治单元和族群单元都非常多元的国家,是十分重要的。

总的来说,章老师的书提及和阐发了两部分门罗主义:第一是 imperial internationalism 的建立,它延续了19世纪中期以来的国际秩序的重建;第二是,门罗主义的下行给国族建构带来了一个新的强劲推动力。这让我感到有很多的收获。我先讲到这里,谢谢章老师,谢谢大家。

主持人(澎湃新闻记者丁雄飞):谢谢田耕老师。下面有请华东师范大学历史系的王锐老师。

王锐(华东师范大学历史学系副教授):非常荣幸参加今天下午的讨论。章永乐老师的新书《此疆尔界》刚排版好不久,我就读了一遍，随后写了一篇书评发表在《读书》杂志上。❶ 之前章老师的那本《万国竞争》，我也是第一时间就读到了，顿感惊为天人，许多论述发前人所未发，澄清了不少长期以来模糊不清的问题，为中国近代思想史研究开辟了一个新的境地。当时，我也写了一篇书评，发表于华东师范大学法学院主办的《师大法学》上面。既然这次会议我被安排到"跨学科视角"这一环节，那么我就从中国近代史研究的角度来谈一下这本书的意义，以及由这本书而引申出来的相关问题。

首先，这本书对中国近代史研究起到了十分明显的推进作用。为什么这样说？我感觉今天的中国近代史研究，在史料方面固然有了极大扩充，并且拜大数据所赐，文献检索越来越便利，只要学校或科研单位有足够的资金购买更多的数据库权限，基本上就可以实现电脑在手，坐拥书城。这使我们对许多历史细节的研究越来越方便。但是，今天或许普遍存在的一个瓶颈是：对近代以来中国所面临的外部环境的复杂性与艰巨性的理解，仍不够深化、细化。如果我们承认近代中国面临古今中西交织之势，那么是否能够对世界近代史（特别是列强殖民扩张史）有足够的认识，就在很大程度上决定了研究者对近代中国整体大势的把握，决定了在具体研究中呈现的史识之高下。说一句不太中听的话，今天不少学者对近代以来中国外部的认识，仍大概停留在冷战结束之后由霸权主义国家所主导的世界秩序及其衍生的意识形态话语（主要是新自由主义）上，比较明显地受到了这套意识形态话语所描绘的历史叙事与政治叙事的影响，乃至将此视为天经地义、亘古不变。在此背景下，对于近

---

❶ 参见王锐：《门罗主义变形记》，载《读书》2021年第6期。

代以来中外历史的认识，就会自觉或不自觉地剔除掉那些与这套历史叙事不相符的东西，或只是以这套历史叙事所彰显的政治主旨、行动逻辑、基本立场为底色，去看待相关史事。那些被剔除掉、被污名化的东西，自然也就在历史进程中处于"失语"状态。

如果我们回顾近四十年的学术史，即便是在20世纪80年代风靡一时的中国式现代化史观，至少在内容上依然吸收了不少中国马克思主义史学的遗产，至少注意到了20世纪风起云涌的反帝反殖运动对全球历史进程的影响，至少承认对于中国这样的第三世界国家而言，民族独立、主权完整、突破帝国主义主导的世界秩序是非常重要的，这是第三世界国家实现名副其实现代化必不可少的环节。只不过在"实现了这些前提之后应如何继续发展"这一问题上，中国式现代化会因为强调生产力的决定作用，而认为应该借鉴资本主义国家经济实践中"合理"的内容来促进生产力发展。当然，何谓"合理"，"合理"的范围有多大，这就言人人殊了。这其实和整个20世纪80年代中国的国家政策与政治经济实践有关，可以说那时对学界影响极大的历史意识，是与中国的政治经济实践相伴而行的。

但是到了20世纪90年代，随着东欧剧变与新自由主义在全球范围内更为流行，包括史学研究在内的学术风气又发生了与之前十年颇为不同的变化。"革命实乃一乌托邦，渐进改良有必要性""高度评价明清以降的士绅支配与礼教秩序""将保护私有产权，辨析国家与公民社会关系等新自由主义作为评价近代中国的重要标准""解构国家建设与历史延续性"霎时间成为不少人认识中国近代史的"前见"。与之相对的，过去研究中国近代史时经常能见到的概念，比如帝国主义、资本、殖民、剥削、阶级,等等,越来越被视为不祥之物,并且借助学术生产关系与学术等级秩序,形成了一套自动剔除机制。

分析这些现象并不是为了进行简单批判,毕竟其之所以存在,说穿了也绝非中国学术界自身变化使然,而是另有其主导力量。但是在今天,中国与世界形势已经发生了十分明显的变化,只要具有基本的现实感,就能意识到新自由主义的全球实践遭遇到难以克服的危机,由此出现的新问题、新矛盾、新症结,需要人们用新的历史视野与现实分析来应对。这也是为什么辉格主义史学与保守主义史学在西方知识界越来越边缘化。在此背景下,需要我们重新校正认识世界近代史的视角,并在此过程中重新深入研究中国近代史上的那些关键问题。因此,《此疆尔界》以门罗主义这一源于19世纪并在世界近现代史上产生深远影响的概念为切入点,分析彼时的世界秩序的一些本质特征,揭示什么叫"旧世界",并启示人们反思过去三十余年来长期处于"百姓日用而不知"状态的思维方式与基本立场,对于人们建立新的世界史视野,进而推进中国近代史的研究是很有参考价值的。

从另一个方面而言,虽然这本书的一些结论让人看上去"似曾相识",但并非简单地重复中国马克思主义史学传统下的中国近代史研究。这类研究长期聚焦近代以来东西列强对中国的侵略,运用大量材料揭示他们对中国金融机构的控制,对租界的控制,对地方割据势力的影响,对中国农村经济的控制,并在此基础上分析为什么近代中国是半殖民地半封建社会,在这样的背景下革命的动力与方向是什么。在研究成果方面,陈翰笙、胡绳、严中平、孙毓棠、吴承明等前辈学者的论著堪称经典。与此同时,为了更好地进行学术普及,1978年以前编撰了不同主题的近代史资料汇编,有助于增强人们的历史感。章永乐老师在研究门罗主义在近代中国的问题时,也使用了一些当时编撰的近代史资料选辑。

但是,中国马克思主义史学的中国近代史研究长期聚焦政治史、经济史、社会史领域,对于近代以来列强为了使其殖民扩张合法化而建构的各种意识形态话语与概念工具缺少足够的重视,这其实比较不利于深入探讨中国近代史上的一些问题,尤其是难以全面把握列强的行动逻辑与政治手腕。在这个意义上,《此疆尔界》起到了补其不足的作用。

其次,这本书讨论了门罗主义在近代中国的问题。我觉得要想更为全面且深入地分析这个问题,就不能不从清朝咸丰、同治时期的政治变局讲起。彼时太平天国运动极大冲击着清朝的统治秩序,清政府为了抵抗前者,让地方士绅办团练,许多汉族军事领袖在此背景下通过军功成为地方大员。而为了解决连年战争造成的财政危机,清政府默许地方督抚自设关卡收取厘金,同时地方督抚也以更好地管理厘金为契机,在朝廷官僚体系之外创办了新的机构。如此这般,一方面解决了清末大量读书人难以挤进官僚机构的困境,让地方大吏有了不少直接听命于自己的幕僚;另一方面在手握财权与用人权的情形下,地方有了更多与中央叫板的实力。此乃辛亥革命之后地方势力膨胀的远因。

庚子事变之后,清廷为了自救而推行新政。新政的本来目标是增强中央权力,提高行政效率,改善税收体制,进而解决内忧,抵御外侮。但在实践当中,地方督抚与地方士绅的力量不断膨胀,反而导致政治离心力不断增强。一些在地方上新成立的机构,非但未能促进中央集权,反而赋予地方政治势力更多活动的空间。这样的政治格局一直延续到武昌起义。首义之后清廷离心离德,各省纷纷响应,某种程度可以说是清末新政种瓜得豆所导致的。这也是北洋时期所谓各省门罗主义颇为流行的重要背景。

不过必须注意到,虽然在辛亥革命前后的政治变化为北洋时期的地方割据埋下伏笔,但这并不表示一个统一意象的中国从此不再为人们所向往。首先,作为一种民族文化心理积淀,"大一统"传统对中国的政治与文化精英有极强的影响。"天下恶乎定,定于一"。《孟子》里的这段话成为历代大多数政治家与士人心中主要的政治文化意识。这样深厚的政治传统不是某些域外观念在短时间内就可以消释的。其次,清末以来引进各种现代性事项,基本上都以救亡图存、实现富强为旨归。因此,保证主权与领土完整,在列强环伺的世局下得以生存自立,就成为绝大多数政治参与者的共识。只是在手段与形式上,由于个人见识与利益诉求的不同而各有差异。

比如,辛亥革命前夕,四川、浙江、湖南等地出现的反对铁路国有化风潮,虽然从表面上看是在维护本地政治经济精英的利益,反对由清政府主导铁路建设,但从话语逻辑来看,当时大多数奔走其事者并非抽象的反对国有化,而是反对清廷借铁路国有化之名,转手将路权卖与外国人,导致帝国主义者掌控中国铁路,遏制中国经济发展。就此而言,各省保路运动虽然形式上显现出地方对抗中央的态势,但实质上仍然是近代中国救亡图存运动的组成部分,同样是为了更好地保卫国家主权。相似地,20世纪20年代风行一时的联省自治思潮,其鼓吹者中固然有一部分受到了以美国为模板的联邦制国家的影响,但也有不少知识分子是因为觉得当时的北洋政府不但未尽基本职责,反而时常做出卖国勾当,中央政府沦为军阀用来行私欲的工具,如此一来,反不如让地方自治,为国家保持一些元气。在这个意义上,表面上主张"分",是为了将来实现更好的"合"。在这样的背景下,所谓各省门罗主义就只能成为实现终极目标的暂时手段,而不会变成常态,更不能将其本身视为终极目标。一旦新的政治力量出现,对于国家统一的诉求就会变得越来越强烈。当然,以上所谈只是一些初步的想法,要想进一步做实,还需更多的专题研究。

最后,我觉得《此疆尔界》中涉及日本的部分,将来或许可以做进一步拓展。近代日本所鼓吹的所谓亚洲门罗主义,一方面强调要在东亚地区建立起某种联盟形式来对抗白种人,但另一方面却认为应由日本作为这个秩序的主导者,而朝鲜、中国等必须听命于日本,在国家发展方向上为日本的支配地位服务。不难看出,日本如此这般的论述就是在简单复制美国在美洲地区的门罗主义,大有"和尚摸得,我为什么摸不得"之势。但问题在于,在盛行千年之久的东亚朝贡体系下,中国长期作为该地区的中心,中华文明对周边地区的辐射力非常大。因此,日本在设想建立东亚门罗主义的同时,就必须生产出一整套知识话语,来解构中国历史的延续性与中国版图的完整性,并"论证"中国必须屈服于日本的"必然性"。

这套知识话语的生产过程主要由近代日本的所谓东洋史专家来参与。比如,内藤湖南声称东洋的"文化重心"在历史变迁过程中不断转移,先是在中国黄河流域,之后在长江流域,再后来就到了珠江流域。而随着当时的中国日渐衰颓,既然日本也深受以儒学为代表的东洋文化影响,那么未来东洋的"文化重心"转移到日本也就指日可待。内藤设想,到了那时,日本与中国合并为一个国家,中国与日本展开"合作",也属是所必至之事。因此,他提醒中国人不应对日本的扩张活动报以反感,因为中国丰富的自然资源,与其被西洋人掠取,不如为日本人享用。毕竟这也是在建设"东洋文化"。顺带一提,内藤湖南的这个论调堪称晚近以来流行于中国文化界的"中国文化在日本"的先声。而要想深入考察日本炮制的亚洲门罗主义的内涵,则不能不注意这些主张。

又比如,以研究中国边疆历史起家的矢野仁一,以现代民族国家形态为尺度来观察中国古代王朝,认为中国是一个没有明确"国境"的国家,中国历代王朝对边疆地区的管理都建立在某种文化幻想之上,很大程度上属于自说自话,因此,近代列强对中国边疆的侵略也就没什么道义上的问题。矢野仁一这番论调自然不是抽象地替所有列强辩护,而是试图凸显日本对中国东北侵蚀的正当性。他通过扭曲清代以来东北地区的历史,声称该地区只属于"满洲",却不属于中国。甲午一战,清廷利用俄国制衡日本,让日本殖民辽东的企图落空。对此,他阐述了这样一番"道理":

> 满洲实在是中国力所不及的地方,如果不是通过日俄战争,不依靠日本的力量,单凭中国是无论如何也无法恢复和维持的。中国主张满洲是自己的领土,已经是很荒唐的了;对中国来说,日俄战争是日本仗义兴兵,从俄国手里替自己把满洲夺了回来。对于这样的战争,中国竟然以极其冷淡的态度保持所谓"中立",甚至表现出很不耐烦的样子;一旦夺还之后,又说满洲是满洲朝廷的发祥地,是祖宗百战之地,说旅顺、大连是北京的钥匙,主张满洲本来是中国的领土,说日本当然应该无条件归还中国;等等,真是大

言不惭已达极点。如果这样说,日本也可以说满洲是父祖死战之地,是中国人无法夺还——与其说是无法夺还,还不如说是自动抛弃了的土地,是日本用自己的力量夺回来并且保持住的。(《外国资产阶级是怎样看待中国历史的》第1卷,商务印书馆1961年版,第169页)

虽然这段话在今天看起来显得如此荒诞不经,但在日本炮制的亚洲门罗主义视域下,这样的观点却起着重要的作用,即为了凸显日本的主导地位,必须让中国保持割裂、孱弱的境遇,一如美国一方面声称要"捍卫"美洲自主性,一方面却让拉丁美洲国家长期处于动荡不堪、经济凋敝之中。也正因为中国近代的历史参与者们从不同角度意识到了日本的狼子野心,所以反对帝国主义的口号才能引起如此广泛的共鸣。而为什么对近代日本这些言说需要进行深入剖析?是因为这些观点在近几十年里大有沉渣泛起之势,成为一些外部势力对中国边疆问题与香港、台湾问题不断指手画脚的重要思想资源。只有从近代地缘政治史与列强意识形态话语变迁史的角度展开系统研究,方能真正从学理上击退这样的思潮。在这一点上,当前的学术界其实在一定程度上缺乏足够的自觉。

总之,《此疆尔界》既为中国近代史研究开辟了一片值得深耕细作的领域,又启发人们对与之相关的延展性问题进行更为深入细致的思考,更有助于对今天的世界局势有更为深刻的理解,并在此基础上探索因应之道。就此而言,这本书是一部具有思想史意义的学术著作。

主持人(澎湃新闻记者丁雄飞):谢谢王锐老师。下面请中国社会科学院美国研究所的魏南枝老师。

魏南枝(中国社会科学院美国研究所研究员)：今天非常高兴能够参加这个会议，而且首先要表达对章永乐老师的祝贺。这本书我仔细拜读了，从中受益良多。今天各位从不同角度的发言对我来说也很有收获。我个人从事美国研究，但我是在法国读的博士，所以我看章永乐老师的书时有很多的感想。今天时间有限，我主要还是想从"美国霸权如何突破空间政治"的角度来谈一点感想。

霸权可以分为器物层面的霸权和文化层面的霸权。一般认为，文化意义上的霸权要在器物层面的霸权建立几十年甚至上百年后才能真正建立。章老师这本书对门罗主义的分析表明，美国这个国家自建立就有强烈的政治神学使命感。因而，早在美国国家建构之时，它就已经高度重视文化霸权。门罗主义本身就是文化霸权构建的一个重要部分。

我今天主要是想谈门罗主义与空间政治，当然我今天谈的不仅仅是近代，还延展到现代和未来，如下具体分为三个阶段。

第一个阶段，美国对民族国家的塑造和对西半球区域霸权的建立几乎是同步进行的。美国从一开始就强调自己不搞英法的殖民主义，因为美国是从英国殖民地独立而建国的，各种叙事都要把美国形容成进步的、先进的。但实际上，代表的先进性的殖民地独立过程，和美利坚合众国的建国历程，有重叠也有区别。确切地说，美国的建构过程本身是一个在北美大陆攫取和占领领土的漫长过程。因此，美国也是一个到目前为止领土范围和市场半径最大的资本主义帝国。值得注意的是，美国的建国过程是一个领土意义的扩张和资本意义的扩张同时进行的过程。在这一同时进行的过程中，我们看到美国的特殊性：第一是作为一个领土国家、民族国家的特性，如"大陆规模却与世隔绝""极为丰富的自然资源"等；第二是作为一个资本主义国家的特性，即从一开始，大公司就在美国经济中占据了非常高的地位，到后来美国发展为全球霸权，这些跨国的大公司所发挥的作用是不容忽视的。《漫长的 20 世纪》这本书对这一过程讲得比较清楚。

结合上述特性看门罗主义。在 19 世纪中期，美国就已经在西半球建立一个超国家的区域空间，以此干涉其他美洲国家内政。如果我们再回顾美国自身的建国过程会发现，美国对其他美洲国家的内政进行干涉的行动，和通过西进运动、屠杀印第安人来扩张自己国土的行动，也几乎是同步进行的。在这一同步扩张的过程中，美国不断地吸引全球劳动力和资本，美国的大公司也随之膨胀。所以，在拜读章永乐老师的这本书的时候，我在思考的问题就是：美国是如何在建国和建立区域霸权的过程中，同步取得对世界商业和金融的控制权的？而在这背后，原来的商业金融主导者英国和美国之间到底发生了什么？特别是，伦敦城和华尔街的关系到底是什么？伦敦城、华尔街、香港背后的金融跨国资本，对于美国建国和美国在西半球的扩张，以及美国不断变化的扩张体系和叙事体系，究竟发挥了怎样的作用？延续性在哪里？

第二个阶段，美国从区域霸权到全球霸权的膨胀过程，和美国内在矛盾积聚直至爆发的过程，二者也是几乎同步进行的。美国政治神学的使命决定了：尽管它有孤立主义的传统，但不论是门罗主义、威尔逊计划，还是"二战"后的美国、冷战后的美国，抑或今天的美国，它都有一套有内在联系的叙事体系。美国的霸权一直既有器物层面的，也有文化意义的，它一开始就是有帝国情怀的。哪怕特朗普好像要回到孤立主义，要搞经济民主主义,但是他的根本目标都是着眼世界的,都基于他的建国政治神学使命的。他都试图否定或者超越之前的欧洲体系,试图打破欧洲对规则(norm)的制定权,试图保持美国的霸主地位。

"二战"之后,美国的霸权试图与联合国体系相结合,来实现其对体系的扩张和国际体系的掌握,或者想替代以前欧洲主导的世界体系。对此,不妨回到罗斯福曾经说的这句话:"世界安全必须建立在通过国际体系行使的美国权力之上。"当然,罗斯福的构想和现实之间有很大的差异。"二战"结束之时,美国的生产能力如日中天,有实力支撑起由其主导的霸权体系。但是,罗斯福如此突破空间政治边界的构想,很快就迎来了美国各种内部矛盾的积聚和激化。20世纪70年代的西贡撤退和2021年阿富汗撤军有很多类似之处。在美国成为世界霸权国家之时,美国内在的矛盾就已经开始膨胀。

这种内在矛盾与其他国家特别是中国没有任何关系。从一开始,美国强调三权分立、联邦制的国家机器,就和强调内在化、纵向合并的大跨国公司之间存在张力。也就是说,美国天然具有政治权力和经济权力之间的张力。成为霸权国家之后,这种张力日益扩大,美国作为一个领土国家——一个"容器"——已经难以容纳这个内在的矛盾了。特别是20世纪80年代,新自由主义主导的这一轮全球化之下,美国的大公司越来越强调其跨国性和垄断性,已经发展成为一种世界范围的生产交换和竞争体系。大公司权力的膨胀不仅冲击了威斯特伐利亚体系,也冲击了美国作为世界权力中心的地位,还冲击了包括中国在内的各民族国家的权力体系。

对于这个阶段,章老师这本书里面讲到,门罗主义既会打破、塑造各种空间政治,又会被各种政治力量打扮并利用。同时,跨国资本与新技术的结合具有真正的全球性。那么,它是否带给了空间政治前所未有的挑战?而包括美国在内的各个国家,又将要面对什么?

第三个阶段,未来的世界面临多极化的不确定性。我们未来将面临战争,还是美美与共?章永乐老师写这本书的时候,拜登尚未上任。虽然拜登看上去和特朗普水火不容,但是他却延续了很多特朗普政府的政策,特别是对外政策。因此值得思考的是,美国的曾经、现在和将来会是一个什么样的国家?门罗主义将会被谁所用?怎么用?这些都有助于我们进一步思考两极化、多极化,或国家与资本之关系等问题。

更进一步思考,基于安全感,大部分国家对于美国主导的世界体系是有依赖性的;而基于幸福感,它们对于更合理的新秩序又是有憧憬的。那么,这个空间政治的边界在哪里?怎么确定?进一步说,中华民族伟大复兴,到底只是追求国家实力上的第一,还是道路意义上的,即通过发展社会主义道路来探索世界的另一种可能?如果是后者,对于空间政治的边界,又有什么新的想象与实践?我想,章永乐老师和在座的各位,都将对此有更多的探索。我就发言到这里,谢谢大家。

主持人(澎湃新闻记者丁雄飞):谢谢魏南枝老师。下面有请河南大学哲学与公共管理学院的徐戬老师。

徐戬(河南大学哲学与公共管理学院副教授):首先祝贺永乐兄完成了一本精彩的著作,《此疆尔界》跟《旧邦新造》和《万国竞争》放在一起,形成了连续的问题脉络和相应的独特研究方法。这三本书从不同视角切入现代中国法权的兴起问题,我想据此来谈三点启发。

首先,学科的问题。改革开放以来,随着学术规范的形成,各个学科之间的断裂已经固化。学科固化背后是一种思想危机,它遮蔽了关于现象的整体视野。改革开放四十年以来,社会科学的主流是一种去政治化的、全球化的想象和论述。随着中美"新冷战"的展开和世界格局的重大变动,这种旧全球化的外部条件已经不存在了。在这个意义上,以往的社会科学也已经画上了句号。今后,社会科学需要被重新政治化。毕竟,只有政治才具有超越各个领域的总体性。永乐兄借鉴了当代西方的许多前沿研究,恰到好处地融入自己的问题意识当中,这对想象和开启一种后改革开放时代,或者新时代的社会科学的研究,提供了很好的探索和示范。

其次,空间的问题。施密特用法统的概念统摄人类社会的根本秩序,这符合跨学科的要求。法统是秩序和方位的统一,它不是抽象的,而是一种历史的、具体空间的秩序。《此疆尔界》的副标题叫作"门罗主义与近代空间政治",就是从空间政治来考察近代全球秩序的历史变动,让一种主义在历史和现实中自由穿行,充分体现了方法上的自觉。《此疆尔界》标志着法学的空间转向,对法律和社会科学今后的研究具有重要的启发。

最后,文明的问题。中国的崛起和复兴,牵扯到五百年来的大变局。我想用施密特在大地法里面提出全球划界思维,描述五百年来之大变局的空间含义。从大航海以来,西方有过三次全球划界,第一次是天主教国家葡萄牙、西班牙进行的划界;第二次是友好线,新教、英国以及背后的政治原则,也就是霍布斯;第三次是西半球线,以门罗主义为中心新教的美国。可以说,这三次划界都是西方内部的划界。冷战美苏对峙是一次重新划界的契机，但苏联仍然属于西方。冷战结束了，冷战的遗产却留下来了，这就是我们所谓岛链问题、钓鱼岛问题、东南海问题，等等。随着中美"新冷战"的加剧，尤其是第一岛链成了新一轮全球划界的关键，西太平洋乃至印太地区的重新划界问题——第四次划界，事实上正在进行。然而，这次划界并不是前三次划界的延伸，而是有着不同的世界历史的意义。它并不是从天主教到英美新教全球划界的思维，而是儒教文明在工业化之后进入世界历史需要构思一种新的政治原则。

章老师始终关心"中国如何为世界和人类做出较大贡献"这一命题，在他自己的思考和研究中不断去寻找中国革命的历史契机，探究中国革命和新大地法之间的内在关联。我想，这个问题意识会在章老师后续的研究中更加清晰地呈现出来，我们期待章老师推出新的研究。谢谢大家。

主持人（澎湃新闻记者丁雄飞）：谢谢徐老师。最后，我们有请中国社会科学院哲学研究所的傅正老师。

傅正（中国社会科学院哲学研究所助理研究员）[1]：大家好，结合刚才老师们所讲的内容，我谈一点浅见和看法。

第一，我认为章老师的书和文章虽然讲的是门罗主义，但和《旧邦新造》《万国竞争》背后的问题意识是一致的：大清帝国的崩溃跟奥斯曼、奥匈、沙俄这些帝国的崩溃是同一时期的问题，但为什么中国没有像其他帝国一样因为革命而被瓜分？中国怎么

---

[1] 现为中国社会科学院哲学研究所副研究员。

去反抗所谓欧洲列强的大国协调？以及欧洲列强的大国协调，到底给中国造成了什么样的影响？比如，一方面，中国军阀割据的根本原因就是帝国主义的支持；但另一方面，帝国主义的互相协调又保留了中国形式上的统一。想要看清章老师在这本书当中的意图，就需要把门罗主义跟"大国协调"配合起来看。

第二，《此疆尔界》是一本关于"亚际"(Inter-Asian)与日本的亚洲主义的书，到今天为止，"亚际"这个学说，以及今天的日本左派、印度左派等，还是比较有影响力的。因为中国人接受的门罗主义，主要不是来自美国，而是来自日本。所以，《此疆尔界》重点考察的是留日学生群体。他们到了日本以后，受所谓兴亚派或者国粹学派的影响非常大，乃至今天还有很多人认为，日本人之所以看不起中国人，是因为中国放弃了自己的传统文化，而日本人是中国传统文化的继承人。

日本人鼓吹亚洲主义，在政治上可以称为兴亚派，在学术上则以国粹派的面貌出现。国粹派骨干志贺重昂甚至加入过伊藤博文的党派，成为伊藤的干儿子。然而，兴亚派也好，国粹派也罢，长期以来都处在边缘地位，亲西方势力才是日本政治的主流。直到英日同盟被美国人搞黄以后，所谓兴亚派才代替亲西方势力，成为日本政治的主流。但这时的国粹派、兴亚派已经沦为日本法西斯的帮凶，比如所谓"大东亚共荣圈"就是典型的例子。然而兴亚派在今天还留有一些不同的遗产。

日本老左派还喜欢讲"亚际"，他们通过"亚际"批判殖民主义或后殖民主义。最有名的例子是竹内好，他的学生中有左派，也有右派，但无论左右，都反对美国对日本的控制。这里就形成一个问题：今天亚洲的反后殖民主义运用，将如何处理当年兴亚派的遗产？

像狭间直树这样的学者,他们试图解答这个问题。他们有一个重要的问题意识能够与章老师这本书结合起来:亚洲主义最初被提出来的时候,具有鲜明的反殖民主义色彩,一方面反对日本国内的藩阀政治,另一方面反对西方殖民主义对亚洲的干涉,这一度吸引了许多中国进步人士,比如章太炎,他还参与过亚洲和亲会。但是,为什么这样一个原本的反殖民主义思潮,到后来会与法西斯主义同流合污,蜕变为法西斯主义的帮凶?我认为,"亚洲门罗主义"与这个问题有一定的关联。

第三,美国的问题。前几天,章老师给了我一篇文章,这篇文章开篇就说:《此疆尔界》主要讨论了留日的学生群体,而对美国的门罗主义那条线考察得还不够,因此撰写这篇文章作为一个补充。事实上,在美国吞并夏威夷、菲律宾并成为世界帝国以后,门罗主义似乎变成了一种束缚手脚的东西。门罗主义这个说法,今天的美国人也很少提了。不过,它仍旧会以新的方式表现出来,比较典型的就是单边主义——新世界和旧世界不一样,新世界有一套自己的理念,美洲人不会也不应按照欧洲的方式做事。在读到章老师的那篇文章时,我的第一反应就是:单边主义思维是一个用学术包裹起来的宗教选民意识,是门罗主义在今天的一个变体。施密特曾经讲过,门罗主义是美国最为严厉的孤立和中立政策。它与美国"全球干涉""世界大战"的政策相互冲突,但又刚柔相济。直到现在,美国也是一个民主党秉持所谓"国际主义"进行全球干涉,而共和党鼓吹"单边主义"的状况,然后二者两者轮替。所以,虽然看起来今天的美国人已经不会再讲门罗主义,或者美国已经不可能再退回一个美洲国家,但是,这样的思维方式仍然在,它会越来越强烈地表现出单边主义色彩。我的感想大概就是这些。

主持人（澎湃新闻记者丁雄飞）：谢谢傅正老师，第一场研讨到此结束。

第二单元

主持人（中国社会科学院社会学研究所博士后周安安）：我们现在开始第二单元的讨论。首先，有请北京大学法学院的陈一峰老师。

陈一峰（北京大学法学院副教授）：谢谢周老师，很高兴有这样一个机会跟各位老师交流，非常有收获。首先我想说，门罗主义是国际法上的一个非常有意思的话题。为什么呢？因为它是一个在国际法上似是而非的东西：即便在区域国际法的语境下，我们也不认为它是一个区域的国际法原则。也是因此，迄今为止，几乎没有国际法的学者对此进行深入研究，在这个意义上，章老师的书帮助我们拓展了很重要的研究领域。同时，它对于国际关系、政治学、思想史也是非常好的拓展。

这种似是而非，我认为是很值得国际法的学者去思考的。我们受法治中的形式主义的影响更深，会更强调确定的原则、规则和制度，而一旦有对象不能够被视作原则、规则和制度，它就很难被纳入我们国际法的研究视野。甚至，但凡我们不能处理的问题，我们就把它纳入外交问题。为什么呢？因为这样很省事。为了保证完整性、自洽性，国际法学界对真正影响国际社会权力秩序分配的问题，采取了鸵鸟政策。而且，不仅是中国国际法学界，整个国际法学界都没有充分地关注和重视它们。因此，章老师的这本书就提醒我们，国际法史的写作不能仅仅关注规范问题和相关学说，而是还要关注规范背后的秩序、政策，关注法律和外交之间的互动关系，我觉得这是非常有意义的。

门罗主义刚刚被提出来的时候，国际社会就对它有所批评，认为它并不是一个国际法规则，其他国家也并不承担相应的国际法义务。可在美国看来，"当美国的利益受到影响的时候，美国有权力去干预这个地区的事务"才是国际法规则。它背后的依据，是一种干预主义的国际法原则。事实上，美国也是通过充分理解和运用干预主义国际法，来证成门罗主义本身的国际法合法性。只不过，它们之间关系一直都是很含糊的。这种含糊恰恰表明，国际秩序的构建一方面是基于主权独立平等、互不干涉的，但这并未全部涵盖所有；另一方面，还有霸权性的要素在起作用，比如门罗主义。因此，门罗主义的研究能够告诉我们，不管是历史还是现实的研究，我们都要拓展理解什么是国际法，以及国际法的写作范围。它不仅仅一个规则史，还是国际社会制度史、霸权史。在这方面，这本书是个很好的范本。

其次，这本书的副标题是"门罗主义与近代空间政治"，虽然空间政治的确是一个非常重要的维度——因为门罗主义是美国对于美洲的一种空间性权力投射或霸权架构——但它背后绝不仅仅只有空间一个维度，还包含了更多身份政治、意识形态话语等更实质地支持门罗主义的维度。门罗主义的确深受空间政治影响，但之所以这种空间政治能够得到维持、发展，还是它背后有更深刻的身份政治和意识形态构建。我想，进一步考察这些内容，对于我们更好地理解门罗主义或区域秩序的构建是很有意义的。比如，门罗主义不仅强调了美洲在空间上是受美国管辖和影响的，还强调了美洲作为一个新大陆跟旧大陆在身份上和意识形态上的不一致。类似地，苏联入侵捷克斯洛伐克，除空间政治上的霸权外,也利用了话语构建:共产主义国家是一个共同体,既然捷克斯洛伐克的无产阶级主权受到了资产阶级的侵蚀,我就要来捍卫你的主权。

最后,门罗主义的背后是大国竞争。在美国提出门罗主义的时候,其背后的目的有很大一部分是便利与欧洲竞争,即"美国不干涉欧洲的事情,欧洲也不要干涉美国在美洲的利益"。最初,门罗主义并没有很鲜明地在实践当中表现出这一点,但随着后来美国和欧洲在南美的竞争越发激烈,美国就会用它来要求欧洲不要干涉自己在当地的利益。所以,门罗主义一方面表达了区域小国对区域大国的服从,另一方面也表达了其他区域大国对本区域大国的默认和容忍。可见,大国竞争的视角有助于加深我们对门罗主义的认识。

还须补充一点,美国是刻意把门罗主义放在国际法之外的。在美国加入国际联盟(国联)的问题上,威尔逊曾提出过十四点构建世界和平的构想。但是,当国联盟约草案回到华盛顿,参议院又提出了十四点保留意见,其中的第五点就特别强调:要把门罗主义完全放到国联之外,门罗主义的解释权必须完全拿在美国的手里。章老师的书里面也写到了,美国始终强调门罗主义不受公约约束,并更多地把它解释成一种外交政策,从而获得更大的应用灵活性。我想,这也是我们在研究形式主义国际法的时候需要去注意的方面。

我就讲这么多,谢谢。

主持人(中国社会科学院社会学研究所博士后周安安):非常感谢陈一峰老师。接下来,我们有请厦门大学法学院的魏磊杰老师。

魏磊杰（厦门大学法学院副教授）[1]：非常感谢，北京已经下雪，但厦门现在还是 30 度，我还穿着短袖，差别是挺大的。因我在法学院任教，且常年主授婚姻家庭法，所以与上述来自其他学科的发言者不同，我的发言可能具有法律人特别是部门法律人的典型思维特征：第一，谈论议题的时候，这个议题如何与法律勾连？具体地说，门罗主义究竟与法律存在何种关联？第二，当下关注门罗主义到底具有什么样的现实意涵？换言之，门罗主义理论的现实意义究竟何在？

可以说，门罗主义导源于美国的孤立主义。事实上，早在托马斯·潘恩的《常识》中就已经确立了孤立主义作为美国的一个立国之本。我收藏了一枚 19 世纪末美国孤立主义的纪念章，正面显示"Mind Your Business"，意思是"不要管他人的事，管好自己的就行"，反面显示"The Founder's Isolationism Developed U. S. for It Is A Basic Law of Life"，意思是"建国者的孤立主义滋养了美国，因为这是我们生活的基本准则"。我感觉，这枚历史遗物已经很好地佐证了这一点：孤立主义与门罗主义是一种彼此接力的关系。本质上，门罗主义是区域主义的典型体现，而晚近百年以来不同区域主义之生成大多是为了要对抗同时代的某种霸权性。作为区域主义的门罗主义最初在 19 世纪 20 年代问世，它对抗的就是欧洲的神圣同盟可能对彼时拉丁美洲革命的干涉。日本在 20 世纪 40 年代提出所谓"大东亚共荣圈"，也是一种区域主义，即所谓"亚洲版的门罗主义"，它同时对抗两股强大力量，左边是英美的资本主义，右边是苏俄的社会主义。这与几乎同一时代德国的大空间秩序有异曲同工之

---

[1] 现为厦门大学法学院教授。

妙,这一以东欧作为核心区域的大空间秩序,意在对抗的也是两种:东面的苏俄与西面的英美。

这些都是国际秩序层面的"硬"对抗,但国际秩序层面的政治对抗最终会落脚到更为具体的法律层面的国际法"软"对抗上,表现出一种法律意识形态上的对抗。那么,这些先后崛起的区域霸权国,是如何建构一种自身的法律话语,来对抗那些"僭称"世界性的话语霸权的呢?为配合所谓"大东亚共荣圈"的建构,日本国际法学者提出并阐释了"大东亚国际法",矛头的指向就是彼时欧美所绝对主导的国际法;德国当时也有所谓"第三帝国国际法",对抗的也是欧美主张的国际法。冷战时期,苏联国际法学者克罗文大力倡导"社会主义国际法",其实也可做等量齐观式的理论观察。需要指出的是,社会主义国际法为现今的"比较国际法"(Comparative International Law)奠定了一个最早的思想雏形,而比较国际法则为突破欧洲中心主义式的国际法传统认知提供了诸多可资依托的智识资源。

我感觉,在上述宏大的历史脉络下阐释门罗主义,效果可能更好。除此之外,我想结合对永乐兄这部新著的阅读,谈三个维度的整体观感。

第一,门罗主义本质是一种韬光养晦之策。美国在1823年提出门罗主义的时候国力其实是比较弱的,至少相对于当时的欧洲列强来讲是比较弱的,它在不充分强大的时候提出这种区域主义观念,本质上就是一种韬光养晦策略,以此意在抓住战略机遇期实现崛起。刚才傅正老师说,门罗主义是一种单边主义观念,我不赞成这个论断,因为门罗主义在很大程度上可以说只是一种"弱者的武器":当事国在不那么强大的时候,它会局囿于一地一隅,奉行区域主义;但如果它崛起成功,实力强大了,就很容易改弦更张,从区域主义转向全球霸权。我搜集到1923年发行的门罗主义诞生一百周年的纪念章,而1923的前一年1922年,正是"凡尔赛—华盛顿体系"的肇始之年。经历百年的韬光养晦,"一战"之后的美利坚合众国已经超越大英帝国真正崛起,此时它必然会从区域的霸权迈向全球的霸权。

第二,为什么美国最早提出的门罗主义成功了,而事后有很多山寨版基本上都失败了?换言之,美国一直被模仿,但从未被超越。日本、德国的,甚至以"勃列日涅夫主义"为表征的苏联门罗主义都没有成功。为什么没有成功呢?我觉得永乐老师后续若增订此书,可以适当弥补一下这部分的论述。在阅读此书的过程中,我一直带着这样的疑惑,特别是日本的门罗主义为什么没有取得成功?想来,可能有三个原因:其一,美国的门罗主义是尊重既定现实的,它鼓吹不得在西半球建立"新"的殖民地,但却尊重既有的殖民秩序;而日本的"亚洲门罗主义"是挑战既有现实,要彻底颠覆东南亚既有的西方殖民秩序。其二,美国的门罗主义得到了当时世界霸主英国的背书,门罗主义推行了的一个多世纪,美国对英国在美洲大陆数次干涉或侵略,选择睁一眼闭一眼,原因就在于此。伯利兹是中美洲国家现今唯一一个以英语为官方语言的国家,英国1862年正式将伯利兹纳入殖民统治,美国没有干涉;英国1833年入侵马尔维纳斯群岛,美国也没有说话;实际上在英国支持下,法国1861年入侵墨西哥,美国更是没有采取实际动作,根本原因就在于此。同时也说明,门罗主义在具体践行中也是选择性的。反观日本却远远不是,日本当时意图建立所谓"大东亚共荣圈",矛头的指向就是挑战世界霸主——美国:最早的"脱亚论",依托英美对抗俄国,但事后又转向"兴亚论",目的是通过"统领"整个东亚来对抗英美。其三,"美洲"因其相对单一的文化与地缘在国际政治观念中似乎一直都是一个整体,美国又是此区域最强大的国家,而大家都知道"亚洲"纯粹只是一个建构起来的地理概念,本身缺乏可堪整合的现实基础。

第三,法律人经常可能想知道,谈门罗主义究竟还有何种现实意涵?我感觉,在全球化时代,往昔以德国、日本为代表的主张赤裸裸的政治统合根本不具有可行性,但是不妨碍在一个讲求经济统合的大舞台上通过区域主义对抗全球霸权。这种观点投射到国际法层面上,我感觉未来可思考的议题就是:如何从"分庭抗礼"走向"同台竞技"。以往的区域主义对抗全球霸权都是"分庭抗礼",两个政治大空间的对抗,现今的大家你中有我,我中有你,立足于全球化的大舞台上进行"同台竞技"。其实,就是两种国际法观念的一种博弈,我将其戏称为"斗法"。美国一位国际法学者叫作汤姆·金斯伯格(Tom Ginsburg),他提出两种对立的国际法观念:欧美主导的"亲民主的国际法"(pro-democratic international law),中俄认同的则是所谓"威权的国际法"(authoritarian international law)。此人之所以提出此等非此即彼的二元对立,理论导向似乎在于呼吁国际社会采取"行为",避免有朝一日的"东风压倒西风",中俄主导的"威权的国际法"压倒了"亲民主的国际法"。虽然这种煽动对抗的思维倾向失之偏颇,但他这种区分事实上也部分体现了后冷战时代国际法话语层面争夺的一个严酷现实:中俄和欧美"同台竞技"进行明里暗里的"斗法",两者追求的目标是如何把自己主张的国际法观念最大限度地转变成一种堪为国际社会普遍接受的所谓"中性国际法"(neutral international law)。

就此,理想的努力路径大体有二:在传统国际法领域,要限制传统的英美国际法议程;在新的国际法领域,我们可以积极宣扬自身的主张,与它们展开话语权的争夺。一方面,在传统国际法领域,我们重点着力方向是对某些元概念的具体内涵进行再诠释。什么叫民主?什么叫人权?什么叫法治?这些具有奠基意义的元概念,不能由西方的原旨观念继续掌控唯一的解释权。以前我们理解的民主是西式的民主,人权是西式的人权,对传统的这些元概念再解读,未来欲求真正的解套、真正的破局就需要先从这个层面着手。事实上,来自日本、印度、韩国等亚洲国家的国际法学者践行的就是这个路径,而且业已贡献了许多值得参考的学术成果。另一方面,在主要包括但不限于极地、网络、外空、底土等欧美观念还未来得及占据主流的国际法新疆域,我们需要在夯实自身国际法能力之同时,勇于与欧美国家主张的议程进行竞争。典型的例证就是网络。在网络空间这一领域,相关的国际法现在很不成熟,非常碎片化。一些国家主张网络安全,关注网络犯罪,主张进行自下而上的监管,而另一些国家则聚焦信息安全,频发的"颜色革命"很大程度上导源于敌对势力的离岸遥控,因此互联网事关主权与国家安全,必须进行自上而下的控制。过去二十年,围绕这一领域应当如何进行国际造法存在很大争议,本质上就是一种国际法话语的博弈与竞争。

主持人(中国社会科学院社会学研究所博士后周安安):非常感谢魏磊杰老师内容丰富的发言。接下来,我们有请中国人民大学法学院的刘洋老师。

刘洋（中国人民大学法学院助理教授）：谢谢永乐兄给我们贡献了讨论的机会。参与这一节的讨论，我诚惶诚恐。这一节说是"国际学与法史"，但陈一峰老师、魏磊杰老师和孔元老师都对我进行了国际法教育，所以我对于自己从国际法的角度讲什么，非常不确定，因此我决定讲两个内容：一个大概属于上一节，一个大概属于下一节。

第一，我要强调这本书的重要性。我之前曾在网上发布过一个小书单，可能有些老师和同学已经看过。在那个书单中，我推荐了一些关于国际法理论的书籍，其中特别提到了章老师的两本书。当时，我开玩笑地表示，这可能会开启一个"章永乐宇宙"。如今，第三本书的出版确实延续了这一宇宙。这本书的核心在于它讨论了近代空间政治的单位，并强调了政治单位的重要性。

在章老师的第一本书《旧邦新造》中，章老师创造性地结合了主权的另外两个面向，从而扩展了我们对主权概念的理解。无论是从国际法的角度，还是从近代史的角度来看，这本书都具有深远的意义。在章老师写第二本书《万国竞争》时，他主要探讨了国际体系，并在讲述方式上展现出一定的特色。而到了这第三本书，他则提出了一个极具思考价值的问题，即关于空间和区域的问题。从这个角度来看，这本书为我们设定了实际和思想上的问题。它引导我们思考：在探讨国际秩序时，为何有时需要从空间的角度出发。更进一步说，这本书的写作方式已经超越了施密特当时的问题意识，引领我们进入更为宽广的思想领域。因此，我认为这是"章永乐宇宙"的一次延续和扩展，具有非常重要的意义。同时，我也隐约感受到了第四本书的线索，但目前先不深入探讨，以免过早下结论。

第二,我接下来将探讨与第三环节相关的话题。从法律的角度来看,章老师对于空间政治和单位的讨论确实极具意义,他进一步提出了一个对法学界而言至关重要的问题:为何如此重要的空间政治单位并未实现法律化?为何空间和区域的概念在法律上并未得到充分的体现和确立?在这本书中,章老师深入讨论了门罗主义应被视为国际法还是政策的问题。同时,正如陈一峰老师所提及的,施密特在大地法中的观点也并非将大地法作为实在法的基础,而是将其视为法权的基础。

为何形式上的法律未能充分容纳实际中的权力空间,反而呈现出一种不平衡、不对应的状态?从表面上看,一个国家是拥有主权的国家,但实际在某些情况下,却表现出对他国的控制欲,这可以视为第二种形式的门罗主义。然而,这种门罗主义为何没有被极端化或僵硬化呢?其中究竟隐藏着何种原因?如果法律能够进一步涵盖这些权力空间,可能会产生怎样的结果?我认为,这个角度包含了许多值得深入探讨的问题。但是,鉴于我在施密特或其他公法学领域的研究积累尚浅,因此我将不再过多展开。

第三,我接下来准备接续第一个环节的讨论,即分享我对这本书的更多期待。在丁雄飞老师长达两万多字的讨论中,他详细阐述了将这本书作为话语分析的价值,并在问题中提到了第三本书与前两本书在研究方法上的转向。我认为这是一个显著的特点,并且丁老师提出的这些问题也为我们提供了继续探讨的方向。事实上,章老师为我们留下了一定的思考空间。他在讨论"章永乐空间"时并未一次性解决所有重要问题,而是强调了话语的转变,以及这些话语背后的实际含义。他留下了许多值得我们继续深入探讨的内容。从另一个角度来说,他所留下的这些空间究竟是什么？我们需要进一步地探讨和理解。例如，刚才魏磊杰老师已经就其中的一些问题进行了讨论。那么，怎么看这种转向呢？我是这么看的：章永乐老师是从一个独特的视角出发，将话语的变化置于被压迫的框架中进行考察。在这个框架中，"被压迫的人"这一概念是预先存在的，但章老师赋予了它新的意义。从这个角度来看，我认为这项工作是非常有意义的，它体现了批判国际法或者第二代批判国际法的立场。

第四，我想探讨"章永乐宇宙"的构建。章老师无疑会继续深入这一领域的研究，而我们作为他的粉丝和讨论者，也能通过讨论的方式进入这一宇宙。在我看来，要理解这本书的精髓，我们需要将其"倒过来"看。这本书不仅讲述一个话语或话术，更重要的是探讨这些话语背后的复杂性。以门罗主义为例，当美国采用这一政策时，其背后实际上有四种不同的政策工具和战略支撑。而当门罗主义从美国传播到其他国家时，它又会呈现出两种或三种不同的形态，这些变化背后同样对应着复杂的政策工具和战略选择。这本书已经深入探讨了这些纷繁复杂的战略，但我认为，章老师目前所呈现的门罗主义不仅是一个话语或策略，它还具有更深层次的意义。我更感兴趣的是，为什么在某些特定时期，美国或德国会选择采用门罗主义这样的政策而不是其他政策？这背后必然有深层的政治、经济和文化因素在起作用。因此，门罗主义不仅是一个理论或策略，更是一个涉及实际政策的问题。通过深入探讨这些问题，我们可以更好地理解不同国家在不同时期的外交政策和战略选择，以及这些选择背后的复杂因素。

其实，这个问题在这本书的绪论讲得很清楚。我认为绪论可能是书整体完成后才加上的,因为其语言风格和问题意识与书的前言以及后记都相当接近。这部分内容明确地指出了我们现在面临的现实,与当时门罗主义话语背后的实质政策问题之间的相似性和差异性。从这一角度来看,作者试图向我们展示门罗主义语义流变的历史,如何影响了我们当前的政策。然而,这个说法也暗示了门罗主义本身可能并不足以作为完全有效的分析工具来应对现实中的问题。因此,当我们在关注章老师所关注的现实问题时,可能需要转而寻找其他的分析工具,以更全面地理解和解决这些问题。

第五,我来详细阐述一下与门罗主义相关的四对关系,分别是中心与边缘、霸权与区域、多元与体系以及权利与空间。接下来,我想指出这本书在探讨这些关系时可能未明确涉及的问题。

在阐述门罗主义时,这本书明确提到了美国在使用该主义时的四个层次。这四个层次包括:本土排外政策、在区域内防止外国干预的策略、对外干预其他区域的行动以及追求建立普遍的全球体系的目标。这些层次分别对应了门罗主义的不同发展阶段,并且德国和日本在历史上也存在效仿的情况。然而,当我们将这些关系与中国当前的现实相结合时,特别是在章老师的绪论中提到的诸多挑战下,我们不难发现区域问题可能比现在所看到的更为复杂。特别是中国作为一个独特的主体,在面对门罗主义或区域秩序时,其身份和角色带来了多种问题。这些问题包括但不限于如何在全球化进程中保持自身的定位,如何平衡与其他大国的关系,以及如何在维护自身利益的同时保持尊严。这些都是值得我们深入思考和探讨的问题。

具体来说,首先,我们要明确一个国家是否位于某一特定区域,这是讨论的前提。章老师在阐述门罗主义的前两个层次时,区分了国家位于区域内和区域外两种情况。当一个国家位于区域内时,它可能会采用门罗主义来维护自身利益。这包括两种情况:一是直接运用门罗主义来排斥其他大国的干预;二是利用门罗主义来干预其他小国。然而,当一个国家并不位于该区域时,它作为世界体系的主导国,会考虑如何安排该区域的秩序。这时,它需要考虑的问题包括:是否允许其他大国进入该区域?是否允许该区域内出现新的大国?以及该区域是否会出现军事冲突等。在观察者和区域的角度上,观察者与区域的距离是一个重要的考虑因素。这种观察角度在书中的章节划分中十分明显,但其在问题意识中的明确程度目前尚不完全清晰。然而,我认为这一点对于理解这本书的内容至关重要。

其次,我们之前讨论反霸权,如傅正老师所述,涉及中国对于区域内部安排和干预的抵制态度。然而,当前中国面临的现实情境已有所转变。中国可能并不直接位于某个特定区域,但那个区域的事务却对中国具有极其重要的影响。因此,中国需要审慎考虑在该区域内的秩序安排。具体而言,中国需要权衡是允许或容忍区域主导国的存在,还是期望该区域保持军事中立。对于区域的评估,存在三种主要的风险和威胁:第一种是该区域可能出现资源封锁,阻止中国进入;第二种则是区域内的某些国家可能形成区域主义,形成封锁,例如限制中国船只通过海峡或禁止向中国出售资源;还有一种情况是该区域被其他主要国家干预,导致中国无法进入。在《此疆尔界》一书中,对于美国和德国来说,这样的区域评估和问题意识是被充分考虑的。然而,在中国,这种问题的体现主要围绕反霸权,但当前我们所面临的情况已经发生了显著的变化。我们需要更加全面地考虑和处理这些新的区域挑战和风险。

当我们结合具体的例子,如《区域全面经济伙伴关系协定》(RCEP)来考虑时,因为这些成员在地理上与中国紧密相邻,所以,中国如何定义自己与这一区域的关系,并决定采取何种策略,显得尤为重要。这种关系可能会产生重大的区别和影响。要深入探讨这些问题,我认为可以从《此疆尔界》这本书中寻找线索,并结合德国、美国、日本甚至其他国家的经验进行对照和分析。因为单纯地从目前的门罗主义叙事来看,某些问题可能并未被清晰地阐述,或者这些问题在书的第43页到第60页以外的部分中并未得到详尽的讨论。因此,通过多方面的参考和比较,我们可以更全面地理解中国在处理与周边区域关系时面临的挑战和策略选择。

第六,我从王锐老师的评论中得到了一个启发:门罗主义已经发展到自我抵抗的阶段,通过反霸的话语来抵制门罗主义本身,这在中国现代史上乃至当下都形成了一个有趣的现象,即"内外之别"和"平行空间"。首先,当我们面对美国的门罗主义时,正如王锐老师所提到的,我们会有如李大钊等人以反帝的话语表达拒绝。但值得注意的是,这些反对外交政策的话语主要是面向国内听众的,而非直接针对职业外交官或战略家阶层。这就形成了一个"平行对外空间"或"对外认识",即国内受众对外部事务的理解与实际处理外交关系的外交官们的视角存在差异。实际上,真正负责处理这种对外关系的外交官们,无论他们在规范层面对霸权持何种态度,在实际操作中都需要面对主导国、被主导国以及它们之间的权力关系,包括中心与边缘之间的权力关系。因此,他们不可避免地会采用现实主义的话语或挑战议程来处理这些关系。这就产生了我所说的两个平行对外空间:一个是国内受众从政治角度出发对外部事务的看法,另一个是外交官们在实际操作中的考量。在这种背景下,我们如何看待门罗主义以及如何应对它,就会呈现出不同的态度。在前面的第四、五点中,我讨论了关于区域问题的探讨和处理,其中不可避免地带有一些现实色彩。因此,我把第六点作为对自己的辩护,强调无论我们在思想和政治立场上持何种倾向性,都必须将现实政策选择的问题放在相对客观或多主体性的框架下来考虑。这就是我对于门罗主义以及外交政策的一些感想,希望能为我们理解和应对当前的国际局势提供一些新的视角。

最后我有一点小小的期待,期待永乐兄继续完善"章永乐宇宙",谢谢各位老师。

主持人(中国社会科学院社会学研究所博士后周安安):谢谢。接下来,我们有请社科院欧洲所的孔元老师。

孔元(中国社会科学院欧洲研究所助理研究员)[1]:时间有限,我简单讲一下关于这本书的阅读体会。

第一,我认为这本书是一部在方法和题材上都极具创新的思想史著作。在绪论部分,作者明确指出了当前历史写作中普遍存在的一种观念,即基于时间观念的写作方法。作者认为,这种写作方法存在显著的不足,因为它往往忽视了空间问题的重要性。从时间观念的写作模式出发,西方的历史往往被解读为权利观念在全球范围内的渗透史,这种解读方式充分体现了权利哲学在全球的影响。然而,这种视角往往忽视了空间因素在

---

[1] 现为中国社会科学院欧洲研究所副研究员。

历史演变中的作用。为了回应这种写作方式的局限,作者提出了思想史写作的空间观念。在这一观念的指导下,作者以门罗主义为线索,深入分析了其在不同历史时期的演变,展示了空间概念在全球范围内的旅行。我认为,这种写作方式具有很高的突破性和创新性,对当今的思想史写作具有深远的启发意义。

大家都知道,长期以来,整个西方思想史的写作主要围绕"国家"概念展开,深入探讨了国家内部的分权和合法化问题。然而,我认为这种写作方式在方法和内容上已经趋于饱和,难以再提供新的探索空间和话题。因此,思想史研究出现了"空间转向"的新趋势。随着新论题的展开,思想史的探索领域迅速拓宽,关于地缘政治、领土、海洋、国际法、条约等一系列的讨论被激活,这标志着西方史学在自我突破方面取得了进展。

与此同时,书中也存在一个缺憾,即在绪论部分没有就时空问题与西方史学,特别是思想史的"空间转向"进行充分的对话。我认为,如果这部分能够进一步充实文献,论述更加系统和深入,与西方学术界的对话和论争将更加激烈。这样,这本书就能更全面地融入西方思想史研究的方法和内容的论辩,形成与西方史学,特别是思想史写作更为深入的对话。

第二,通过深入阅读这本书,我们可以发现门罗主义具有多层次的解读。它既是一种思想话语,也是一种外交政策实践,甚至具备国际法的面向。由于这种多重面向的特性,在处理作为学术概念的门罗主义时,实际上非常困难,因为它在不同的历史时期和语境下呈现出截然不同的面貌。

这本书作者在探讨这一问题时,展现了极强的史料驾驭能力,详尽地描绘了门罗主义丰富的历史背景。在第一章中,作者主要论述了美国门罗主义的外交政策和国际法面向,这主要体现在从门罗总统到威尔逊总统的外交实践中。当谈及拉丁美洲时,门罗主义被国际法化,并引发了一系列实证国际法的问题。而在第二章关于德国门罗主义的探讨中,我们注意到它主要停留在思想层面,特别体现在施密特的论述中。然而,对于这一思想话语对德国当局的实际影响,作者并未给出更深入的阐述,从而为我们留下了更多的探索空间。到了第三章,作者讨论了日本门罗主义。在这一部分,我们可以清晰地看到门罗主义首先作为一个思想话题在日本被提出,并迅速与日本对东亚秩序的政治主张相结合,具体化为日本的所谓"大东亚共荣圈"战略。

第三,关于思想史写作的具体进路问题。在阅读这本书时,我有意将它与佩里·安德森的《原霸》❶做了对比,发现两者之间的异同之处颇为有趣。两书虽都围绕一个核心概念展开——安德森讨论的是"霸权",而这本书则聚焦门罗主义,但它们的讨论方式却大相径庭。安德森主要聚焦霸权的思想史问题,对于这一概念在不同时代被讨论的背景提及较少,而是更多地阐述文本内容,探讨不同人对霸权概念的不同理解。而这本书在处理门罗主义时,则采取了另一种方法,即首先详细阐述时代背景、历史演变和具体语境,随后在这一框架下展示有关门罗主义的思想辩论、政策主张以及国际法实践。

我认为两种方式各有利弊。第一种方式的优点在于它对思想的阐述相对充分,能够深入剖析思想家的观点。然而,它的缺点也很明显,即为阅读者带来了极大的挑战。如果你不熟悉这些思想家论述的具体环境和语境,就很难对他们的阐述以及评析的问题有全面而具体的掌握。对于第二种方式,它的优点在于对语

---

❶ 参见〔英〕佩里·安德森:《原霸:霸权的演变》,李岩译,当代世界出版社 2020 年版。

境和场景的充分阐述,使读者在阅读时能够有一种身临其境的感受。然而,这种方式也存在一定的缺点,即可能对思想和概念本身的诠释不够深入,对概念本身的张力诠释也可能不够全面。

第四,作者在处理门罗主义时,不仅展现了其学术志趣,也流露出他的政治关怀。这种关怀在章节标题中尤为明显。第一章标题"超越西半球"揭示了美国如何从门罗主义的话语中解脱出来,构建了一套试图具有普遍性的帝国叙事。接着,第二章和第三章的标题虽略有相似,但分别聚焦德国和日本的门罗主义叙述,其中"拦阻"和"抵抗"这两个关键词突显了德日门罗主义与反抗紧密相连的叙事。

然而,当作者转向中国部分时,这种明显的关键词便消失了。第四章的标题为"近代中国'省域门罗主义'话语的谱系",第五章的标题则是"'亚洲门罗主义'话语之去魅"。这两章的标题表明,当门罗主义进入中国语境时,作者似乎难以找到一个像在美国、德国和日本部分那样恰当的关键词来精确定位门罗主义在中国的话语演变及其实践。在阅读这两部分时,我能够感受到作者在思想层面的挣扎。为了回避"命名"的难题,作者选择了一种更为间接的方法,即仅对门罗主义进行话语分析,通过介绍有关省域门罗主义和当时几位主要思想家的论述,来呈现相关问题。这个问题不仅涉及门罗主义话语在中国的发展演变,更在某种程度上反映了作者在探讨中国近代史概念与实践之间张力时所展现的矛盾性。然而,值得庆幸的是,作者通过将论述聚焦于李大钊,以"朝向未来的门罗主义批判"为途径,成功化解了这种矛盾。在我看来,"向下超越"可能是处理这一概念的关键所在。这是因为,从省域和自治的问题来看,这些举措本质上是为了激活中国基层政治活力而进行的实践。同时,亚洲门罗主义的问题也在一定程度上涉及反抗殖民侵略的议题。因此,中国革命的基本逻辑是向下深入基层,但并不完全沉溺于其中,而是通过这种方式超越各种政治束缚,展现出朝向未来的积极面向。

最后,我想补充一点。去年,美国学者斯蒂芬·沃特海姆(Stephen Wertheim)出版了新书《明日世界:美国全球霸权的诞生》(Tomorrow, the World: The Birth of US Global Supremacy)。在该书中,他提到美国并非直接从门罗主义跨越到威尔逊主义,而是经历了一个过渡的过程。在"一战"和"二战"之间,美国对自己的国际角色进行了深入的辩论,当时的智库也进行了大量的规划。主流思想家,包括政治家、学者和智库人士,实际上更倾向于一个从门罗主义向"英美秩序"的过渡,而非直接实施普遍主义的实践。因此,当时有许多关于如何超越门罗主义,发展成为英美区域的讨论。然而,这些讨论在"二战"时期被打断,最终美国选择了基于威尔逊主义的自由国际主义道路。

我认为这种论述的意义不仅在于为历史提供了补充材料,更重要的是它提示我们,美国的普遍主义在某种程度上是一种"伪普遍主义",其本质是英美主导的海洋秩序。因此,当我们在讨论门罗主义和超越门罗主义时,也应对其所呈现的"从区域到普遍"的论述本身进行深入的反思、提问和批判。以上是我对斯蒂芬·沃特海姆观点的简要理解,还有许多相关的问题值得我们进一步探讨。

主持人(中国社会科学院社会学研究所博士后周安安):非常感谢孔老师。接下来,让我们邀请北京大学法学院的廖雪霞老师。

"青年学者新书沙龙·此疆尔界:门罗主义与近代空间政治"实录

廖雪霞(北京大学法学院助理教授):各位老师,大家下午好。我今天非常荣幸能参加章老师的新书讨论会。我早在这本书刚出版不久时就购买了,首先是被它的标题深深吸引,因为我一直致力于研究国与国之间的海洋边界问题。然而,在阅读这本书的过程中,我也感受到了不少陌生感。我的研究主要聚焦基于国际法规范的主权国家陆地或海洋边界的微观研究,而这本书则涉及更为宏观的边界概念以及由此引发的空间政治。我有一种预感,这两种研究在不久的将来可能会交汇,未来在这两个领域进行对话的可能性将会越来越多。

我接下来想谈谈国际法与门罗主义之间的关系。首先,陈一峰老师已经对两者的关系给出了精准的阐述:门罗主义在国际法中的地位显得模糊且不明确。我所理解的国际法,是以主权国家为基石,建立在主权平等原则之上的,因此,国际法只能在国家间达成共识的基础上产生。而门罗主义,作为美国单方面提出的一种空间界限概念,本质上是以美国为中心的,因此,它很难被视为国际法的一部分。传统的国际法并没有给予门罗主义足够的重视,而是更多地将其归入国际关系或外交学的范畴。我非常赞同陈老师所说的,这本书是对国际法史研究的一种新探索。我认为,这本书正是国际法与历史交汇的地带。在阅读并深入思考之后,我可能会尝试进一步深入到这两个学科内部,进行更为深刻的探索与对话。在跟随门罗主义全球旅行的过程中,我始终会回到美国,思考它是如何渗透到美国对具体空间中的国际法秩序的构想中去的。这种思考不仅有助于我们更全面地理解国际法,也有助于我们更深入地理解门罗主义及其在全球范围内的影响。

章老师在书中提及了研究门罗主义所涉及的几个空间维

度,包括次国家空间、超国家空间、区域乃至全球的空间。在列举具体空间时,他提到了金融空间和网络空间,这让我自然而然地联想到了海洋空间。在海洋空间的国际法建构中,美国扮演了至关重要的角色,甚至可以说是主要的塑造者。美国在这一领域内的核心主张是海洋自由,主要是指航行自由,即全球航行不应受到主权国家基于海洋区域控制而产生的干涉。有趣的是,在1973年至1982年《联合国海洋法公约》的缔结过程中,美国和苏联在这一问题上展现了高度的协调性,因为它们在海洋自由这一点上有着共同的利益取向。两者都反对沿海国,尤其是那些刚刚经历去殖民化、急于占有沿岸海洋资源的非洲国家,过度拓宽对海洋的控制。因为对海洋区域的控制一旦增加,海洋自由的空间就会相应减少。因此,海洋自由和主权之间的张力构成了海洋法发展中一个结构性的矛盾。

我时常会思考,门罗主义外交政策是否对美国的海洋空间秩序想象产生了影响。美国并不寻求扩大自己控制的海域范围,而是更希望实现整个海洋的自由。这种自由意味着美国可以前往其希望到达的任何海域,并且在需要时,美国会毫不犹豫地承担起"保护者"的角色。

各位老师可能还记得2020年蓬佩奥发布的关于美国对中国在南海海洋权利立场的文件。在这份文件中,美国将自己描绘成海洋自由的坚定捍卫者,同时也是东南亚国家的守护者。美国指责中国在南海搞霸权,批评中国在南海的海洋权利缺乏国际法依据,并声称这侵害了海洋自由。这引发了我的好奇心:美国基于门罗主义所建立的地理空间秩序想象,与其对特定海域的法律秩序想象之间有何关联?这两者是否产生了某种化学反应？我期待能够在这个领域进行更深入的研究,以进一步拓展国际法与国际关系等学科之间的对话。

我最后想说,这本书无疑是一本面向未来门罗主义者的全球思想史。章老师并非以回顾过去的视角去探讨门罗主义的历史演变,而是将我们的目光引向现在,甚至是未来。这本书为我们关于空间政治的想象提供了深刻的启发,不仅为我们的未来想象提供了一种参照,更在呼唤一种想象上的超越。因为门罗主义,尽管在全球空间想象上仍以国家为政治单位,但其超国家的理念并不意味着放弃国家本身,而是在一个特定的范围内构建了一个具有亲疏远近的政治空间,其中必然有一个国家作为这一空间的中心,并在空间内占据支配地位。空间政治的核心概念是边界,而边界是否会消失这一问题已经在国际法领域引起了广泛的讨论,尤其是在探讨气候变化对国家主权、领土和边界可能带来的潜在影响时。章老师在书中多次提及"一带一路"和"人类命运共同体"的概念,我认为这是在鼓励我们深入思考:我们期待的未来空间是怎样的?这个空间的主体是谁?它又将如何容纳和融合不同的民族、国家(如果国家依然存在)、文化或生活方式?这些问题无疑是引领我们迈向未来,构建更和谐、更包容的全球空间的重要思考方向。

我想起剑桥大学的国际法教授菲利普·阿洛特(Philip Allot),他在国际法教授群体中独树一帜。作为一位经验丰富的外交家和国际法的实践者,当他回到学术界时,他的研究却显得颇为离经叛道。在他的著作《国家的健康:国家之外的社会与法律》(*The Health of Nations: Society and Law beyond the State*)中,他提出观点,认为以国家为单位的国际秩序及其基础上建构的国际法实际上在加剧人类的苦难。因此,他呼吁超越这一现状,构建一个超越所有社会之上的社会,以及超越所有法律之上的法律。这种呼吁并非指向街头的革命,而是一场深刻的思想革命。我认为,这一观点与章老师的书在某些方面有着契合之处——它们都致敬了思想的力量,鼓励我们在想象力上实现超越。这可能是我在阅读这本书后最为深刻的体会。谢谢大家。

主持人(中国社会科学院社会学研究所博士后周安安):非常感谢廖老师。下面,欢迎华东政法大学法律学院的于明老师。

于明(华东政法大学法律学院教授):谢谢周老师,非常感谢会议的邀请。按照会议安排,我们这个环节聚焦于国际法和法律史的主题。我注意到,之前的讨论中,大多数学者都与国际法有着紧密的关联,接下来的讨论中,预计会有更多法律史领域的学者加入。

从法律史的研究角度来看,章老师所著的这本书无疑是非常值得关注的。由于我自己的专业背景是外国法律史和比较法,我认为这本书可以称为近年来中国学者在外国法律史和比较法领域的一部经典之作。正如许多老师之前所提到的,这体现了章老师一贯的学术风格,他的每一部著作都如同开启了一个全新的学术宇宙,而这本书也延续了这一卓越的传统。

永乐兄近年的研究确实值得我们的关注。他自谦地称自己"十年磨一剑",但实际上,他在这十年间磨砺了三把利剑——先后为我们贡献了三本著作。这确实是非常了不起的成就。就法律学领域而言,能在十年内推出三本关于连续主题的著作的学者极为罕见,因此,他的这一成就显得尤为突出。真正优秀的学者，能够持续专注于某一主题，并围绕这一主题进行深入的发散研究，这是一项相当困难的任务。而永乐兄做到了这一点，他的研究成果不仅丰富，而且具有深度和广度。

我注意到，《旧邦新造》这本书是2011年出版的，至今已经十年。再过十年，我们或许可以为他举办出版二十周年的研讨会。而在这十年间，他为我们贡献的三本著作，主题连贯，从国家建构出发，逐渐扩展到超国家层面的持续主题关注，展现了他深厚的学术功底和独到的研究视角。

从法律史的角度来看，我经常与学生探讨如何在今天进行法律史的研究，特别是外国法律史和比较法的研究。大家普遍关心的问题是：外国法律史和比较法应如何进行研究？我认为章老师在这方面具有显著的优势和特点。他总能巧妙地将热点现实问题和历史的细节相结合，这一方法无疑为我们指明了未来外国法律史和比较法研究的方向。

在当前的学术环境中，我们常常抱怨关于外国法律史的文章难以发表，因为写外国问题或历史问题往往难以引起足够的关注。然而，永乐老师的研究为我们提供了一个宝贵的启示。他善于从热点问题出发，无论是《旧邦新造》中探讨的国家建构问题，还是《此疆尔界》中论述的区域霸权和全球霸权问题，他都选择了极具现实意义的主题。但重要的是，他并没有仅仅停留在对这些现实问题的表面探讨上，而是深入历史的细节中研究。这提醒我们，仅仅关注极端现实的问题并不足以构成优秀的学术研究，真正的学术价值在于能够深入历史的细节，对某一具体问题展开细致的研究。

永乐老师所探讨的门罗主义问题，无疑是一个极具现实意义的议题。多位学者已就此展开了讨论，其核心在于如何构建一种新型的政治话语,并将其付诸实践。过去,我们在研究门罗主义时,往往深受传统马克思主义史学的影响,特别是列宁的帝国主义理论。在这种理论框架下,我们常常将问题简化为势力范围的划分。中国、日本以及日本的所谓"大东亚共荣圈"等问题,似乎都可以简单地用"势力范围"这一概念来概括。然而,章老师的研究为我们提供了新的视角。他提醒我们,势力范围并不仅仅是权力和力量的角逐,更是话语的争夺。当要占领某个地方或某个势力范围时,除依赖实际的权利和力量外,话语同样至关重要。我们需要用适当的话语来证明我们的统治是正当和合理的。这正是门罗主义所探讨的核心问题。

磊杰刚才提到了门罗主义的核心问题,它最初源于一种弱者的话语。这种话语的核心是强调某个地方属于某个特定的群体,实际上这是弱者为了应对外界压迫或挑战而采取的一种自我表述方式。例如,当中国人说"中国人是中国的中国"时,这通常意味着我们可能感受到了外国的压力或欺负,因此才会特别强调这一点。类似地,过去我们在北京或上海读书时,会听到一些传统的老北京人、老上海人说"北京是北京人的北京,不是你们全国人民的北京"或"上海人是上海人的上海,不是全国人民的上海"。这种表述反映了当某个城市或群体感受到自身地位受到挑战时,他们可能会采取的一种自我保护或强调自我身份的方式。正如美国当年受到欧洲挑战时,也采用了类似的话语来强调自己的身份和地位。

话语的流变史中,有一个特别有趣的现象值得我们关注。原本作为弱势一方用来保护自我、强调身份的话语,在强大之后,竟能被用来支配他人。比如,当一个势力崛起并变得强大时,他们可能会说"美洲才是美国人的美洲",但背后的意味已经发生了根本的变化。当这种势力处于强势地位时,他们拥有定义和解释话语的权力。他们可能会说"阿Q是不配姓赵的",以此来排斥或边缘化那些不符合他们标准的人。这种话语权的转变,使他们有权决定谁能进入、谁不能进入他们的共同体。这种从保护到支配的转变,正是话语流变中非常有意思的一个问题。

章老师的研究为我们树立了一个法律史研究的杰出典范。在研究法律史时,我们不应仅局限于对制度或话语本身的探讨,更应关注话语的流变以及意识形态化的过程。章老师的研究揭示了在话语流变中那些微妙而重要的转变,这一过程的研究极具吸引力。从法律史研究的范式来看,章老师强调历史与现实的连接,这一点尤其令人印象深刻。

另外,章老师的研究在强调连续与断裂的方面为我们提供了深刻的启发。孔元也提到了这一点,并认为章老师的研究堪称范式转换。在中国法律史学者中,过去很少见到这样的研究视角。传统的法律史和比较法研究多聚焦宏观的、关键性的历史事件,而章老师的研究则展现出一种理论自觉。在绪论中,章老师明确指出本书是一项概念史的研究。观念史学家洛夫乔伊所讨论的观念单元,与剑桥学派如斯金纳等学者的观点相呼应。传统的思想史研究往往以文本为中心,而章老师的研究则更倾向于概念式、新的观念语境的探讨,类似于剑桥学派的研究方法。在阅读这本书时,大家可能会发现其规模远超之前的作品,达到了约30万字,其中的细节详尽到让人怀疑是否出自法学学者之手,而更接近于历史学的研究方式。然而,这种研究方法对于法律史的研究具有重要意义。在当今的外国法律史和外国史研究中,如果我们仍局限于传统的、连续性的观念史研究,仅仅为了论证历史的连续性而研究,那么这种研究便失去了其独特的价值。中国学者在外国法律史的研究中应如何贡献,永乐的研究为我们提供了答案。即便这本书翻译成英文,它同样是一本非常精彩的研究,因为它真正贯彻了语境主义的研究方法。

比如,剑桥学派提出的语境主义包含两种形式:一种关注社会背景的语境,另一种则是自身其境的研究。永乐的研究正是后者的杰出代表。过去,我们在讨论社会背景时,往往会涉及政治、经济、文化等宏观层面,但永乐的研究更进一步,他关注的是话语的行动者和创造者所处的具体环境。在永乐的研究中,他详细分析了这些行动者面对的对手、受到的社会影响、他们所使用的语言环境、对手所使用的措辞以及他们的信仰背景等多个方面。这种细致入微的分析使永乐的研究显得极为详尽和深入。我们可以看到,永乐在这项研究中提及了包括日本学者、中国学者在内的大量名字,其中不乏一些可能我们从未听说过的重要或次要人物。这种一网打尽式的研究方式,为我们呈现了一个全面而细致的概念史范本。通过永乐的研究,我们不仅能够看到概念的连续性,更能看到概念的断裂和演变。这种研究视角为我们在法律史研究方向上提供了极大的启示。

最后,我想从拓展的角度进一步探讨永乐的研究。尽管永乐在还原历史背景方面已经达到了极致,但我认为对于这些背景背后的深层原因,我们仍可以进行更深入的探讨。永乐的研究对过去的帝国主义研究进行了否定之否定的过程,揭示了历史现象背后复杂的因素。然而,这些复杂因素背后的真正原因,尤其是政治经济学的因素,我认为仍有待进一步探讨。列宁的研究虽然在章老师的研究中有所涉及,但关于帝国主义、资本主义经济因素如何影响这些历史现象,我认为还没有得到充分的阐发。如果能够从这个角度进行更深入的分析,我们将能更全面地理解永乐三本书所探讨的核心问题——中国革命的问题。为什么中国能够做对?中国的成功之处在哪里?包括中国如何最终避免了门罗主义的陷阱或思维模式的局限,进而走向更深刻的社会革命。如果能够从这个角度进行更深入的发掘,我相信这项研究将会更加精彩和深入。谢谢大家。

主持人(中国社会科学院社会学研究所博士后周安安):非常感谢于明老师的精彩发言。接下来,有请中国政法大学法学院的李富鹏老师。

李富鹏(中国政法大学法学院副教授):非常感谢周老师和永乐老师,能够参加章老师这本大作的研讨会,我深感荣幸。从之前各位学者的发言中,我收获了许多宝贵的启示。这本书的贡献确实是多方面的,涵盖了多个学科领域,特别是其在思想性方面的深度挖掘,以全球史的视角细致考察了门罗主义的跨国旅行,将近代中国置于全球视野下进行空间政治的思考。这与章老师之前的两本书的思路一脉相承,都在学术界产生了深远的影响。

我个人的学科背景是法律史,近年来主要关注全球法律史的研究。在此环节,我将从法律史的视角出发,谈谈对这本书的看法。我非常赞同于明老师的观点,这本书无疑是法律史学界的一个典范,标志着范式转型的重要作品。从全球法律史的角度来看,这本书的开创性意义尤为显著。由于时间关系,我将主要讨论三点。分别关于这本书的叙述框架、理论思考和未来的空间性想象。

第一,叙述框架。关于空间转向,全球法律史呈现出与其他领域的同步性,其核心观点在于超越民族国家法律史的叙事框架。在过往的法律史研究中,尤其是国别法律史的研究,民族国家法典化一直占据着主导叙事逻辑。然而,全球法律史的研究视角更为广阔,它不仅试图突破这一局限,还力求超越欧美中心主义的话语体系。进一步来说,全球法律史将法律知识与实践的全球流动视为一种文化上的知识转译过程。章老师在其著作的绪论中特别强调了这一点,他提出这不仅是一个简单的移植过程,更是一个翻译的过程,涉及不同文化语境背景下门罗主义所形成的多样化知识样态。在这个意义上,全球法律史通常具有两种叙事框架。一种是通过不同的 Regimes(体制或机制),如帝国、宗教或奴隶贸易等,来构建新的空间,这些空间超越了民族国家的界限,形成了独特的空间构造。这种叙事框架为我们提供了一个全新的视角,以理解和分析全球法律史的发展演变。

另外一种方法,是在全球视角下选取一个地方性的案例。具体来说,就是以某一地方为案例,探讨其在全球语境中如何吸纳各种复杂的要素。在我阅读和观察的过程中,我发现章老师在这本书中采用了比较研究的框架,选择了美国、德国、日本与中国作为比较对象。其中,德国和日本分别代表了欧洲和亚洲在近代政治格局全球演变中的重要政治力量,这无疑增强了研究的代表性。然而,需要指出的是,这样的比较框架并非完全基于知识和概念流动的自然路径,而是带有一定的预设和选择性。

孔元老师刚才提出的问题就很值得探讨:前面的章节中的关键词形成了一条清晰的脉络,而论述中国部分的章节似乎展现出了一种独特的叙事模式。框架的选择对于后续比较不同模式至关重要，以德国和日本为例，其代表的扩张模式与中国的情况可能并不形成直接的连续性对应。在尝试从全球视角摆脱欧洲中心主义的话语时，我们发现在选择参考系时仍不可避免地偏向了欧美中心。为了更全面地研究，如果后续研究能够加入更广泛的参考系，比如磊杰提到的俄国问题，这样的例子或许能够为我们提供新的视角，与中国的案例形成另一套叙事话语。另外，值得注意的是，在1906年至1908年年间，不仅中国晚清进行了立宪实验，奥斯曼土耳其、伊朗、俄国等欧亚大陆的大帝国也先后制定了自己的第一份宪法性文件。这些帝国在同一时期内的变革，反映了不同文化圈地区秩序的转变，可能会引发不同的文化转译模式，并与中国的例子形成有趣的参照。这样的背景信息有助于我们更全面地理解当时的历史情境和各国间的相互影响。

第二，关于例子参照系的选择，其代表性与复杂性引出了我要探讨的第二个问题，即理论反思与抽象的问题。章老师的贡献并不仅仅停留在知识层面，更在于他对一种思想、一种宏大的问题意识的指引，即如何理解中国近代与世界的法权结构。在这个意义上，我坚信法律史并非仅仅是经验研究，而是基于经验的深刻理论性反思。这种反思，我认为，是法律史的一个极其重要的贡献。因此，法律史可以被视为一种历史性的法理论。章老师在这个方面做得尤为出色，他的作品堪称典范。他通过门罗主义这条线索，在全球视角下揭示了空间政治与主体建构的复杂性，以及大国协调背后的一些深层次理论问题。

当然，正如章老师之前所提及的，这样的理论问题需要与本地复杂的政治经验相结合来考量。我们知道，观念、话语与实践之间存在着极为复杂的交织与重构。以我最近阅读的一份关于晚清广西的材料为例,其中"立宪万岁"的口号体现了君主立宪成为当时地方共识的核心话语。然而,随着辛亥革命的到来,广西学生追求独立时,满街的标语已不再是"立宪万岁",而是"广西独立万岁""民国万岁""同盟会万岁"。这一变化凸显了广西地方性门罗主义中多重话语的交叠——地方的、建国的与革命的。如何将这些外来的话语与本地复杂的政治经验相融合,无疑成为深化理论反思的一个重要方面。当然,一本书无法穷尽所有问题,但章老师的这部作品已经为我们带来了深刻的思想启示和震动。

第三,关于法律史的空间转向或全球转向。这不仅是一个空间问题,实际上,空间的转向也带来了更深层的时间问题意识或时间经验。历史并不仅仅关注过去,对于欧洲人来说,他们研究全球法律史主要是为了将早期近代纳入其中,形成更为广阔的时间叙事。同样,我们在引入空间转向时,也纳入了更多的时间维度。在这个意义上,我非常赞同于明老师之前的观点,章老师的这本书不仅具有非常强的现实意义,还指向了一个重大的现实问题,即未来的理论构建。无论是全球法律史的空间转向,还是章老师对全球空间政治的深入剖析,我们都能在其中看到历史叙事框架中空间意义的重要性。这本书中提到的日本在"二战"期间对东亚、亚洲的构造,以及"二战"后英美对东南亚的建构,在中国传统的朝贡话语下,东南亚地区被称为南洋。现在,我们经常听到"季风亚洲"的说法,这些不同的空间概念背后都关联着不同的记忆、规范性的诉求以及法秩序的安排。因此,作为法律史的从业者,我们需要思考如何调整中国的叙述边界,如何从法律史的角度回应之前刘洋老师和廖老师所提到的空间性想象和空间性连接。这或许是章老师这本书所蕴含的更大的潜在意义。最后,我要再次祝贺章老师的大作出版,并认为这本书的贡献是巨大的。

主持人(中国社会科学院社会学研究所博士后周安安):非常感谢李富鹏老师的视角。接下来,有请中国海洋大学法学院颜丽媛老师。

颜丽媛(中国海洋大学法学院副教授):我非常赞同将章老师的新书视为一个学术"宇宙"的说法。在分享我的读书心得时,我试图将近代中国置于这个广阔的学术视野中,特别是从全球门罗主义的角度来审视近代中国的空间秩序。

书中详细描绘了门罗主义从美国、欧洲逐渐传播至日本,进而在空间距离上逐渐接近中国,最终演变成为"省域门罗主义",成为中国内部秩序的一部分。从内外两个视角来看,该书前三章揭示了近代中国外部空间秩序的复杂面貌,而后两章则深入探讨了近代中国的内部空间秩序以及对门罗主义的深刻反思。最为有趣的是,近代中国竟然能够最终消解了具有国际与霸权双重属性的门罗主义。这一过程不仅展示了中国近代历史的变迁,也反映了中国与外部世界之间复杂的互动关系。

整体而言,门罗主义虽非国际法原则,却与国际法有着深刻的纠葛。在不同的语境下,如美国、欧洲和日本,这种纠葛的程度和表现形式各不相同。美国坚持认为门罗主义并非国际法原则;欧洲曾试图将其推进为国际法原则,但最终未能成功;而日本则直接运用门罗主义来指导其国际法实践,却也以失败告终。

美国的门罗主义为我们提供了理解其对华"门户开放"政

策以及近代中国外部空间秩序的关键。稍加对比这两个概念,我们可以发现:门罗主义意味着"闭门",即美国试图在拉丁美洲独享霸权,排斥外部干涉;而"门户开放"则代表"开门",是美国在亚洲提出的政策,意在平等参与、共享利益,而非独占。无论哪种政策,美国都试图将自身的利益置于原本区域内的国家和区域之上。

在欧洲的门罗主义语境下,存在着亲国联和反国联两种"泛欧计划"。中国当时的立场显然亲国联,这一点可以从章老师《万国竞争》一书中关于康有为对国联复杂态度的研究中得到印证。近代中国特别希望借助国际会议或国际组织来突破已有的不平等秩序,解决中外条约问题。尽管过程中有过失望和纠结,但基本上中国对国联保持了非常积极的态度,并最早加入了国联,积极践行作为创始会员国的权利与义务。与此相反,日本在李顿调查团报告之后选择退出国联,并持续发动对华战争。因此,近代中国的外部秩序与国联紧密相关。

日本的"亚洲门罗主义"相对复杂。为了实践这一主义,日本缔结了一系列条约。首先,有《日满华共同宣言》,其中"满"指的是伪满洲国,"华"则指汪伪政府。随后,日本与汪伪政府单独签订了《中华民国日本国间同盟条约》,该条约虽短仅六条,但主旨在于共同建设所谓"大东亚"。此外,日本还抢在英美之前与汪伪政府签订条约,取消了其在华的治外法权。然而,由于汪伪政府作为中国的代表实为傀儡政府,缺乏独立的缔约主权资格,这些条约并不具备法律效力。通过这些条约,日本在国际法实践中充分暴露了其"亚洲门罗主义"的野心。

当门罗主义进入近代中国后,它演变成了既不国际也不霸权的"省域门罗主义"。章老师在《旧邦新造》一书中,从宪制的角度探讨了与此相关的地方自治问题。我特别想强调的是"自治市"的问题,例如"一战"后胶澳(青岛市)的自治。这些地方自治,原本作为租界或租借地,都具备捍卫国家主权和领土完整、反对任何形式霸权干涉的属性。这可以联系到"一国两制"下的特别行政区制度,如"港人治港"和"澳人治澳"。从这个角度看,章老师的新书《此疆尔界》给我最大的启发是,在讨论地方自治问题时,除宪制和地方话语外,还可以加入国际法和全球话语,以增加问题的讨论层次和张力。

在书中谈及近代中国对门罗主义的批判时,有一专章深入探讨了战国策派及其主张的"大力国主义"。同时,值得注意的是,在同一时期,汪伪政府所辖的南京地区创立了《大亚洲主义》《大亚洲主义与东亚联盟》等刊物,这些刊物倡导"大亚洲主义",声称延续了孙中山所提倡的王道精神,主张以道义为基础来发展亚洲新秩序。然而,在重庆和昆明等地,战国策派则推崇强力的理念将上述道义与强力两种话语综合起来,或许能为我们呈现一种全新的世界秩序图景。

整体来看,门罗主义通过"跨疆越界"的方式完成了全球传播,这与书名《此疆尔界》所表达的意涵相反。它试图将全球秩序分割为由不同领导者领导的、彼此封闭的多个空间政治秩序。这一点是书中一再强调的,也是近代中国在面对全球空间秩序和区域空间秩序双重压迫时所不愿见到的。因此,门罗主义成为我们重新解读近代中国内外空间秩序、理解中外连接点的重要词汇。谢谢。

主持人(中国社会科学院社会学研究所博士后周安安):非常感谢。下面,有请英国埃克塞特大学(University of Exeter)人文学院现代语言系的殷之光老师。

殷之光(英国埃克塞特大学人文学院现代语言系副教授)❶:非常荣幸能跟各位师友在线上相聚讨论,跟大家一起聊一聊章老师的新作。

虽然我是法律史的外行,但在阅读章老师的新著时,却并未感到有任何障碍。这是因为在这本被称为"章永乐宇宙"之一的著作中,法律被视为政治的结果。在之前的讨论中,孔元老师提出了一个"困惑"。他指出,前几章遵循了严谨的思想史写法,详细阐述了门罗主义在不同政治现场中的际遇。孔元老师观察到,作为美国全球霸权话语的门罗主义,在德国和日本都遭遇到了"抵抗"。然而,当进入关于中国的章节时,孔元老师认为门罗主义的霸权及其反抗的关系在中国部分似乎变得不那么明显。他强调,章老师在描述这一部分内容时,回避了霸权与反抗这组关系,而主要关注了中国对门罗主义语词的接受与挪用。这种在前后章节中内在联系的缺失,我在此暂且称之为"章永乐宇宙中的孔元困惑"。

"孔元困惑"确实是一个非常有意思的现象,它深刻地反映了章老师这本书所带来的迷惑性。

当章老师首次提及要撰写关于门罗主义的概念的著作时,我也曾充满了疑惑。这是因为,观察他之前的两部作品《旧邦新造》和《万国竞争》,可以清晰地看到两者之间的紧密联系,它们仿佛构成了"章永乐宇宙"的第一阶段和第二阶段。在第一阶段,章老师探讨了国内秩序在政治变革过程中是如何逐

---

❶ 现为复旦大学国际关系与公共事务学院教授。

渐形成的；而在第二阶段，他又详细讲述了在国际秩序变动中，一个正在变革中的国家是如何参与并影响这一国际秩序的故事。这两部作品都紧密围绕中国这一主题展开。然而，当章老师提及要写门罗主义时，他最初分享的一些阶段性成果似乎与他一直以来的问题意识相去甚远。他似乎在尝试进行一种传统的、以概念为中心的思想史写作，这与他之前两部作品的风格和主题有着显著的差异。这给我的感觉就像是，在漫威宇宙的第一、二阶段故事告一段落后，章永乐突然转投到了DC宇宙中，开始讲述超人、神奇女侠等英雄的故事。这种转变和迷惑性，正是"孔元困惑"的来源。它揭示了章老师在写作过程中可能的探索和尝试，也为我们提供了更丰富的视角和思考空间。

但是，这种断裂感在仔细阅读章老师的书稿后便逐渐消散了。为什么呢？实际上，我们都被书稿副标题中的门罗主义所迷惑了。然而，章老师的真正关键词并不体现在副标题中，为了深入理解"章永乐宇宙"三个阶段的关联，我们必须密切关注他的主标题——"此疆尔界"。

《此疆尔界》书名源自诗经中的一段祭颂文，原句为"无此疆尔界尔，陈常于时夏"。这短短几个字，既揭示了法律所关心的边界问题，也隐含了章永乐所要探讨的政治问题。在这本书中，章永乐关注的是秩序构成前的问题。在秩序尚未形成之前，边界实际上是不存在的。因此，边界的形成并非法律的结果，而是一个政治过程。这恰恰说明了边界问题实际上是一个政治性而非法律性的问题。法律所关心的"常"，实际上是在"时夏"这一特定时间和空间背景下秩序的呈现过程。这里的"时夏"不仅代表了一个时间节点，也指代了一个具体的空间环境。离开了对"时夏"的深刻认识，我们就无法理解"陈常"这个动态变化的过程。章永乐的新著,作为他理论体系的第三阶段,旨在描述在全球秩序变动中,空间秩序的确权过程。

其实,章永乐新著的问题意识在绪论的开头便有很清晰的表达。他提到了英国学者马克·莱昂纳德(Mark Leonard)出版的《中国怎么想?》(*What Does Chine Think?*)一书。在《此疆尔界》中,永乐不断希望回应的基本问题就是中国会怎样。我们看到,虽然德国和日本都对抗了英美霸权,但是作为"阻拦者"的他们,最终仍旧走上了同样的霸权扩张道路。这仿佛重复了鲁迅描述的那种"城头变幻大王旗"式的困境。对霸权的反抗是否必然导向新的霸权的诞生?今天西方世界对中国产生的兴趣,本质上也是在试图回答这个问题。当然,从西方中心主义的世界观出发,这个答案必然是肯定的。今天的西方世界的观察家们,始终在尝试说服世人,他们手中掌握着一个水晶球,能帮助我们看到世界的未来。无论是西方左翼还是右翼,绝大多数在这个问题上都有个共识,即依照西方历史经验,崛起的中国必然会重复霸权者的道路,走上扩张主义的道路。这种扩张主义包含两个层面,第一个层面是中国强大了,必然会走地域扩张的道路;第二个层面,吸引了许多西方左翼,以及自由主义右翼的关注,即中国强大了,必然会成为全球秩序中的新霸主。

但"章永乐宇宙"的第三个阶段恰恰告诉我们,中国不会走上这条道路。如何理解这句话呢?在前面的讨论中,我听到老师们主要关注的是门罗主义在全球范围内的流变,然而,我们更应当注意到永乐在书中结尾部分通过李大钊留下的"突变"式开放结局。遗憾的是,永乐在书中并没有详细展开对李大钊的分析,这可能是为"章永乐宇宙"第四阶段留下的一个引子。李大钊的讨论与我的研究热情密切相关,他提到的"新亚洲主义"

并非亚洲主义的简单变体,而是一个全新的秩序想象。永乐在讨论李大钊时,并没有围绕门罗主义这个关键词展开。他注意到,从李大钊开始,一种弱小民族的独立意识开始觉醒,以及独立自主国家之间平等联邦的雏形开始形成。这种空间秩序观与区域霸主之间联合共治的传统模式截然不同。这种平等联邦的理念延续到了新中国,构成了我们新中国"国际主义"想象的基础。

1958年7月,毛主席在会见非洲青年代表团时发表了一段富有深意的讲话。他提到亚非拉之间地理相近,近到只须跨过一条小水——苏伊士运河,便能从非洲到达亚洲。然而,如果从霸权主义的空间秩序观出发,这一叙述可能会引发困惑和恐慌,因为人们可能会误解为中国意图扩张至非洲。但毛主席的意图并非如此。他强调,亚洲与非洲的地理相近实际上是一种历史经验相通的精神体现。他进一步指出,文明并非由压迫者带来,而是在被压迫者争取独立的斗争中,自主获得的一个成果。文明是解放斗争的产物,是在现代语境中对本源的自我发现,而非欧洲霸权主义自上而下"启蒙"的结果。在这种解放哲学的语境下,任何带有扩张主义色彩、试图将自己的观念强加于他人的行为,都不能成为未来历史的主体。相反,未来的主体是在被压迫者的自我解放过程中诞生的。在毛主席的叙事中,文明被视为一个自我解放的进程,这实质上开创了一套与霸权主义观念截然不同的叙事方式。

在永乐的叙事中,他详细描述了日本亚洲主义与施密特的大空间理论。他尝试回应了日本的亚洲主义为什么会走向军国主义,以及为什么施密特大空间理论会成为德国纳粹扩张的思想构成。同时,他在结尾中也提到了关于杜金的新欧亚主义。

在我看来,通过描述这些内在相通的空间秩序观,章永乐提醒了我们,今天中国从李大钊开启的这套突变的秩序观,这种联动亚非拉、反抗全球霸权、谋求解放的秩序理想,不可能重复那些霸权者们以种族、以国家为中心的那一套空间想象。当然,永乐也承认在中国历史进程中存在着霸权秩序的可能。在《此疆尔界》的最后一章里,他描述了战国策派并讨论了蒋介石的"亚洲主义"认识。这些都蕴藏着重复20世纪日本军国主义、德国纳粹主义道路的可能。但是,为什么这种萌芽未能在中国成为政治现实,也许可以是我们未来研究的一个问题。虽然永乐并没有展开讨论,但这个问题意识的存在恰恰也是我能够进入"章永乐宇宙"参与他的思考的基本前提。

实际上,"章永乐宇宙"的核心在于他清晰阐述了法律的实质或普遍主义的实质。通过法律表达的普遍主义,实际上是将特殊的东西普遍化。这种普遍主义话语将霸权的特殊性,以及霸权构成过程中的残酷与特殊历史,用一套普遍主义的语词,转化为一种看似放之四海而皆准的模板。然而,这种倒叙的普遍的话术,往往成为我们思考历史问题时的思想枷锁。在思考现实和进行思想史写作时,我们往往难以绕开这一套被霸权所定义的词语。那么,如何对此进行超越呢?章永乐给我们做了精彩的演示。他尝试将颠倒的东西再颠倒过来,揭示了普遍话语背后的霸权政治。这也是我这个从事帝国史、殖民史与第三世界反抗运动研究的研究者,能够与在法律史框架内写作的章老师进行良好沟通的原因。

以上就是我今天想要分享的主题,谢谢大家。

主持人(中国社会科学院社会学研究所博士后周安安):非

常感谢殷之光老师的总结和升华,第二个研讨环节到此结束。

第三单元

主持人(北京大学法学院副教授戴昕):各位老师们,我们进入今天最后的研讨。第三环节我们主要请一些公法和法律理论领域的老师们进行演讲。因为左亦鲁老师晚一点要上课,所以先请左老师来讲。

左亦鲁(北京大学法学院助理教授)❶:感谢戴昕老师和本节的各位老师,由于一会儿要去上课,我提前与大家分享一些想法。昨天在参加这个会之前,我发了一个朋友圈。我们都知道姜文导演的《让子弹飞》、《一步之遥》和《邪不压正》被称为"民国三部曲"。其实,在法学界,章永乐老师的《万国竞争》、《旧邦新造》和《此疆尔界》也可被视作法学领域的"民国三部曲"。近两年来,我专注于撰写关于美国政治和宪法的文章。在这些文章中,我提出了一个观点,即将美国从建国至今的历史划分为六种政体或时期:联邦党人政体、杰弗逊政体、杰克逊政体、第一共和党政体、新政—民权政体和里根政体。目前,美国仍然处于里根政体之下。这些政体之间的大致关系如下:

名称	时间(年)	主导政党
联邦党人政体	1789—1800	联邦党
杰弗逊政体	1800—1828	民主共和党
杰克逊政体	1828—1860	民主党

---

❶ 现为北京大学法学院副教授。

(续表)

名称	时间(年)	主导政党
第一共和党政体	1860—1932	共和党
新政—民权政体	1932—1980	民主党
里根政体	1980至今	共和党

我之所以比较喜欢将上述政体分期,是因为当前无论是美国国内还是国际上的观察,都普遍认同里根政体正步入末期,预示着新的政体或时期可能即将到来。因此,我希望借助这种分期来分析里根政体的终结趋势,以及新政体可能如何开启。然而,这种政体分期也存在一些明显的不足。其中一个显著的不足是,它主要基于美国国内政治格局的变化进行划分,即更多的是向内看的视角,而非向外看。换言之,这种分期方式相对忽视了美国外部和国际环境的变化。

章永乐老师的这本书对我启发颇深,他提供了一种"向外看"的视角,来分析美国宪法和政治。因此,我尝试将门罗主义的一些关键节点与美国的"向内看"政体分期进行比对。例如,门罗主义在1832年左右被提出,这恰好是美国从杰弗逊政体向杰克逊政体过渡的时期。接着,门罗主义的第二个关键节点出现在老罗斯福总统执政时期和1904年,这时美国正处于第一共和政体之下,进步主义运动开始兴起。随后,威尔逊总统执政时期和1919年成为门罗主义的又一重要时刻,此时的美国依然处于第一共和政体的统治之下。再往后看,小罗斯福总统执政时期与"二战"时期,从"向内看"的视角,美国国内则进入了新政—民权政体。然而,遗憾的是,在永乐老师的书中,对于里根总统执政时期和里根政体时期门罗主义的发展(如果有的话)并未过多涉及。最后,我们观察到特朗普上台后的两年,美国国内的里根政体风雨飘摇;对外方面,门罗主义则再次迎来一波高潮。

简单来说,将"向内看"的美国政体分期与"向外看"的门罗主义的关键时间点进行对比,我们不难发现,有时两者能够相互对应,但也有时候存在明显的不吻合。这些"对不上"的地方特别引起了我的兴趣。有两种可能性可以解释这种差异:一是两者实际上是可以对应的,但可能由于永乐老师基于某些考量而并未详细探讨;然而,我更倾向于第二种可能性,即"向内看"和"向外看"的视角本身就难以完全对应。这种不吻合性启发我们思考:是否可以通过门罗主义这一独特的视角,来重新构建一个理解美国及其与世界关系的框架。例如,在现有的"向内看"的政体分期下,威尔逊和老罗斯福可能并不被视为开创新政体的重建型总统,但当我们切换到"向外看"的视角时,对这两位总统的定位可能会产生截然不同的看法。

最后,我相信大家更为关注的是现在和未来。如果里根政体真的已进入末期,我们自然会好奇新政体会呈现怎样的面貌。在这个问题上,永乐老师书中提到的门罗主义以及"向外看"的视角将变得尤为重要。它们有助于我们更全面地理解当下和未来一段时间的美国与世界的关系。当前,美国内部出现的"第二进步时代"等分析,大多仍局限于"向内看"的视角,这样的格局显然已不足以应对当前复杂的国际环境。要真正理解美国的现在和未来,我们必须"开眼看世界"了。

最后的最后,至于永乐老师的下一本书,对它的期待值就如同我们对姜文导演的下一部电影的期待值一样高。我相信,当永乐老师的新书问世时,我们会有同样的感受:首先,在翻开书页之前,我们绝对想不到他会写什么;其次,读完之后,我们只会由衷地赞叹:"大哥,原来这就是你说的惊喜啊!"

主持人(北京大学法学院副教授戴昕):谢谢左老师。让我们邀请华东师范大学法学院田雷老师发言。

田雷(华东师范大学法学院教授):我们这一组的主题名为"公法与法律理论"。在观察了本组的人员组成后,我发现我们团队更像是一个营造气氛的小组。然而,由于是在线交流,我们难以实时感受到那种热烈的气氛,只能想象"此处有掌声或笑声"。因此,我决定不打开摄像头,以防有居心不良的人截屏制作成表情包。

虽然章老师的《此疆尔界》已经出版半年,但对我们来说,只要没过年,这本书就依然算是新书。前两天,在编辑这次研讨会的通知时,我特别注意到了其中的一句话,这也是凯风沙龙系列的宗旨,它表达得非常好:"期待在当下以论文生产为核心机制的学术环境中,依然能够为写书读书这一知识生产方式留下空间。"在这样的背景下,我们更能理解章老师在法学院中作为一个难得的"异端"的价值。

这几天,我仔细阅读了章老师的新书,其中许多感想和感叹都是触发式的,来得快去得也快,往往来不及进行深入的思考和追问。然而,有几个想法却贯穿了我整个阅读过程。首先,我要赞美这本书。《此疆尔界》给我留下了深刻的印象,它让我在阅读时产生了一种强烈的共鸣和向往——这是那种你特别希望是自己所写,但又深知自己能力所不及的书籍。这种书不仅展示了作者深厚的学术功底,更体现了其独特的思考力和写作力。其次,我被章老师在书中展现的跨学科能力所折服。他自如地穿梭在法学、政治学、历史学等多个学科之间,将不同领域的知识和理论融会贯通。相比之下,我自己在做研究时虽然也有跨学科的自觉,但往往感到力不从心,难以像章老师那样挥洒自如。最后,我对于章老师如何在写论文的同时又能完成著作感到好奇。作为一位80后法学者,章老师在刚到不惑之年之际就已经完成了他的"三部曲"。我想,这背后一定有着独特的写作方式和模式。

作为本单元第二个发言的人,我有一个战略优势,就是可能一不小心就能把后面发言人要讲的问题给先讲了。所以我很体贴地讲一个"虚"一些的题目:什么是学术写作中的"我"。

在《此疆尔界》的后记中,章老师对他的这本书以及之前的两部作品给予了评价,称它们都是"在当代问题激发之下的历史研究"。这句话瞬间引起了我的注意。它意味着这三本书并非仅仅是对历史的纯粹研究,章老师并没有将自己局限在"纯粹"的历史研究框架内。这种跨界的研究方式,显示出章老师的研究具有科学性、中立性,并因此更具道德深度。关于"当代问题激发"和章老师心中的"当代问题",我们在此不深究,因为真正懂的人自然明白,而且一旦书籍完成,其解释权也就不再完全属于作者。我想用一个比方来解释这句话:章老师在写作时仿佛拥有"两条腿",一条腿深深扎根于他所研究的历史时空,专注于具体的历史事件和背景;而另一条腿则稳稳地立足于变化莫测的当下。

"两条腿"的比喻在理论上听起来简单,但实际上很多学者在实践中并未能很好地运用这一原则,甚至有些学者认为这种做法并不适宜,特别是在当前西学学术写作的领域中。对于"另一条腿"的把握,要么显得过于僵硬不动,要么则显得过于随意乱动。以我所观察的美国史研究为例，可以清晰地看到这种差异。自媒体在对美国的实时报道中往往显得过于浮躁，一旦美国发生什么事情，便急于发表观点，甚至不给子弹飞会儿的时间，导致观察和分析缺乏深度和客观性。而相比之下，美国史学界的研究则有时显得过于保守和滞后。阅读近两年的一些美国史专业论文，你会发现它们似乎还停留在20世纪80、90年代，仿佛特朗普的政治风暴、贸易战的硝烟以及新冠疫情的肆虐从未在这些论文中留下痕迹。

章老师的高明之处便在于，他拥有"两条腿"。其中一条腿是历史及其语境，而另一条腿则是激发某个历史课题的当代问题。这条所谓"另一条腿"，不应被简单地归结为中国问题意识这一笼统的表述，因为这个词现在已被过度使用，变得模糊而宽泛，类似于门罗主义，其含义变得极为灵活，甚至可以被随意解释，最终沦为一个话语权的问题，即话语权掌握者的话语即为真理。实际上，这"另一条腿"可以更为具体地理解为将作者或研究者的"我"这一角色突显出来。在研究中，这个"我"的参与是至关重要的，因为没有"我"的参与，研究就会显得僵硬，写作也难以真诚。然而，这个"我"的发挥也不能随心所欲，因为还有一条腿是深深扎根于历史之中的，它受到史料的限制和规定。这个"我"，可以从三个层次上来理解。

第一个层次，我之一个人。"我"，首先是学者的个体。比如，我一向认为，一本书若是没有一个正儿八经的后记，这本书就要大打折扣，因为用心写的书，交稿时总有些感触要抒发的。章老师的"三部曲"，这种写作方式，本身就是一种很高明的写法，历史在移步换景，但问题却是一以贯之的，在此我们是不是可以说他是一个狐狸型的刺猬。当然，我们也不能说章老师在开始写《旧邦新造》时就把所有的东西想清楚了。很显然,这十年来不断涌现的"当代问题",是不断给章老师以强大刺激的。而且我相信章老师写作时还有很自觉的责任感,包括对文明,对国家,对社群,对朋友,以及对自己的责任感,好的公法写作多少都要有这个东西,而不能说完全就是"我要发表,发权威"。

第二个层次,我之一代人。"我",当然也是代际的存在。我看了下,我们这个单元应该都是80后的学者,包括之前的青少年法学家也早生华发了。章老师创作"三部曲"的这十年,我们对时代的变化都有很强烈的感知,时代会不断地抛出很多问题给我们,我们不能视而不见。研究西学,研究历史,从来就没有无缘无故的爱,也没有无缘无故的恨。本单元好几位学者,也包括我在内,最早都是研究美国宪法出道的,这实际上就是时代在我们身上刻下的烙印。我们很难想象,现在的博士生会像我们当年那样去研究美国宪法,其实不过就是十多年的时间,但很多都不一样了。拿我个人研究来说,我最近这一年在做一项"风险投资"——研究八二宪法起草的历史,风险当然大家都明白,但为什么还是有些义无反顾地投入进去了,其实就是这部宪法四十年了。她四十年了,难道不应该说些什么新东西吗?章老师在他的书中有句话,我读到那里就觉得很有意思:"施密特也主动地退回到学术研究工作之中,避开敏感的宪法学研究,聚焦于国际法与霍布斯政治哲学研究。"我想这就是一种代际自觉对我们的影响,它始终存在,不是说可以视而不见的。

第三个层次,我之一群人。上面的"代"是个时间概念,"群"却首先是个空间概念。最重要的群,当然就是"国"。这个问题更复杂,我也没想好,很容易一下子就泛化为中国问题意识。我想就说一点,本来这个周末还有一个会议——《开放时代》的年度讨论,议题围绕着学术如何从"学科导向"走向"问题导向"。学科导向最大的麻烦就是门罗主义。比如说,美国史是美国史研究者的美国史,也就是说其他人不能来做。在这种情形下,我们极少考虑学科本身就是被建构出来的,而且我们当下区分"此疆尔界"的学科版图一定是来自西方的。在此意义上,章老师这本书,前面很多师友的发言也都提到了,就是问题导向学术写作的一个示范。"跨学科"在很多时候都是一种伪说法,只要点缀其他学科的一些注释就可以说自己跨学科了。所谓要走向"问题导向",说到底也就是到底什么是中国问题,以问题为中心来进行学术的研究。就好像我们今天聚在一起研讨一本新书,这件事本身就很有意义。从我的角度来说,西学在当下比中学面临更严峻的时代挑战,说得简单点就是:现在研究什么问题。如果学者自己一成不变,那么听众可能就不在乎了,十多年前,我们研究美国最高法院,大家都很在乎,但现在不承认也得承认,很少有人在乎这样的研究了。所以说,如果你的研究只是自说自话,或者对西方学者的鹦鹉学舌,结果就是听众急剧流失,然后就只能躲在学科建制内不断"内卷"。刚才听于明说外国法律史研究的问题,我自己也有同感,就是如何让你对某个遥远问题的研究"活"起来,章老师的"三部曲"示范了一种可能,就是你要首先是一个"我",如果一项研究的研究者面目全非,那外国法律史的研究成果最终就是自娱自乐,不会有听众。

苏力老师今天不在,诸位都知道他著名的问题——什么是你的贡献?苏力老师这个问题中的"你",其实也是我这里说的"我"。当然苏力老师问题中的"你"主要是在我上面所说的第三个层次上讲的。在第二个层次上,我们和苏力老师那一辈谈不上"共同道途",也就是我们这一辈学者眼中的问题不可能照搬、照抄苏力老师。我想章老师一系列写作就是一个典范,值得我们进行活体解剖。

主持人(北京大学法学院副教授戴昕):谢谢田老师。下边有请中国海洋大学法学院李晟老师。

李晟(中国海洋大学法学院教授):谢谢戴老师,很高兴有这样一个机会参与关于永乐兄这本书的讨论。本来我也期待能在线下组织这样的活动,让《法律书评》围绕此书形成一个集中的讨论主题,并集结一批优质的稿件。然而,即便是在线上进行的这场讨论,我也已经感受到了各位老师精彩纷呈的发言,它们充分展现了"章永乐宇宙"的魅力和深度,令人陶醉和沉迷。不过,当我们在"章永乐宇宙"中沉浸,感受到其中众多的精彩内容和独特魅力时,作为发言次序靠后的人,我确实感到了一定的压力。因为在前面的发言中,许多精彩的内容已被提及,某种程度上,我似乎已经陷入了"章永乐宇宙"中的某些"孔元困惑"或"田雷黑洞"般的问题中。

为了不迷失在这个宇宙当中,我将尝试概括我阅读章老师大作后的感受,分为三个层次来理解。关于这本书的整体感受,许多老师都已经发表了深入的见解,因此我将不再过多展开细节。从整体上看,这本书展现了多学科的分析框架和独特的视角。章老师为门罗主义赋予了更为深刻的内涵,不仅局限于常见的分析话语和修辞,以及讲述其历史脉络,更重要的是他指出了话语、修辞与实践之间深层的联系和所蕴含的意义。

关于这本书的感受，我想探讨的第一个方面，是门罗主义为何具有如此深远的影响力。这实际上是一个深入国际政治和国际法领域的研究问题。当我们审视美国提出门罗主义的历史背景时，会发现其所能利用的资源相当有限。美国巧妙地运用了美洲这一地理概念。值得注意的是，美洲作为一个地理上的建构，它并不等同于一个具体的民族共同体，也缺乏一种特定的文化联系性。因此，这种地理建构的想象力显得尤为重要，它超越了以往思想史中关于国际秩序和国内宪制传统的认知。这种空间建构并不需要依赖某个特定的民族或文化传统，而是具有其独特的自我秩序。

进一步来说，美国自建国之初就有着成为"大岛"的构想。联邦党人主张通过强大的海军保卫，使美国在陆地上免受其他国家的威胁，从而将自己置于一个相对安全的"岛屿"之上。在这种秩序下，美洲被视作一个更大的"岛屿"，为美国提供了外围的防御。这种外围防御的策略是许多帝国都试图采用的，以形成有效的缓冲地带，从而扩张其势力范围。此外，亚当·斯密在批判殖民地统治时曾指出，远距离的统治成本极其高昂。因此，如果美洲是美洲人的美洲，即实现自治而非被外国殖民统治，那么防御的成本将大大降低。

从现实主义的视角出发，美国倾向于将自己的国际政治需求或国家安全需求转化为国际法上的原则和话语，这主要源于对地缘政治的恐惧。类似地，日本也一直秉持着这样的思考模式。日本始终强调所谓"绝对国防圈"的概念，这个国防圈的范围不断扩展。日本认为，要保护本土的安全，首先需要确保朝鲜的稳定；而要保障朝鲜的安全，又需要控制"满洲"；进而，确保"满洲"的安全又依赖对中国大陆的控制。基于这样的"绝对国防圈"理念,日本试图发展出广域的国际法体系。然而,日本这样的尝试并未取得成功。

那么美国为什么成功?要探讨美国为何成功,并理解门罗主义为何能发展成为一种普遍接受且具有正当性的话语,我们需要深入分析其背后的逻辑和过程。章老师的这本书进一步指出,门罗主义后续发展的罗斯福推论在某种意义上甚至比门罗主义本身更为关键。罗斯福推论这一重要的发展,借助文明等级论重构了美国的外交政策。它解释了美国如何从最初相对保守的"穷则独善其身"的门罗主义,转变为更为积极的"达则兼济天下"的立场。这种转变不仅体现了美国外交政策的演进,也预示了美国在全球事务中日益增强的角色。值得一提的是,有些朋友可能玩过《文明6》这款游戏,其中美国统治者的角色就可以选择罗斯福,其领导特性正是"罗斯福推论"。在这个游戏中,这一特性使美国在其所在大洲的所有单位战斗力增加5,这从一个侧面反映了罗斯福推论在美国国家特性中的核心地位。威尔逊在此基础上进一步推动了全球化进程,他基于文明等级论提出了美国有理由进行扩张的观点,在这样的背景下,边界和地理空间的重要性将逐渐减弱,而美国所建立的秩序将有可能扩展为世界秩序。

在分析门罗主义的影响力时,我们可以清晰地看到美国如何利用门罗主义来构建自身的正当性,并将其作为攻击中国的概念,给中国贴上标签。章老师对此问题的深入分析极具价值,我期望能够进一步挖掘其中的细节。在这两者之间进行比较时,一个引人思考的问题浮现出来:为何美国选择以门罗主义这一"旧瓶装新酒"的方式继续发展罗斯福推论和威尔逊主义,而不是完全另起炉灶?

第二个方面,我想概括为这样一个问题:中国学者为何需要认真对待门罗主义?这实际上可能更多地涉及宪法学领域的思考。在章老师的书中,我注意到一个独特的运用——中国省域门罗主义。由于我此前对这个问题并不了解,通过阅读这本书,我惊奇地发现,只有在中国,我们发展出了这种关于次国家空间的独特门罗主义概念,而在其他地方,人们通常讨论的是超国家空间的门罗主义。这种话语的独特性在中国具有怎样的特殊性?是中国学者对门罗主义的误读,还是与中国自身有着某种特定的关联?

前面,高波老师在讨论时提到了中国省界的划分。他指出,中国省界的划分在历史上并非基于特定的历史文化渊源,而更多的是出于国家行政管理的需要,由中央对地方边界进行划分。在省级区划的形成过程中,虽然元朝以前并没有"省"这一级行政区划,但从元朝开始设立省治后,省逐渐发展成为一个重要的共同体,并形成了与之相关的地域和文化想象共同体。特别是到了清末,地域文化的认同也在逐渐形成。例如,程美宝教授就研究过广东省域认同是如何逐渐形成的。

在探讨中国省域门罗主义的过程中,我们不难发现它与传统的央地关系中地域文化和地域认同之间存在一定的关联。更重要的是,在旧的地方认同基础上,我们需要找到一种外来的正当性支持,这就是将门罗主义与民主理念相结合,展现出地方与中央之间的对抗关系——民主的地方与不民主的中央之间的对立。然而,若一个地方本身并非民主自治的,那么它便无法建立自己的合法性。随着中国革命的兴起,省域门罗主义的讨论逐渐失去了其重要性。因为不民主的地方无法构建其省域门罗主义的合法性,最终被革命建立的统一人民共和国所取代。因此,我们在中国认真对待门罗主义,实际上也是对中国革命的一种认真对待。如果我们不坚持中国革命所形成的传统,那么地方认同和地域观念可能会以新的话语形态重新崛起,甚至可能再次运用一些旧的门罗主义观念。

第三个方面,更多地涉及法理学问题,即我们如何通过深入思考来增强对空间和法律秩序的理解与想象。传统上,主权国家被视为国际法秩序中的基础载体,是国际法空间结构中最基本且重要的单位。现代国家显著的特征在于其作为权力集装器,拥有明确界定的地理边界,并在这一范围内垄断了暴力的使用。这种国家结构通过军队、政权和司法制度等统治技术得以构建和维持。

当我们以主权国家作为国际法秩序的基本载体和空间政治单位为基础,结合门罗主义的理念进行考量时,我们得以超越主权国家的空间结构和边界限制,形成超国家和次国家的认同。审视门罗主义在欧洲、日本等地区的广泛应用,特别是其与施密特的大空间理论之间的关联,我们可以概括出一个核心问题:为了维系特定的政治秩序,需要有一个更大的空间,而非仅限于主权边界所限定的范围。

在深入思考的过程中,我们不禁要进一步追问:这种能够主张更大空间的政治秩序究竟是怎样的存在?作为一个法律实证主义下的技术性抽象编码,国家如何能够提出并想象拥有如此广大的空间?国家的合法性是否足以支撑这样的需求?还是说,国家需要具备政治神学意义上的主权者角色,能够明确区分敌我、做出政治决断,才有资格提出这样的空间需求?从门罗主义的视角出发,这些问题实际上指向了更为根本、更为永恒的法理学议题——我们如何理解国家？如何理解法律？在今天，这些问题不仅具有理论价值，更能激发我们对新空间的想象。例如，田雷教授提到的元宇宙概念，它在某种程度上是资本与数字技术结合产生的，可能成为一种解构旧有国家主权秩序的新全球化力量。在这样的背景下，我们是否可以借助对门罗主义的思考，开发出新的理论，拓展更多的想象？通过对章老师著作的学习和理解，我们获得了进一步做出自己贡献的激励。

我就说这么多，谢谢大家。

主持人（北京大学法学院副教授戴昕）：谢谢。下面，有请清华大学法学院的刘晗老师。

刘晗（清华大学法学院副教授）[1]：谢谢戴老师，也感谢这次活动的邀请。我与章老师早已熟识，刚才听到章老师提到"提供炮弹和导弹"的比喻，我深感赞同，但我认为除了炮弹，还需要糖衣来包裹。因此，我想先为大家呈现一下这层"糖衣"。在大家热烈讨论学术问题之际，我觉得对书的意义的赞美稍显不足。接下来，我将从三个方面来谈谈这本书的深远意义。

第一，这是一本真正的专著。尽管市面上书籍众多，但真正能被称为专著的并不多。专著意味着它有一个完整的体系，集中探讨某一问题，而不是简单地将文章拼凑在一起。因此，当我们走进书店，如万圣书园，会发现翻译的专著相对较多，而原创的、有深度的专著则显得尤为珍贵。这本书的意义就在于此，它

---

[1] 现为清华大学法学院教授。

为我们提供了一个深入、系统的研究视角。章老师在谈到这本书时,谦虚地表示它并非"十年磨一剑"的杰作,但即便不是一把完整的剑,也是一把锋利的刀,或者是一把精准的小李飞刀。这恰恰体现了文科研究的特点,即通过书籍来展现学者的研究成果和影响力。与理工科注重论文不同,文科更看重书籍的深度和广度。

在阅读这本书的过程中,我深感其中许多论述都非常熟悉,但最吸引我的是书中关于主权和反主权的辩证法的探讨。这一观点实际上揭示了国际关系的复杂性。从一方面来说,为了维护和平与稳定,地球(或者说我们生活的这个蓝色星球)需要将人们划分为不同的国家,就像是用不同的壳将大家装在一起。然而,从另一方面来看,无论是国家内部还是外部,都会有人对这个"主权国家"的壳产生不满。在内部,总有些人会质疑为什么某些人能够成为领导者,而自己却不能;为什么某个民族能够统治另一个民族,而本民族却不能。在外部,有些民族散居在各地,为什么不能连成一片;为什么不能联合起来。这个就造成很麻烦的问题。我记得非常清楚,书中描述的苏联是一个国民不带有地域色彩的苏维埃社会主义国家联盟。苏联有着一种普遍性的需求。对于国家主权这个问题,辩证法可以从上层或下层超越主权国家的概念。因此,我认为国家主权是一个既重要又复杂的概念,它处于一个矛盾的状态。而门罗主义则特别突出了这种辩证法的特点。

从这个角度来看,我认为实力和概念之间的关系极为重要。在阅读的过程中,我深感纯靠实力是不够的,必须有清晰的概念作为支撑、论证和装点。然而,也不能仅仅玩弄概念而忽略实力。书中提到的康有为试图联合日本推行东亚门罗主义但最终未能成功的例子就很有趣,这也让我开始思考实力和概念之间的平衡。这件事不仅涉及深层的问题,还让我思考一个学者在参与这类事务时,其参与程度应当有多深。如果我们阅读该书的绪论,会发现其中包含了大量的现实政治考量,初读时甚至会误以为它是一份政策报告。因此,我认为这也与学者自身的定位密切相关。

第二,许多老师都提到这本书突破了学科门罗主义,但我认为,从另一个角度看,它本身就是一种学科门罗主义,类似于威尔逊式的扩张式门罗主义。这本书主动从问题出发,将研究扩展到政治学、历史、全球史和概念史等多个领域。这种扩张并非传统经济学帝国主义式的抢占他人地盘,而是基于理念或概念进行的学科融合。真实世界中的问题并不受学科界限的限制,但学者在研究时往往会分门别类进行学科研究。章老师在研究上的"扩张"方式,并非强行侵占他人领域,而是将自己的研究展示给大家看。在书中,章老师特别强调了方法论的重要性,尤其是微观史学的研究方法。他提醒我们,不能仅仅因为两个概念听起来相似,就认为它们之间存在直接的历史关联。例如,不能说"美国人的美国"和"湖南人的湖南"就有直接的关联,我们必须有充分的证据来支持。由于篇幅和证据、史料的限制,章老师在书中的某些推论只能达到盖然性的程度。这让人联想到民事诉讼中的证明标准——高度盖然性。

话说回来,交叉学科是一个广泛的概念,但它确实有多种形式。章老师的研究就是从根部开始的交叉学科,这种交叉进一步与现代新兴学科——国别与区域研究紧密联系起来。我认为这项研究的现实意义非常重大。在国别与区域研究中,特别是在超越国别的区域研究中,关键在于找到能够联合和联系该区域的概念。这些概念可能是各种泛主义,它们在学科领域中发挥着重要的作用。

第三,在思想上,既然大家都聚集在这里阅读章老师的书,我认为在学科化的时代,章老师不仅是一个杰出的学者,更是一个深思熟虑的思想者。所谓思想者,就是勇于质疑问题的前提,而不是仅仅沿着既有的前提去推导,否则就只是简单地重复已有的知识,而失去了创新和思考的价值。思想者应该是出题者、命题者。

例如,在绪论中,章老师非常谦虚地提到,由于语言的原因,他对日本和德国的研究还不够深入。这实际上是他作为思想者的一种出题方式,他指出了未来研究的方向,鼓励那些懂日文和德语的专家学者们去深入探索这些领域。这也说明了章老师的书具有迭代的可能性,随着研究的深入,其内容可以不断丰富和完善。我特别印象深刻的是关于思想这个话题的讨论。在章老师的发言中,他提到了所谓"新的西学四大导师"问题。我对这个表述的具体含义不太了解,但我的理解是,我们可能不再像过去那样过分依赖西方的学术导师,而是需要更加自主地面对无论是来自中国还是西方的各种材料和实践,去总结和阐述自己的见解。有时候,没有固定的导师反而能够让我们更快地成长和进步。

以上就是我的一些想法,谢谢大家。

主持人(北京大学法学院副教授戴昕):谢谢刘晗老师。下面,有请北京大学法学院的阎天老师。

阎天(北京大学法学院助理教授)❶:我准备了发言稿,但不想讲准备的东西。永乐老师写的作品都在我的学力之上,我处在基本能够看懂、但是绝对写不出来的水平,余生大概也会停留在这个水平。我回国以后也写了好几本书,但是大概三四本书加在一起也比不上永乐老师一本书的分量。

永乐老师对我来说是很特别的。每个人从事学术工作都会遇到不断激励并且启发自己的人,永乐老师对我来说就是非常重要的一位。从我大四那年在法学院的故纸堆里面发现永乐老师的雪泥鸿爪,到永乐老师回国教书,十多年以来,永乐老师以及他的作品,还有他组织的各种活动,包括今天这一次,为我建立了一个巨大的、学术的彼岸,可以叫它"章永乐宇宙"。在日常学术生活或者学术生态当中,思想的彼岸是一个平衡者,让生活不至于失去重心。

一个学科如果没有了想象力,视野不再和这个民族最根本的问题密切相连,那么这个学科或许可以苟延残喘,像左亦鲁老师说的那样做一个缩在街角的发言者,但是恐怕很难担当起中国第一代社会科学工作者所寄予的期待或者使命。永乐老师在行动和理论层面都继承了那一代人的关怀。许多年以前,我第一次得知永乐老师和刘晗老师在一起认真读康有为,并且把他叫作康子,我觉得这两人迂腐。后来我读了永乐老师的《万国竞争》,更多地了解了康有为,我才明白,永乐老师是真的非常在乎并且继承了康有为那一代中国知识分子的眼界和胸怀。不是说要做只仰望星空、不脚踏实地的事,而是说一个学科要有自己的眼界。当国家处在危亡的状态,一个学者能够逆势而上、保持胸

---

❶ 现为北京大学法学院副教授。

怀,其实是非常不容易的事。今天中华民族走在伟大复兴的路上,如果我们反而做得不如古人,就说不过去了。永乐老师的每一本书都在提示:我们中国人不比外国人差,我们年轻一代也不比一百年前的前辈们差,我们还是可以做出些不一样的东西来。

我很小的时候,我爸就跟我说过:一个学者最怕被放到学术史上去评价。我觉得永乐老师的这几本书可以留在学术史上。据说现在一年中国出版几十万本书,其中到底有多少可以留在学术的历史上,并且不是因为作者的名头,而是为了真理的追求?下一代中国先进分子不能绕开的著作实在太少了。我觉得永乐老师离自己的学术巅峰还远,我也非常期待他的下一本书。

不仅我们这些师弟辈的小孩们愿意读永乐老师的作品,而且我特别希望,有灵气的学生来参加这个会,还愿意读一些东西,那么你们可以试着去理解永乐老师。这是一个非常美妙的旅程。在旅程当中能够得到快乐,这是一种非常奢侈的快乐。如果快乐了之后觉得失落甚至痛苦,那么这是一种高贵的痛苦,我们一起来承受它。

主持人(北京大学法学院副教授戴昕):谢谢。下面,我们有请中央民族大学法学院的邵六益老师发言。

邵六益(中央民族大学法学院助理教授)❶:感谢会议主办方的邀请。我个人主要从事政法理论研究,对于本次的讨论,我深感荣幸能够参与其中。正如田雷老师所言,我参加这个讨论感觉有些像是"气氛组"的,但我也希望能分享一些我个人的阅

---

❶ 现为中央民族大学法学院副教授。

读体会。

近年来,章老师的多部原创作品引起了学界关注,尤其是我们此刻正在讨论的"民国三部曲"。当我初次阅读这三部作品时,感觉主题似乎有些分散,我一直在寻找它们之间的共同点。然而,当我把1949年以后的视角带入对比中,我逐渐发现"民国三部曲"背后隐藏着一个连贯且隐秘的主题,那就是揭示了一个众所周知的道理:只有社会主义才能救中国。正如刚才欧老师所提到的,我们最终需要回到1949年以后的历史背景来审视这个问题。而于明老师也提到,章老师的书从反面清晰地阐述了为什么中国选择了社会主义道路是正确的。

我们要从两个角度来看待这个命题。首先,从国内角度来看,章老师的三本书分别展现了晚清的内部改革、革命党的辛亥革命、民初的总统制等探索过程,甚至国民政府的党国体制也没有能够实现国内的革命。最终,只有共产党的社会革命才为中国找到了出路。其次,从国际层面来看,维也纳体系下的弱国是没有出路的,国联仍然是大国主导的舞台。在这样的国际背景下,只有社会主义革命才为中国指明了方向。这一隐秘的主线可以从章老师三本书的布局和结构中清晰地看出来。

第一本书《旧邦新造》的时间分析截至1917年,当时民国分裂,国内对中国的发展方向感到疑惑重重。然而,就在同一年,俄国十月革命爆发,全新的政治制度首次在一个大国、弱国中成为现实。在书的最后,章老师提出了与保守主义平行的革命问题,即关于革命的暴力性、破坏性和建设性的命题。

而在《万国竞争》一书中,章老师在最后部分快速掠过了康有为人生的最后十年。康有为带着对维也纳体系崩溃后国际秩序混沌不明、中国前途未卜的深深疑问离开了人世。紧接着,章老师笔锋一转,转向了同样怀揣着大同理想的毛泽东。年轻的毛泽东很快意识到列强霸权体系的实质,自觉地转向信任民众的联合,并走向苏联社会主义道路。该书最后对中国"全面建成小康社会"和新国际体系的论述,预示着中国共产党对康有为"大同义"理想的接续,并超越了其原初含义。

在《此疆尔界》一书中,章老师对门罗主义的研究尤为深入。他明确表示,希望通过对门罗主义的研究,"为理解近代以来中国在全球秩序中的位置提供一个新的切入点和观察角度"。在最后章节,章老师介绍了众多学者对门罗主义的反思和批判。其中,最后一节聚焦于李大钊的论述,成为该书的一大亮点和关键隐喻。李大钊作为在中国宣传马克思主义的第一人,其"面向未来"的分析深刻揭示了章老师对民国研究的初步结论:在社会主义的旗帜下,民众的联合与世界人民的大团结,是中国走向现代化唯一可能的道路。我认为,在章老师的写作中,对社会主义中国道路的理论自觉是一贯的,这可能也是他逐步埋下的思想线索。

由于时间关系,我接下来主要聚焦对《此疆尔界》一书的观察。按照之前讨论的主线,我认为章老师在《此疆尔界》中阐述了一个核心观点:门罗主义并不能拯救中国。那么,为什么中国无法学习门罗主义呢?门罗主义,作为一种关于内外世界关系的话语,已被众多老师讨论过。不同国家在使用门罗主义论述时,会根据自身的战略目标和实力来调整其边界。美国就是一个典型的例子,它娴熟地运用门罗主义话语来实现自己的意图,灵活调整战略,无论是实力较弱时保护本土,还是实力较强时扩张至美洲,甚至在全球范围内扩展自己的势力范围。然而,尽管德国和日本也曾尝试学习并实践门罗主义,但结果却不尽相同。德国的门罗主义短暂成功过，而日本的门罗主义最终走向失败。尽管如此，这两个国家都在一定程度上实现了区域性的大国地位。那么，为什么中国无法学习这样的道路呢？我认为这可能与我们所理解的资本主义发展阶段有关。

在自由资本主义阶段，由于资本的全球体系尚未建立，各国仍有机会利用地理优势、政治干预或主动选择来确定自己的活动范围。然而，一旦资本主义进入帝国主义阶段，全球被瓜分完毕，每个地方在资本的视野中都有其价值，这使任何试图通过门罗主义谋求独立和自主的努力变得困难重重。康有为曾尝试通过分析维也纳体系来理解中国与世界的关系，并试图在自己的大同世界梦想与维也纳民族国家体系之间架起桥梁，但最终失败了。这表明了欧陆道路的失败，也暗示了中国无法学习这条道路。梁启超、孙中山等人希望学习美国，但蒋介石等人在实践中发现，门罗主义并不适合中国的情况。他们虽然意识到门罗主义的问题，但仍然寄希望于借助它实现独立和自主。这表明了美国道路对中国来说也是难以复制的。因此，中国最终只能回到苏联道路上来。

章老师在《此疆尔界》的最后一章中指出了康有为、梁启超、孙中山和蒋介石等人逐渐意识到门罗主义的侵略性本质。他提到，陈独秀等人的发现主要是从反对资本主义的角度来看待问题，而李大钊则具有更广泛的国际视野。在李大钊看来，门罗主义之所以行不通，是因为它仍然遵循着资本主义的逻辑，而在这种逻辑下，不可能建立一个普遍适用的秩序。章老师认为，李大钊从一开始就没有被门罗主义所迷惑，他提出的亚洲解放和世界解放的事业，是20世纪反帝反殖民的重要途径。他重新阐发的新亚细亚主义，被视为后来的"亚非拉人民大团结"和天安门城楼上的标语"世界人民大团结万岁"的先声。这种对人民的期待和对世界人民的呼唤与信任,与我们今天构建人类命运共同体的探索在某种程度上有着延续的关系。

关于章老师的"民国三部曲",我认为其核心是《旧邦新造》。这一作品强调了民国时期中国在全球秩序中的位置和作用,以及中国如何通过自身的努力和变革来适应新的历史条件和国际环境。相比之下,《此疆尔界》等后续作品则更多地关注了国际问题和外部条件对中国的影响和作用。

章老师在《旧邦新造》中深入探讨了从晚清到民国的转变,特别关注政治正当性如何从君主转移到人民之上。然而,他明确指出这一新造过程是不彻底的,因为所谓"人民"主权在现实中显得虚幻且不稳定。在书中,我们仿佛能听到"民"的呼声,但难以找到"人民"的具体身影。实际上,书中大部分探索并未真正触及人民的核心问题。《旧邦新造》的分析时间截至1917年,虽然未能直接给出"人民"的具体定位,但章老师通过指向同年的俄国十月革命,为我们指明了方向。这场革命为中国共产党带来了列宁主义建党逻辑,并在中国发挥了比在苏联更为显著的影响。这一逻辑深刻影响了中国的社会革命,彻底解放了基层,促进了民众的联合,孕育了强大的革命力量。基于这一社会革命,新中国实现了国际地位的提升,并实现了康有为曾设想但未能达成的目标。对于20世纪的中国人来说,康有为的"大同世界"理想未能拯救中国,门罗主义也非解决之道。章老师认为,必须走向社会主义才是出路,这是他书中一个重要但未完全展开的观点。

"民国三部曲"的主基调虽然带有些许悲凉,因为它描绘了万国竞争下列强瓜分的晚清,以及旧邦新造过程中法统分裂的民国。在这样的背景下,无论是美国的门罗主义还是日本的亚洲主义,中国都显得被动而非主动。然而,在《旧邦新造》的结尾,章老师通过描述1917年民国法统的分裂与同年俄国十月革命的爆发,展现了一个看似黑暗但实则孕育着希望的转折点。这个时刻虽混乱与秩序并存,却预示着新的道路逐渐清晰。在今天这个百年未有之大变局的新时代,章老师的研究底色其实是喜剧的,是充满希望的。因为正是在中国共产党的领导下,中国革命的理论和实践都取得了巨大的进步,从根本上改变了中国的面貌。毛泽东在《论人民民主专政》中强调了中国共产党的领导对辛亥革命意义的赋予,并指出中国的革命理论和实践在中国共产党的领导下已经取得了长足的发展。在八二宪法序言中,辛亥革命被视为20世纪中国翻天覆地历史变革的起点,但"中国人民反对帝国主义和封建主义的历史任务还没有完成"。这正是中国共产党人继续奋斗的目标,他们延续着《旧邦新造》的伟大事业,领导着社会主义革命与建设,真正实现了落后中国的"旧邦新造"。只有在新时代中华民族伟大复兴的背景下,中国才有可能实现真正由中国主导的大同世界的设想。

在这个意义上,我想起了两篇社论题目——"社会主义没有辜负中国"和"中国没有辜负社会主义"。我猜测,章老师的第四本书可能会将这样隐秘的主线作为明确的线索来处理,进一步探讨和阐述社会主义与中国之间的紧密联系和相互促进的关系。

以上就是我阅读的体会,感谢大家的倾听。

主持人(北京大学法学院副教授戴昕):有请我们这个环节的最后一位发言人,中国社会科学院的张佳俊老师。

"青年学者新书沙龙·此疆尔界:门罗主义与近代空间政治"实录

张佳俊(中国社会科学院美国研究所助理研究员)[1]:今天下午,我非常荣幸能够聆听各位老师的精彩发言,受益匪浅。由于前面的讨论已经非常深入,我无意进一步扩张关于门罗主义的讨论空间。作为最后一个发言人和气氛组的一员,我想简单地分享两个感受。

第一,我深感惊喜。在高度专业化的、门罗主义的法学领域内,难得有一部著作能够如此全方位地揭示门罗主义的深层逻辑,并且还不局限于门罗主义问题本身。这无疑是一场大胆且孤独的理论探险。而引领这场探险的,正是十年前给我讲授当代中国政治光谱的章永乐老师。正如刚才一些老师所言,这部研究门罗主义的著作具有其独特之处。一方面,它并不完全遵循传统的门罗主义视角,而是果断地超越了当前学科对门罗主义的局限;但另一方面,它又在某种程度上保持了门罗主义的特色,通过创新的思维方式,如同用魔法打败魔法一样,为门罗主义在《此疆尔界》中开拓了变换历史和现实的新空间。我认为这场理论探险非常成功,它不再孤独,正如我们今天的思考和讨论一样。

另外一个感受也比较粗浅:区分、分界似乎是一种理性化表达,但区分恰恰意味着理性的有限性。因为理性总是试图确定自己的界限。然而,当这些边界变得模糊或无法确定时,理性本身就会陷入危机。基于这种理性设计的政治想象、实践以及法律理论,我深感它们隐含着理性的局限。这种局限使这些理论最终不可避免地陷入各种矛盾之中。对于这一点,我认为我们法学领域在法学理论上确实存在某种程度的缺失。过去我们往

---

[1] 现为中国社会科学院美国研究所副研究员。

往缺乏对某些问题的足够关注,导致很多研究仍局限在欧美法学话语的势力范围之内。对于这套话语本身的结构性矛盾,田雷老师已经犀利地指出了这一点。在《此疆尔界》中,章老师对门罗主义话语进行了深入的解构和挖掘,这使我隐约感受到了一种揭示历史进程非理性化的力量。这种千变万化的解析,正是实践过程能够在不同时空穿梭旅行的一个重要原因。我认为,只有真正认识到这一特性,我们的认识才不会浮于表面,对当代和未来的思考也不会陷入类似"历史终结"的误区。这也许是对章老师这部作品的一点误解和批评的回应。

最后,我再次向章老师表示祝贺,并祝愿大家工作顺利。

会议总结

主持人(北京大学法学院副教授戴昕):我们进入总结环节。首先,有请生活·读书·新知三联书店的钟韵老师。

钟韵(生活·读书·新知三联书店学术分社编辑):非常感谢戴老师,今天能有机会聆听大家关于这本书的讨论,我深感荣幸。这一下午的信息量非常丰富,但整个过程都充满了乐趣,我从中学习到了很多。

作为章老师这本书的责任编辑,我深感自己的职责就是沟通作者与读者。今天,我不仅听到了作者的声音,还听到了众多读者对这本书的见解,这让我感到非常鼓舞。因此,我想借此机会代表三联书店表达我的感谢。首先,我要感谢章老师,他将这部优秀的书稿交给了三联。正如许多老师所说,章老师的研究在概念史上非常扎实,但我在编辑他的书稿时,更感受到了他对这个时代的深切关怀,这让我深受感动。同时,我也要感谢负责这次活动的团队。他们精心策划并操办了这次会议,不仅为我们提供了一个交流的平台,还在很大程度上促进了我们对这本书的宣传。此外,我还要感谢今天参与讨论的各位老师。从大家身上,我看到了对学术的热爱和对世界的关注。在当今社会,能将学术与世界紧密结合起来的学者越来越少。因此,把对学术的热爱和对世界的关注紧密结合这一点显得尤为珍贵。而且,今天还有很多我们三联的老朋友,如作者、译者以及我们内部称为"三联之友"的田雷老师等。高波老师也是我们三联的作者,而欧树军老师的新书可能明年也会在我们这里出版。章老师更是我们三联的宝贵作者,已经在这里出版了两本书。

非常感谢一直以来支持我们的老朋友,同时,我们也热切期待更多的新朋友能够关注我们三联书店。我们诚挚地邀请新老朋友们,将代表你们最高学术水平的作品交给三联,我们将竭尽全力为大家提供优质的服务。我们三联书店位于中国美术馆附近,欢迎大家在有空的时候前来交流、聊天。再次感谢大家的支持。

主持人(北京大学法学院副教授戴昕):谢谢钟韵老师。最后,我们请北京大学法学院强世功老师为我们做一个总结发言。

强世功(北京大学法学院教授)[1]:今天,从一开始参与这个会议,我就感到内容非常精彩。聆听了一整个下午,我也并未感到疲倦。这本书问世后,我虽还未系统地阅读过,但在今天的办公室里,我边听大家的讨论,边翻阅这本书。在快速的阅读

---

[1] 现为中央民族大学校长、教授。

中,我的主要注意力还是放在了绪论上,因为我对绪论抱有很大的期待。然而,绪论给我的感觉略显中规中矩,它更偏向于西方思想史的写作风格,与我的期待稍有差距,远不及后面章节内容的精彩。

在仔细聆听这个会议的过程中,我发现大家不仅对书中的内容进行了补充,还有的进行了理论发挥,有的对概念进行了重构。当然,也有困惑和反思。但我认为,这次会议达到了预期的目的,即通过这本书所讨论的问题,将我们不同领域的学者都带入共同的思考当中。

好的评价大家都已经讲了,那么我就不再赘述了。我想着重谈谈这本书的研究方法和技巧。从绪论中我们可以清晰地看到,这本书的研究方法与当前西方流行的全球思想史作品相媲美。若将其翻译成英文,并进行适当的国际化处理,它在英文世界中也必将成为一本非常出色的著作。关于研究方法,这本书与西方接轨,采用了当前思想史写作中剑桥学派所推崇的方式,并且深受福柯后现代理论的影响。这种方法强调将一种思想置于权力结构之中,视为一种话语来理解,这与我们传统中从思想观念到观点的写作方式截然不同。在国内,这种方法应用得最为成功的学者之一是清华大学汪晖教授。我认为,章老师的研究不仅受到西方理论的影响,也必然受到了汪晖教授的影响。

这个方法的优点在于,它采用了福柯的后现代理论,即知识考古或谱系学的方法。这种方法将一个话语置于特定的社会环境中,简而言之,就是将话语还原到其历史背景中去理解。为什么自20世纪90年代以来,中国学术界非常乐于采用这种方法呢?这是因为解构主义在解构西方中心主义方面极为有效。门罗主义就是一个范例，西方学者在探讨门罗主义时，无论涉及国际法还是其他方面，都将其视为政治经济权力结构的一部分。

我不禁思考，为何在西方思想内部会产生这样的理论思潮？为何它在"二战"后出现，并系统地解构了西方过去大约五百年，即从16世纪形成的理论范式？我自己的理解是，这反映了西方文明的衰落。我们常常将美国所代表的西方文明的衰落与中国的崛起和2008年的金融危机联系起来。然而，如果我们追溯思想史的根源，可以发现，这实际上是20世纪60年代解构主义全面升级的结果，它从法国、德国逐渐转移到美国，如今已席卷全球。

如何看待解构的结果呢？西方文明经过几百年建构起来的现代西方文明的精髓已经开始衰落，不再被视为所谓普遍的价值。非西方的人们不承认这一点可以理解，但连西方人自己也不再承认。因此，我认为西方现代的衰落正是从思想的衰落开始的。

如果从这个角度思考，我们都应明确认识到，当我们今天探讨中国文明时，实际上是在其上升而非衰落的阶段。在这种背景下，西方解构方法与我们思考中国文明上升之间，是否存在某种内在的不协调或可能带来的困惑？这种方法是否会妨碍我们深刻理解和认识中国文明正处于的上升时期呢？

在永乐这本著作中，我注意到了一个问题。当他探讨门罗主义在中国的情况时，他提到因为中国晚清时期的衰弱，中国只能采取所谓省域门罗主义，而无法主张对外扩张和更广泛的门罗主义。这种解读可能会让人误以为，如果中国当时更强大，对门罗主义的理解就会不同。这实际上隐含了一个问题：当中国变得强大时，我们对门罗主义的理解是否会有所改变？现在，中国已经强大,我们如何理解门罗主义成为一个重要议题。如果我们认为每个国家因其所处的权力结构不同,门罗主义会呈现出不同的形态,那么是否可以进一步追问:中国的门罗主义形态是否比美国当年的要好?然而,永乐在著作中面临了一个困难:他之前对门罗主义普遍持批判态度,但当谈及中国时,他显得犹豫不决。这似乎是基于情感因素,他不想过于批判中国的门罗主义。但同时,他也不能简单地认为中国的门罗主义就是正确的,而所有其他国家的(如日本、德国、美国)都是错误的。

我们常常会思考一个问题,比如在宗教领域,我们如何区分哪个是正教,哪个是邪教?类似地,在价值层面上,我们如何判断哪个是对的,哪个是错的?然而,解构主义提出了一个核心观点,即"正义是强者的利益"。这意味着,没有哪一个版本的门罗主义是绝对正确或错误的,因为这些都取决于各自所处的权力结构。例如,当美国今天衰落时,它开始强调世界存在三个大国或三个权力中心,而不再强调单一的国家概念。

我理解,我们是否能在当前这种情境下超越"正义是强者的利益"这种解构主义的理解方式?我期望我们能提出一个基于中国文明的版本,不论是在政治哲学、经学还是文明判教的层面上,都能被认为是正确的,而不仅仅因为权力的强大。从这个意义上来讲,我认为李大钊的观点为我们提供了一个重要的视角。李大钊恰恰是在中国最弱、最没有能力主张门罗主义的时候,提出了一个非常强劲的可普遍适用的门罗主义理念。今天,我们甚至有意无意地以李大钊的"人民的觉醒和联合之上的新亚细亚主义",以及"世界人民大团结"的说法作为回应各种门罗主义的依据。李大钊在提出这一观点时,其出发点与中国的强大或弱小并无直接关联。

"青年学者新书沙龙·此疆尔界：门罗主义与近代空间政治"实录

关于这个问题，殷之光的评论对我而言尤为重要。殷之光在探讨毛泽东对亚非关系以及反抗的论述时，特别强调是否能超越权力带来的霸权与反霸的关系，进而提出一个新的范式。这个问题不仅引起了永乐、殷之光以及邵六益等人的思考，我同样也在深思。我认为，这个问题应当被提升到政治哲学的层面进行思考。在殷之光老师提及的那段故事中，毛泽东特别强调了"文明"这一概念，认为文明是主体在反抗压迫的过程中产生的。对于这段话语，我认为可以有两种理解方式。一种是从解构主义的角度出发，将中国的立场解释为弱者之间的共鸣。在20世纪60年代，受到两个大国的影响，中国相对较弱，因此与非洲的弱者产生了共鸣，按照弱者的逻辑来论述问题。这在一定程度上符合"正义是强者的利益"这一解构主义观点，即将这种共鸣置于解构主义的谱系之中。然而，如果我们从另一个角度思考，即不是基于中国的弱者身份，而是从政治哲学或经学的角度出发，去探讨什么是正义，什么是文明，那么结论将截然不同。无论是李大钊的时代还是60年代的毛泽东，他们都在主张一种正义和文明的观念，这种观念背后有着深刻的政治哲学或经学思考。

我注意到永乐在讨论问题时，尽管提出了一些深刻见解，但这些内容并未成为他论述的焦点。特别是他在绪论中的一条长篇注释，我认为其内容非常出色，但遗憾的是并未在正文中展开。这可能是因为正文需要遵循思想史写作的常规叙述方式。然而，从另一个角度来看，我认为永乐的注释不应该仅局限于西方的传统思想史脉络。相反，他应该从门罗主义全球旅行的角度出发，探讨这一思想在每个国家历史背景下的不同形态，包括美国形态、日本形态、德国形态、中国形态，甚至英国形态。将这些不同形态的门罗主义放在一起,我们可以从政治哲学的角度对它们进行评判和比较。在人类不同的文明、政治制度以及权力格局中,面对共同的问题时,我们应该如何思考呢?我认为,从政治哲学的角度来看是非常有意义的。自从帝国出现以来,整个自由主义的理想就开始转型,转向任何习俗和治理方式。因此,我们需要对这些问题进行深入的探讨和思考。在永乐对德国施密特判教的评判中,我们可以看到他对外保持反抗态度的同时,在大团结内部却遵循了强权的逻辑。这种矛盾的态度反映了不同文化和历史背景下的差异。然而,当我们回到中国来看这个问题时,可以说我们对外是一个反抗强权主义的国家,但在内部我们也坚持反对强权主义的原则。例如,我们采取的民族区域自治制度,这既体现了国家的统一,又保障了各民族的权利和利益。

我之所以谈论这些问题,是因为我自己的思考与永乐的观点有许多相似之处。自2008年以来,我们一直在探讨关于帝国的问题。从概念的角度来看,当世界帝国形成后,民族国家在与世界帝国交互时面临着一定的困难。永乐在书中提到了这一点,但我认为还有深入的空间。在我看来,永乐的理论框架有两个方向特别值得进一步发展。首先,是对门罗主义的不同形态进行比较和判断,以区分哪些是文明的,哪些是野蛮的,并探讨哪一个是人类发展的未来方向。其次,是政治哲学方向的努力。我特别注意到永乐绪论的最后一段,其中对边界问题的讨论,我认为极具思想深度。这个边界问题探讨的是主权国家在全球化的大背景下如何维护其主权,以及在世界帝国不同形态中如何保持文明多样性所形成的彼此疆界。实际上,这种对边界的讨论正是我对世界帝国批判的核心内容,而这个批判仍有很大的发展空间。

最后,我想谈谈永乐的著作,并反思自己的研究经历。刚才有老师提到人一老就容易变得迂腐,我觉得永乐尚未到达那个阶段,但自己已开始思考一些宏大而不切实际的问题。我认为,文明的核心是哲学问题和精神问题,这些问题常常涉及判教。而判教问题,不仅关乎空间,更与时间紧密相连。永乐在之前的讨论中提到西方思想史的写作从时间转向空间,这实际上是因为在时间意义上达到某种终结后,西方学者只能转向空间。这种空间的转向,实际上解构了由时间构建起的判教体系,也就是所谓"历史终结理论"。因此,我认为对于中国未来的发展,建立一套我们自己的政治哲学是非常值得期待的。从这个角度来看,永乐的著作为我们提供了一个很好的起点。我可以以他的这三本书为界限,探索章永乐的早年思想。而我相信,从他即将研究的20世纪的宪法开始,他的思想将迈向更为成熟和强有力的政治哲学阶段。我希望在理解20世纪中国宪法时,能够彻底放弃传统的社会史和解构主义的写作方式,而是回到政治哲学的视角,关注每一个思想本身的力量,而非它们在社会环境中的影响力。这样,我们才能重新理解像李大钊这样的思想家,他们的思想或许在当时并不显眼,但却能穿透历史,影响深远。我期待永乐的转型早日到来,并祝愿他在学术上取得更大的成就。谢谢大家。

宪法留白、活的宪法与规范宪法

——田雷教授《继往以为序章》的一个理论接续

凌 斌[*]

一、《序章》以为继往

2022年是八二宪法诞生四十周年,也是香港回归二十五周年。中国的宪法理论研究也来到了又一个继往开来的历史时刻。

早在十年之前,一位作者曾经写道:

> 中国宪法学长期以来不断自我重复着一种迷思,中国有宪法却无宪制。这一迷思之所以具有学术市场,主要原因在于我们并未确立一套行之有效的宪法审查制度,我们的"八二宪法"未能像美国或德国宪法那样被"司法化",因此不是一部"活"宪法,未能"动"起来。这让宪法学者自我想象为难为无米之炊的巧妇,一边时刻准备着构建一种一般将来时态的宪法学,一边等待戈多式地憧憬着一种据说终会降临的"宪法时刻"。这里的出发点是反其道而行

---

[*] 北京大学法学院教授、博士生导师。感谢陈明辉、邵六益、孙晓飞、田雷、魏磊杰、王炳毅、吴景键、张明、张翔等各位师友的批评指正。一如成例,文责自负。

之的,在我看来,中国与其说是没有宪制,不如说是没有自己的宪法理论。假如宪法学者带着外国宪法学的理论西洋镜观察中国的宪政实践,那么他们注定是"看不见"中国宪政的。但在纪念"八二宪法"颁行30周年之际,我们的宪法理论却沦为欧风美雨的智识半殖民地甚或殖民地,我们作为中国宪法的研究者难道不应该反思吗?(第83—84页)

十年之后,还有拥抱的理由,作者的追问和思考已然汇成一本关于如何理解中国宪制的不可多得的理论佳作:《继往以为序章:中国宪法的制度展开》❶(以下简称《序章》)。田雷教授在书中主张的"重新发现中国宪法""改造我们的宪法观",追问"我们到底做对了什么",依然是当下中国宪制研究急需思考的理论问题。书中提出的"'差序格局'、反定型化与未完全理论化合意"展现了富于想象力、解释力和穿透力的理论创造。许多点滴思考都显示出作者在宪法理论上出色的思考、创见和才华。尽管不少文章写于八二宪法三十周年之际,但该书仍然堪称一份饱含诚意与深情的四十周年献礼。

该书彩封上的标题《继往以为序章》,若按一般的阅读顺序,从左至右读来,则是《序章以为继往》。从书中阐述的宪法时间观测度,"继往"和"序章"构成了一个时间循环,一个无始无终的"莫比乌斯环"(Mobius Strip):因而开端即是结尾,而结尾亦是开端。

"'五十年不变'的三种面孔"是全书的最后一篇,也是名副其实的压台之作。如今恰逢香港回归二十五周年,正好处于

---

❶ 田雷:《继往以为序章:中国宪法的制度展开》,广西师范大学出版社2021年版。

"五十年"的中间点。按照这本书的时间旨趣,本文选择从田雷教授《序章》的结尾处开始,探讨四十年前制定的《宪法》如何回答"五十年后怎样"的问题,接续这篇继往之作。

二、《宪法》作为方法

(一)问题的问题

"'五十年不变'的三种面孔"提出和回答的问题,在于如何理解特别行政区的"五十年不变"。

通常认为,这一问题的直接来源是《香港特别行政区基本法》(以下简称《香港基本法》)第五条:"香港特别行政区不实行社会主义制度和政策,保持原有的资本主义制度和生活方式,五十年不变。"按照作者的考证,"五十年不变"的首次官方表述,见于《中英关于香港问题的联合声明》(以下简称《中英联合声的》),经历了从"长期不变"到"至少50年不改变",再到"五十年不变"的表述转换。(第212—213页)文章提出的核心问题在于:五十年后怎样?在"一国"的主权原则不可动摇、不可讨论的前提下,"五十年后"的"两制"何去何从?

作者勾画了三种"面孔"。其一是主流的文义解释将《香港基本法》解释诉诸《中英联合声明》,亦即将"五十年不变"理解为条约也就是合意的产物。任何合约,只要设定期限,就必然会被追问:到期之后如何?是续约、终止还是变更?谁说了算?由此出发,在关于《香港基本法》与《宪法》的关系问题上,就难免得出"基本法有别于国家宪制传统的伏笔,是对全国人大依法修改基本法之权力所设定的内容限度"(第218页)。

宪法留白、活的宪法与规范宪法

其二是条约论之外的承诺论。《序章》引述鲁本菲尔德(Jed Rubenfeld)教授关于"宪法承诺"的主张,强调"所谓立宪政治,就是要求政治生活遵循在历史上凝聚成文的政治承诺,即便当下多数人的意愿和这些先定承诺有所冲突"。以及桑斯坦(Cass Sunstein)教授关于"先定承诺"的观点:"宪法写入先定承诺,用意就是要去克服集体的短视或意志脆弱。"(第222、225页)由此提出的问题在于,谁来"克服集体的短视或意志脆弱",如何确保"多数人"都能继续秉承并且意志坚定地维护回归之前"先定"的"宪法承诺"? 何以"五十年不变"这个"宪法承诺"或"先定承诺"本身成为问题?

上述两种面孔实际上是一个面孔的两个侧面,实质都是类比于私法合同的合约论。只不过,条约论指向的是国际合约,而承诺论拟制的是国内合约。与之不同,作者提供的是第三种答案,可以称之为"发展论"。文中引用的邓小平自己的回答,揭示出"不需要变"的前提条件:"今天我要告诉大家,我们的政策不会变,谁也变不了……我们在协议中说五十年不变,就是五十年不变。我们这一代不会变,下一代也不会变。到了五十年以后,大陆发展起来了,那时还会小里小气地处理这些问题吗? 所以不要担心变,变不了。"[1]这不仅仅是一种信念,更不是一种解释,而是非常明确地指出了香港与国家制度保持一致的现实基础:"大陆发展起来了"。"不需要变"是一个客观陈述,而没有"大陆发展起来了"这个现实基础,就没法兑现那些先定的"宪法承诺"。

《序章》因而超越语义解析和宪法承诺的合约论,将问题的最终解决指向了中国的社会主义现代化事业:"学者从概念出

---

[1] 邓小平:《保持香港的繁荣和稳定》,载《邓小平文选》(第三卷),人民出版社1993年版,第72—73页。

发,仅由深圳河以南的视角来解读'一国两制'学说,但邓小平却首先并主要是站在全国一盘棋的现代化建设语境内来构想'一国两制'的。"(第234页)这表现为香港回归后的五十年时间表和"和国家现代化建设的三步走战略保持着某种神奇的同步"。(第237页)归根结底,只有经过五十年的发展,香港成功纳入国家的现代化进程,才能确保"五十年之后是不需要变"。

书中还有许多深刻而精彩的分析,这里不再"剧透",推荐读者早日一睹为快。值得引申开来做进一步思考的问题在于,发展论与合约论实际上不在一个层面。发展是一个事实问题,而条约和承诺诉诸规范。那么,除了"发展是硬道理"和"事实胜于雄辩",能否从《宪法》和《香港基本法》获得"规范"层面的依据?是否语义解析只能得出条约式的理解?

答案的得出源自视角的选择。主流观点的语义解析,出发点是《香港基本法》。从《香港基本法》出发,就难免诉诸《香港基本法》序言中援引的中英联合声明:"一九八四年十二月十九日,中英两国政府签署了关于香港问题的联合声明,确认中华人民共和国政府于一九九七年七月一日恢复对香港行使主权,从而实现了长期以来中国人民收回香港的共同愿望。"并且《香港基本法》援引《中英联合声明》的确是在援引《宪法》条文之前。在引述《中英联合声明》之后,序言进一步阐明《香港基本法》的宪法依据:"国家决定,在对香港恢复行使主权时,根据中华人民共和国宪法第三十一条的规定,设立香港特别行政区……"从《香港基本法》出发,就不免得出《香港基本法》乃至《中英联合声明》对《宪法》构成"内容限度"的结论。

这样,包括"五十年不变"条款在内的《香港基本法》解释就要将一个国际条约而非本国宪法作为最高依据,就从宪法解释变成了条约解释,就从国内法(实证法)问题变为了国际法问题。这里提出的一个根本性的问题在于:能否从我国《宪法》获得更高位阶的规范依据?以及,如果不是将《香港基本法》关于"五十年不变"的论述指向中英联合声明,而是诉诸并且终局于《宪法》,应当如何回应这样一个实践和理论挑战?

要回答这个规范性问题,摆事实还不够。规范的问题只能用规范来解决。

(二)视角的转换

这里首先需要的是一个视角转换:不是从《香港基本法》出发来看《宪法》,而是翻转过来,以《宪法》为视角来看《香港基本法》。这意味着,不是从某种宪法理论出发,也不是从社会发展的事实出发,而是首先从实证《宪法》本身出发,以《宪法》为视角,将《宪法》文本作为解决宪法问题的出发点和落脚点。这就是本文所称的"《宪法》作为方法"。

田雷教授在另外一章,也是笔者看来构成整部著作文眼的一章,即"'差序格局'、反定型化与未完全理论化合意——中国宪制模式的一种叙述纲要"中,展现了这样一种可能:

> 在国家结构形式上,"八二宪法"设定的多样区划的基本格局。根据宪法第 30 条,"全国分为省、自治区、直辖市",紧接着的第 31 条则规定"国家在必要时得设立特别行政区"。因此,第 30 条中的"省"是作为常规的省级地方而存在的,相比之下,自治区、直辖市,以及在第 31 条进行专项处理的特别行政区都展示出了程度大小不等的"例外性"。……因此,多样区划所指向的就是这种由常规到例外或"特别"的有等差的宪制格局……(第 90 页)

通过拆分《宪法》第30条,进而与第31条重组,该章为从《宪法》出发理解香港特别行政区的宪法定位提供了一个重要的理论视角。

香港和澳门是"一国两制"的特例。尽管这两个特例是"一国两制"的范例,因此说到"一国两制",人们首先想到的是香港和澳门基本法中的规定;但是不能用特例来取代原则,仅从基本法规定出发,狭隘地理解"一国两制",将之限缩为关于特定区域社会制度的具体规则。基本法序言明白无误地显示,香港和澳门特别行政区的设立是"根据中华人民共和国宪法第三十一条的规定",而不是相反,不是香港和澳门特别行政区的设立产生了"一国两制"。

正如田雷教授在书中所说,"一国两制"学说之提出,是为了解决台湾问题,后首先在香港和澳门得以成功实践,但并不因此就降格为一种局部的地区性学说,究其根本,它是一种出现在20世纪80年代语境内的国家学说,事关十多亿人口的全局。(第234页)如作者所言,美国宪法解释上"最常见的一个例子就是美国宪法通篇找不到'separation of powers'的字眼,但'三权分立'却成为美国宪法的基本原则。答案自然在于美国宪法的结构,其头三条分别处理了国会、总统与法院的问题。因此,宪法文本的研究绝不仅是查字典式的抠字眼,而应该是text、history与structure的一种结合。……因此应该抛弃那种以条款为单元的解释方法(clause-bound textualism),而走向一种条款互证的结构解释(intratextualism)"(第17—18页)。

这样,如何理解"五十年不变"的问题就变为了如何理解"一国两制",如何理解"一国两制"下的"特别行政区"。因此,如果不能充分理解特别行政区的宪法含义,实际上就无法准确理解"一国两制",更无法回答"五十年不变"之后"两制何去何从"的问题。这当然不仅是一个理论问题。如今,一些试图分裂国家的主张,所谓"香港城邦论",主张香港"非国非市",正是试图重新界定香港的政治定位。这种情况下,基于《宪法》和《香港基本法》,明确香港的区划定位,也是维护祖国统一和国家安全的现实需要。

由此引发的思考在于,特别行政区的宪法性质如何?《宪法》第 31 条规定的特别行政区相对于第 30 条所列的三级行政区划如何对位?进而,《宪法》确立的总体行政区划框架究竟如何?应当如何在这一行政区划的总体框架中定位香港和澳门的宪法性质?由此出发,应当如何理解"五十年不变",如何回答"五十年后怎样"?

书中没有进一步回答这些问题。但是按照田雷教授的观点,中国宪制格局的基本划分在于,一方面是"常规的省级地方",另一方面是"自治区、直辖市以及在第 31 条进行专项处理的特别行政区"所具有的"程度大小不等的'例外性'"。由于"程度大小不等",因此作者称之为"有等差的宪制格局",延续了强世功教授同样是在思考香港问题时提出的"多样区划下的政制差序格局"。❶

按照这一解释方案,特别行政区只是这一"差序格局"谱系上"由常规到例外"的一个差等。并且,由于这一"差序格局"只是"程度大小不等",因此多样区划之间究竟如何排序、关系如何,并无明确的准则,只能服从于现实的政治需要,呈现为一个动态的政治选择过程——很大程度上取决于邓小平这样的政治

---

❶ 参见强世功:《中国香港:政治与文化的视野》,生活·读书·新知三联书店 2010 年版,第 221 页。

家的决断与创建。❶ 这也是该书的一个重要特点：没有将宪法仅限于《宪法》，而是围绕制定《宪法》的政治家们特别是邓小平的思考与选择，探索其中蕴含的"中国宪制模式"。这意味着，对于诸如多样区划以及"五十年不变"这类问题的回答，就需要在实质上超越实证《宪法》本身的约束，而进入一种施密特式的前宪法的"政治"状态。作者从《宪法》条文出发，最终超越了《宪法》。

因此，书中所讲的中国宪法的"差序格局"与费孝通先生所讲的中国社会的差序格局，有一个基本的不同。费先生的差序格局是静水中波纹式的层层外扩，所谓亲疏有别，尊卑有序，因而有着严格的纲常秩序。这个纲常秩序是定型化的，是历史沉淀的因而超越政治的"不成文法"。而田教授所讲的"差序格局"则是流水中乘风破浪的一叶扁舟，有激流旋涡，暗礁险滩，因而不可能受制于过于严苛的规范束缚。田雷教授援引桑斯坦的宪法理论，称之为"反定型化与未完全理论化合意"，正是突显出宪制模式背后的动态机制。

有待在理论上进一步探讨的是，这样一种"反定型化与未完全理论化合意"的宪法理论或宪制模式，在摆脱教条主义窠臼的同时，是强化了还是挣脱了《宪法》本身的先定约束？特别是，能够从《宪法》而非仅仅从《香港基本法》出发，理解"五十年不变"的宪法寓意，乃至宪法文本与文本背后的政治决断之间的深层关联？因而，回顾八二宪法四十年历程，能否在"反定型化

---

❶ 书中多次援引邓小平在中英谈判时所说，"关于主权问题，中国在这个问题上没有回旋余地。坦率地讲，主权问题不是一个可以讨论的问题。"邓小平：《我们对香港问题的基本立场》，载《邓小平文选》（第三卷），人民出版社1993年版，第12页。

与未完全理论化合意"的动态"差序格局"之外,进一步揭示其中据以支撑包括香港回归在内的宪制变革的规范基础,依然是我们必须面对的一个不容忽视的理论问题。

四十年的历史跨度显示出,中国宪制模式在保持灵活性和政治性的同时,也保持了高度的稳定性和制度性。正是这种高度的制度稳定为灵活的政治作为提供了可靠依据和合法屏障。不论是"特别行政区"的空间问题,还是"五十年不变"的时间问题,都留出了巨大的想象空间。因而,在需要卓越的政治决断的同时,也需要足够定型化的刚性条款,作为政治决断的制度基础。那么,能否重新回到起点,从田雷教授出发时依据的《宪法》第30条和第31条出发,以《宪法》为方法,以实证宪法的具体规定为依据,为回答前述的理论和实践问题继续一种可能的思考?能否将"一国两制"阐释为一种不仅适用于特别行政区而且适用于全中国乃至全世界、不仅适用于当下治理而且适用于未来建构的普遍方法?

本着这样一种关切,本文试图继往《序章》,对于如何理解"特别行政区"和"五十年不变"的宪法含义,如何定位香港和澳门特别行政区的宪法地位,进而,如何认识"一国两制"乃至《宪法》不仅作为制度而且作为方法的普遍意义,做出一些尝试性的学术努力。笔者并非《宪法》和《香港基本法》领域的专家。除了田雷教授书中的相关章节,有关"一国两制"和特别行政区的思考主要依据的是韩大元教授近年来发表的一系列最新研究成果。

与田雷教授通过拆分第30条对这两个条文所做的"反定型化与未完全理论化合意"解释有所不同,笔者以《宪法》第30条与第31条作为互为基础、相反相成的半定型化制度,提出的是一种国家治理体系的二元行政区划。❶ 第30条规定的一般行政区划,不仅包含"常规的省级地方",更为重要的是,确立了国家治理体系的三级科层结构。这个三级治理结构将中国各级各类具体区划设置,全部纳入了一个等级分明的科层体系。这一科层体系也为在宪法上定位第31条规定的特别行政区提供了基本框架。

通过将《宪法》第30条和第31条视为一个不可分割的整体规范,共同构成国家地方治理的总体框架,本文提出的是《宪法》作为方法而非仅仅作为制度所具有的普遍意义。《宪法》作为方法,区别于制度规范的一个重要维度,不仅在于作为理解、思考和解决宪法问题的出发点,而且是一种连接规范与政治的宪制技艺。这种宪制技艺,如同中国的山水画技法,本文称之为"宪法留白"。宪法的留白与着墨,共同构成了中国宪制生长的源头活水。

三、宪法留白与不规之定

中国的水墨画讲究留白,有所谓"留白之处皆生妙境"的说法。宪法留白也是如此。《宪法》关于特别行政区的规定就呈现出这样的留白妙境。

(一)宪法留白

如果从《宪法》而非《香港基本法》出发,关于特别行政区的

---

❶ 关于《宪法》第31条规定的特别行政区划与第30条规定的一般行政区划之间的关系,以及行政区划与"一国两制"的关系,笔者在《重新定位陆港关系:理顺治港体制的一个宪法选项》文中有更为详细的阐述。文章尚未刊出,有兴趣的读者可在刊后移步赐教。

宪法留白、活的宪法与规范宪法

宪法规定有着明显的"宪法留白"。但是要看到这个宪法留白,需要将《宪法》第 30 条和第 31 条视为一个整体。

《宪法》第 30 条将"全国"划分为三级,规定的是一般行政区域:

> 中华人民共和国的行政区域划分如下:
> (一)全国分为省、自治区、直辖市;
> (二)省、自治区分为自治州、县、自治县、市;
> (三)县、自治县分为乡、民族乡、镇。
> 直辖市和较大的市分为区、县。自治州分为县、自治县、市。
> 自治区、自治州、自治县都是民族自治地方。

第 31 条在第 30 条的基础上规定的是特别行政区划:"国家在必要时得设立特别行政区。在特别行政区内实行的制度按照具体情况由全国人民代表大会以法律规定。"

两个条文加以对照,可以看到特别行政区在区划定位上有一个明显的"留白":《宪法》第 31 条关于特别行政区的规定,既没有明确自身的层级结构,也没有明确对应第 30 条设定的一般行政区划中的任何一个层级。

问题在于如何理解这个"宪法留白"。其中的一个关键在于,留白以着墨为基础。没有着墨,就谈不上留白。留白是着墨的结果。"宪法留白"也是如此,也是建立在明文规定的基础之上。这是一个显而易见但往往易于忽视的因素。

没有《宪法》第 30 条关于地方三级常规区划的规定和第 31 条关于特别行政区设立的规定,就没有这个关于特别行政区区划定位的宪法留白。宪法留白是《宪法》通过具体规定的预留余地。特别行政区之为特别行政区,正是参照常规区划而言。

特别行政区地位上的宪法留白是常规区划和特别行政区设立两制并置的产物。这正如《富春山居图》的留白,是在峰峦叠嶂、山林起伏的墨色之间,尽显烟波浩渺,水天一色。

宪法留白因此不是"宪法空白"。法律上的空白通常是指法律漏洞。法律漏洞是缺少应有的规定,意味着宪法或法律没能预判特定情况,因此需要由具体实施宪法或执行法律的机构加以填补。而留白则是有规定,但是有意留出部分内容不作规定,并且始终保留这些未作规定的内容不予填补。因为宪法留白不作规定的原因,不是因为没能预见,而是恰恰相反,是因为预想到可能存在的复杂情形,因此给未来预留余地。

显而易见,《宪法》第31条规定国家有权设立特别行政区之后,却没有规定特别行政区的区划地位,不是由于疏忽、遗忘或者经验不足。毕竟前一条也就是第30条规定的就是各级行政区划。这明显是有意为之,是要把特别行政区行政级别的决定权始终留给国家。因此,一个特别行政区在行政区划上的具体定位,不是地方自己能够决定的,不是法院(也包括特别行政区的法院)能够通过法律解释予以确定的,更不是一次设定就一劳永逸的。一般而言,宪法留白的灵活处理,是国家的特权,也是国家的责任。除非一个特别行政区被彻底并入三级行政区划的常规体制,其区划定位就始终并且只能由国家根据客观需要做出决定。

这意味着,宪法留白不是解释的产物,而是规定的产物。法律解释可以是发现宪法留白的方式。但是宪法留白是《宪法》通过具体规定创造的,而不是法律解释发明的。如同我们在美国宪法"三权分立"或者"权力制衡"原则的留白中看到的,三个权力分支都可以通过法律解释提出对于这些宪法原则的理解,但是任何一种解释都无法"填满"这一宪法空间。任何通过法律解释能够清晰界定的问题都不属于宪法留白。相反,宪法留白为持续不断的法律解释和宪法斗争提供了"场域"。

所有法学方法,不论是法教义学还是法律经济学都可以有助于揭示宪法留白的可能妙用,这正如美术批评有助于理解一幅画作的可能意境,但是画作本身不是任何一种古典或者后现代批评理论创作的。留白是画作的一部分,不可分割的一部分。不论留白表现的是天,是水,是云,是雾,这些都是画作不可或缺的一部分。宪法留白也是如此。

宪法留白是《宪法》的一部分。宪法留白是《宪法》作为宪制方法发挥作用的重要方式。《宪法》要得以实践,这些预留的余地就必定会呈现出来。只要依据《宪法》第31条设立特别行政区,那么,这个特别行政区的区划定位就必须予以决定——是省级,还是副省级,因为第30条固定的区划等级就在那里。特别行政区要作为这个国家的一个组成部分、一个地方行政区划,要和其他组成部分发生关联,要和其他行政区划打交道,就必然要嵌入这个现行的区划等级之中,否则,就无法在国家治理体系中正常工作。这不是任何法学方法通过法律解释得出的结论。这是这两个《宪法》条文并置必然产生的结果。法律解释只是确定或者论证具体方案的工具。

同样,宪法留白也有别于英国宪法学家迈克尔·福利(Michael Foley)提出"宪制搁置"(constitutional abeyance):❶宪法留白主要不是(尽管可以包含)为了搁置当下争议,避免潜在的宪法危机,而是给未来发展必然需要的结构性和制度性调整留有

---

❶ See Michael Foley, *The Silence of Constitutions*, Routledge, Chapman and Hall, 1989.

余地。宪制搁置更适用于邓小平所讲的"不争论",或者陈端洪教授所讲的"迟延决断"。[1] 而宪法留白并不是搁置争议、延迟决断的结果。这是任何一个国家宪制运行的内在需要。这个《宪法》预留的宪制余地非因既有的宪法争议或潜在的宪法危机而产生,更非争议或危机过后就不复存在。反而,宪法留白是《宪法》的生命,是一个与《宪法》相伴相生的制度安排。

实际上,宪法留白是而且必须是一种《宪法》在场的方式,因此不能"搁置"和"延迟"。香港特别行政区设立后,香港特别行政区与其他行政区划的等级关系就必须确定。这是一个无法搁置或者延迟的问题。宪法留白的作用方式不是延迟,而是及时。这类似于可以更换绑定对象的货币政策:总是需要绑定一种或一篮子货币,但是在必要的时候,也总是可以更换绑定对象。《宪法》第31条明文规定"国家在必要时得设立特别行政区",同时,与第30条一起,共同形成了一个未作明文的授权规定:"国家在必要时得调整特别行政区的行政区划级别"。

(二)不规之定

因此,从宪法留白的角度来看,《宪法》规定总是具有双重意义。

一是规定本身的内容。比如,规定国家行政区域划分的层级结构,规定国家有权设立特区。这是《宪法》的着墨部分。二是规定之间预留的"不规之定"。正是通过这些规定,特区在行政区划上的浮动定位得以呈现出来。这不是通过任何规定直接表明的内容,而是通过这些明文规定使这个"不规之定"得以

---

[1] 陈端洪:《理解香港政治》,载《中外法学》2016年第5期。

呈现，得以"在场"。这是《宪法》通过着墨呈现出的留白部分。

留白是"不规之定"，是通过规定实现的不规之定。其中包含了两个方面。一方面，是"不规"。留白的部分没有明文规定。这与法律原本做出了规定、只是规定的表述较为宽泛并不相同。宽泛的规定也是规定，只不过是规定的内容是一般性的"原则"，概括性的"标准"，而非具体性的"规则"。比如美国《宪法》的第一、第十四修正案，之所以衍生出大量判例，除了现实需要，一个文本自身的原因就在于条款中包含了言论、平等、正当这样的宽泛规定。但是，留白的前提是"不规"，即使宽泛的规定也不存在。美国《宪法》没有任何一个条文规定"分权制衡"，中国《宪法》也没有条文规定特别行政区的区划定位。

另一方面，是不规之"定"。虽然没有明文规定，但是基于现有规定，基于其他相关的明文规定，却可以得出明确的必然的结论。这因此不同于那种概念宽泛、语义模糊乃至歧义横生的粗糙的立法技术。宪法留白是一种更为高级的立法智慧，是通过把该规定的规定好，实现不规定的规定。美国《宪法》的条文规定必然得出"分权制衡"的原则，中国《宪法》的条文规定也必然得出特别行政区对应于特定区划定位的结论。至于权力如何划分和制衡，特别行政区具体对应于哪一级区划，这类实践性问题必然在宪制发展中不断演化。法律解释在其中也会扮演重要角色。这种发展变化正是《宪法》选择不规之定而不是直接规定的原因所在。但是，正如我们一再强调的，这些不规之定并非法律解释的创造，而是《宪法》既有规定的必然产物，并且只能以不规定的方式加以呈现。

正是这些宪法留白的不规之定，使一部《宪法》可以不断适应世事变迁和形格势禁，始终保持规定性基础上的灵活性，在常制基础上发展新制,实现变与不变、变与常之间的动态平衡。作为方法的《宪法》是由留白和着墨共同耦合而成。《宪法》着眼于一个国家的长远大计,这决定了一部"活宪法"必须不仅提供制度,而且提供方法。

四、宪法留白与活的宪法

这就涉及留白与着墨关系的另一面:留白予着墨以生命。并非所有水墨画都钟情于留白,《清明上河图》就没有。但是对于留白的作品而言,留白则决定了着墨的生气与灵性。《富春山居图》的灵魂在于富春江,而富春江正是留白之所在。同样,宪法留白是一切"活宪法"(living constitution)的生命。"活宪法"的应有之义就是"不规定死",也就是要有宪法留白。

(一)"不规定死"与"活的宪法"

这正是宪法留白的方法论特点:规定"活",而不要规定"死"。"活"是规定出来的,没有规定就没有"活"。同时,"活"是规定的目的,不能为了规定而规定,乃至把原本的"活"填"死"。

因此宪法留白的一个重要特点就是不能填充。如果把这些留白都填满了,宪法体制就会变得过于僵化,就会失去生命的活力。留白是做"眼",留"气",是做"活"宪制的内在要求。比如特别行政区的意义,是在常规区划之外始终保留根据实践经验和实际需要做出调整的余地。《宪法》对特别行政区的区划定位没有明确规定,就是不能明确规定,就是要根据客观需要做出适时调整。倘若在特别行政区转为常规区划之前,将特别行政区规定为特定区划等级,就如同填死了活眼。同样,如果美国

宪法留白、活的宪法与规范宪法

《宪法》将"三权分立"或者"权力制衡"以修正案的方式明确写入宪法,那么这个新规定的条文就会成为美国联邦最高法院的解释依据,从而事实上以"填死"的方式取消相应原则,使得美国的宪法实践发生彻底偏转。原本只能通过三个权力分支不断博弈来适时调整的动态宪法空间,将会彻底成为司法分支约束立法和行政分支的明确依据。对于解释权明确由联邦最高法院掌握的美国《宪法》而言,"三权分立"和"权力制衡"原则只能以宪法留白的方式作出。这也是田雷教授在书中通过"反定型化与未完全理论化合意"格外强调的宪法因素。

就此而言,"五十年不变"就是"五十年不变"。一方面,五十年之后怎样的问题,应当留到五十年到期的时候再回答。因为,显而易见的是,任何提前回答都会改变人们关于"五十年不变"的潜在预期。另一方面,港澳特别行政区社会制度"五十年不变",并不妨碍中央根据客观需要做出改变,比如调整香港澳门的区划定位。四十年宪法经验特别是特别行政区实践表明,这个"活宪"的气眼不要过早填死,就可以给真正时机到来时的必要调整留出足够的余地。

与其说中国没有"活宪法",如本文开篇所引的那段话中批评的那样,抱怨"我们并未确立一套行之有效的宪法审查制度,我们的'八二宪法'未能像美国或德国宪法那样被'司法化',因此不是一部'活'宪法,未能'动'起来",不如说,中国"活宪法"就在《宪法》预先的留白之处。摘去"外国宪法学的理论西洋镜",看到的是中国丰富多彩的特别行政区实践,如宪法天空中的群星璀璨。

"一国两制"充分体现了这种规定性基础上的灵活性。"一国"和"两制"都是规定,是宪法着墨的地方。但是在"一国"和"两制"之间,在"两制"之间,《宪法》通过一条条规定,反而预留出许多余地。一方面,常规行政区划已经为特别行政区的区划定位划定了范围。只有规定了一般行政区划和"国家在必要时得设立特别行政区",不规定特别行政区的具体区划定位才有意义,才是规定性基础上的灵活性。另一方面,把香港放在什么区划级别上更为有利于香港的繁荣稳定和国家的长治久安,香港和内地的关系如何处理,"一国两制"究竟如何实行,香港究竟怎么管,都是高度实践性的问题,因此需要根据国家和香港发展的实践需要保留调整余地。以宪法留白的方式,长期保留这个规定性基础上的灵活性,就保留了根据实际情况做出调整的制度余地。这是另一种意义上的"五十年不变"。

(二)作为宪法方法的"宜粗不宜细"

田雷教授在该书结尾处援引的邓小平关于基本法起草的一则重要谈话,尤其体现出宪法留白的思想精髓:"现在香港人老要求基本法订得细一些,越细越好。搞得越细,将来就非变不行。他们不是怕变吗?搞得那么细,规定得那么死,情况发生变化后,哪能不变?"❶

邓小平将"搞得那么细"等同于"规定得那么死"。这正是从反面说明宪法留白的重要性:规定活而非规定死。拉长时间的尺度,任何具有宪法性质的规范都将面临严酷的时间考验。这是宪法与时间的矛盾。规定太死,就难免"被动",形势所迫,"将来就非变不行"。但是又不能不做规定,越是变化莫测,就越需要定海神针。"活的宪法"需要预先做出宪法留

---

❶ 中共中央文献研究室编:《邓小平年谱(1975—1997)》(下),中央文献出版社2004年版,第1020页。

宪法留白、活的宪法与规范宪法

白,从而"以不变应万变"。

田雷教授在书中关于邓小平"宜粗不宜细"思想的讨论,对于我们深入理解宪法留白与其政治和历史背景之间的内在关联颇具启发意义。

作者写道:"合理多元主义的现代社会格局之所以能够形成'交迭共识',策略就是让共识尽可能地抽象化甚至空洞化,由此政治各方都能基于自己的整全立场形成对抽象原则的想象及认同。中国政治语言中经常提到的'宜粗不宜细',就是对这种求同存异策略的一种表述。邓小平本人即是此中高手。在起草《关于建国以来党的若干历史问题的决议》(以下简称《决议》)这份宪制文件时,邓小平就指出:'这个总结宜粗不宜细,总结过去是为了引导大家团结一致向前看。'1987年,邓小平在会见香港基本法起草委员会时也曾指出,基本法的起草'不宜太细',这是让香港同胞形成对基本法认同的一种政治策略。"(第118—119页)

从"《宪法》作为方法"的视角来看,邓小平关于"宜粗不宜细"的一系列讲话,可以视为对宪法留白的一个理论阐释。这些论述不限于狭义的法律和宪法领域。如田雷教授所说,多次讲到"宜粗不宜细"的地方,都与历史决议有关。早在十一届三中全会召开之前,邓小平就讲过"历史问题只能搞粗,不能搞细"❶。此后,1980年的十一届五中全会上,进一步明确提出:"要实现安定团结、生动活泼的政治局面,必须解决历史的遗留问题,弄清大是大非。……重大历史问题的解决宜粗

---

❶ 中共中央文献研究室编:《邓小平思想年谱》(1975—1997),中央文献出版社1998年版,第98页。

不宜细。"❶同年3月19日,邓小平就起草《决议》同中央负责同志谈话时,再次讲道:"要通过这个决议对过去的事情做个基本的总结。还是过去的话,这个总结宜粗不宜细。"❷从中能够看出,不论是对于《宪法》还是作为宪法前提的《决议》(第5页),邓小平的一个基本态度,都是着眼于未来发展的长远大计,要求把该规定的规定好,再通过规定来不规定。这也正是宪法留白的意义所在。❸

以往,关于"宜粗不宜细"的理解主要是两种态度。一种是否定性的,将"宜粗不宜细"视为改革开放初期的"权宜之计",目的主要在于"加快立法步伐"。❹ 研究者往往持批判态度,从"反思"的角度出发,主张"宜粗不宜细"已经不适应中国法治建设和社会发展的现实需求。❺ 这些研究没能意识到,"宜粗不宜细"的思想方法已然化身于《宪法》当中,体现为宪法留白这样

---

❶ 邓小平:《坚持党的路线,改进工作方法》,载《邓小平文选》(第二卷),人民出版社1994年版,第277页。

❷ 邓小平:《对起草〈关于建国以来党的若干历史问题的决议〉的意见》,载《邓小平文选》(第二卷),人民出版社1994年版,第292页。

❸ 彭真向宪法修改委员会秘书处提出的一个重要意见,也是只写能够定下来的、最根本的、最需要的东西。参见超英、郭宏:《中华人民共和国的四部宪法——访全国人大法律委员会主任委员杨景宇》,载《百年潮》2004年第7期。

❹ 参见万其刚:《对"宜粗不宜细"的新思考》,载《法学杂志》1997年第6期。

❺ 这类文章很多,比如乔艺:《"宜粗不宜细"立法的历史实践与法理反思》,载《东南大学学报(哲学社会科学版)》2019年第21期;曲玉萍、刘明飞:《反思"宜粗不宜细"的立法观念》,载《长春师范学院学报》2006年第5期。近来开始有一些学者对这类"反思"做出进一步的反思,参见孙秋玉:《重申立法宜粗不宜细》,载《科学·经济·社会》2020年第38期;王起超:《粗放和精细:论立法技术的秩序建构路径》,载《河北法学》2021年第39期。但是这些研究仍局限于立法技术。

宪法留白、活的宪法与规范宪法

一种基于《宪法》规范的宪制技艺。这样一种基于《宪法》规范的宪制技艺从未过时,不仅四十年前需要,现在需要,将来也需要。前文关于特区定位和宪法留白的讨论只是提供了一个新的例证。

另一种态度是肯定性的,但是对"宜粗不宜细"的理解主要侧重于"不宜细"。如今从宪法留白的视角来看,这一思想的要点首先是"宜粗",其次才是"不宜细"。邓小平讲"宜粗不宜细"的先决条件,是"弄清大是大非",需要讲清楚的必须讲清楚。该规定的要规定好,这是一个大前提。

我们把关于《决议》的这次谈话的开篇部分完整呈现出来,更容易看清"宜粗"与"不宜细"的关系。邓小平首先强调,"要写得集中一些。对重要问题要加以论断"。接下来讲"中心的意思应该是三条"。其中:

> 第一,确立毛泽东同志的历史地位,坚持和发展毛泽东思想。这是最核心的一条。……第二,对建国三十年来历史上的大事,哪些是正确的,哪些是错误的,要进行实事求是的分析,包括一些负责同志的功过是非,要做出公正的评价。❶

此后才是前文所引的关于"宜粗不宜细"的第三点。并且,邓小平随即补充说,"总的要求,或者说总的原则、总的指导思想,就是这么三条。其中最重要、最根本、最关键的,还是第一条"❷,乃至于说,"如果不写或写不好这个部分,整个决议都

---

❶ 邓小平:《对起草〈关于建国以来党的若干历史问题的决议〉的意见》,载《邓小平文选》(第二卷),人民出版社1994年版,第291—292页。
❷ 邓小平:《对起草〈关于建国以来党的若干历史问题的决议〉的意见》,载《邓小平文选》(第二卷),人民出版社1994年版,第293页。

不如不做"❶。这个"最重要、最根本、最关键的是第一条"是必须首先弄清的"大是大非"。在这个"宜粗"的前提基础上,"不宜细"才能具有"团结一致向前看"的积极作用,才能实现"在决议通过以后,党内、人民中间思想得到明确,认识得到一致,历史上重大问题的议论到此基本结束"的预期作用。

这种"宜粗不宜细"的宪法留白思想,贯穿了从《决议》起草到《香港基本法》制定的历史进程。❷ 据时任外交部副部长的周南回忆:邓小平"从一开始就主张基本法起草'宜粗不宜细',以免给未来特区政府造成被动"❸。田雷教授写道,"'宜粗不宜细'的方针,指导着香港基本法五年的起草过程。立宪之道,如何构建并实践一种长治久安的政治,道理正存乎其中"(第252页)。这也是该书正文中的最后一段话。

五、另一种规范宪法

宪法留白,是一种目光长远、极具智慧的宪制安排。也正如中国的水墨画,留白与着墨一样重要。古人所谓"有经有权",任

---

❶ 邓小平:《对起草〈关于建国以来党的若干历史问题的决议〉的意见》,载《邓小平文选》(第二卷),人民出版社1994年版,第299页。此后,邓小平在1980年10月25日的谈话中专门讲道:"不提毛泽东思想,对毛泽东同志的功过评价不恰当,老工人通不过,土改时候的贫下中农通不过,同他们相联系的一大批干部也通不过。毛泽东思想这个旗帜丢不得。"邓小平:《对起草〈关于建国以来党的若干历史问题的决议〉的意见》,载《邓小平文选》(第二卷),人民出版社1994年版,第295页。

❷ 参见邓小平:《会见香港特别行政区基本法起草委员会委员时的讲话》,载《邓小平文选》(第三卷),人民出版社1993年版,第220页。

❸ 李纲:《邓小平与香港问题的成功解决——外交部原副部长周南访谈录》,载《党的文献》2007年第4期。

宪法留白、活的宪法与规范宪法

何一个国家的宪法成败,都事关两个要素:一是规定什么,二是通过规定而不规定什么。这对一个大国和一个发展中国家尤其如此。处理好留白与着墨的关系,是一个宪法体制长盛不衰的关键。《宪法》的规定和不规定一起,构成了一国宪制的"活眼"和"活水"。

也是在这里,我们看到了宪法留白的另一层意义。宪法留白提供了连接规范与政治、当下与历史的方法论纽带。宪法留白中的政治仍须以《宪法》规范为前提,因而是受限制的,是戴着镣铐的舞蹈。同时,宪法留白最大可能保留了《宪法》的包容性,不仅为《宪法》背后的现实政治预设了必要的回旋余地,也为追溯《宪法》由来的历史源流提供了内在线索。

这是另一种意义上的规范宪法学,是以《宪法》为方法的规范宪法学。以《宪法》为方法,要求以《宪法》规范为前提,而非以《宪法》背后的现实主义政治为圭臬。也就是说,以《宪法》来理解政治,而不是以政治来理解《宪法》。但是另一方面,以《宪法》为方法,也要求摒弃法律形式主义的宪法观念,正视宪法规范背后必然隐含着的现实主义政治。以《宪法》为方法的规范宪法学既要求信守《宪法》的规定性,也要求保留《宪法》在规定性基础上的灵活性。

规范宪法学要确保一部《宪法》始终是"活的宪法",就需要不仅包含以规范为基础的制度,而且包含以规范为基础的方法。规范宪法学因此不应仅仅局限于宪法规范和文本解释方法,而应发展出一种基于《宪法》规范的宪法方法;不应仅仅聚焦于具体的宪法制度或者抽象的宪法理论,而应将丰富多彩的宪制实践和宪制历史包容进来。同样,宪法研究也不应全然脱离于《宪法》规范,将宪法等同于政治,而应将政治置于宪法视野的同时，始终保持对政治的规范约束。只有这样，才能尽可能摆脱作者在书中"方法篇"中所批判的那种宪法研究中的政治偏执和理论天真。

不同于作为制度的《宪法》，作为方法的《宪法》只有超越狭隘的法律实证主义、功利的法律现实主义和教条的法律形式主义，才能真正发挥其超越时空的宪制作用。以《宪法》为方法，因此需要将《宪法》规范与其背后的政治和历史贯通起来。

作为规范宪法的宪法留白，当然不是只存在于中国《宪法》，更并非仅限于"一国两制"。美国《宪法》，作为世界上第一部成文宪法，不可避免包含大量的宪法留白。美国宪法条文通过具体规定呈现出的"不规之定"，比如前文提到的"三权分立"原则，再比如"司法独立"原则，都是美国宪法留白的产物。这些所谓"宪法原则"都没有明文规定，严格意义上讲不是实证法意义上的原则（比如与有明文规定的"联邦制"原则不同），但是美国《宪法》要得以运行，成为"活的宪法"，就必然得出这些宪法原则，以及由此伴生的一系列宪法规则。❶ 历史来看，每一次宪法修正都是对此前宪法留白的一次填充。反过来说，在新的宪法修正案通过之前，未经填实的宪法留白通过规定之间的预留空间而始终存在。也是因为宪法留白的存在，"活的宪法"始终处于生长当中，每隔一段时间就可能产生重大的宪制变革。罗伊案如此，推翻罗伊案也是如此。

限于篇幅和主旨，这里只能谈及中美宪法中的个别例证。

---

❶ 以至于，后来的学者甚至认为，当今的美国《宪法》主要是由联邦最高法院通过解释宪法的判例（constitutional law）组成。许多经典判例正是美国《宪法》留白的产物，是美国《宪法》得以运行、成为"活的宪法"的必然结果。See David Strauss, *The Living Constitution*, Oxford University Press, 2010.

还有更多宪法和更多留白有待研究。这也正是我们区分方法和制度的原因所在。《宪法》的方法要比制度更为持久和更为普遍。迪奥单❶的制度湮灭于历史,但是对物诉讼的方法总能够借尸还魂。❷ 作为制度的"一国两制"是为了解决特定的历史遗留问题,聚焦于社会主义和资本主义两种"制度和政策""制度和生活方式"之间的协调安排。而作为方法的"一国两制"则不仅可以用于解决历史遗留问题,而且可以用来解决当下和未来发生的全新问题。好的宪法理论,不仅应当研究《宪法》中的规定,而且应当研究这些规定之间的"不规定",从规定和不规定耦合而成的宪法留白中,发现那些赋予一个国家生机活力的宪制方法。

相比于总是特定环境和需求之产物的制度,作为方法的《宪法》具有超越时空的特点。因此,《宪法》中的规范常常并非诞生于"制宪时刻",而是有着更为深远的历史渊源。正如韩大元教授在关于"一国两制"和特别行政区的研究中看到的,"这一制度创新虽形成于 20 世纪 80 年代,但其历史逻辑起点则至少始于新中国成立初期"❸,而特别行政区的设立甚至可以"追溯到陕甘宁特区"时期❹。作为方法的"一国两制"既规定于《宪法》,又在时空上超越于《宪法》的制度起源。

---

❶ 迪奥单(Deodand),中世纪普通法上的一项制度,核心内容为:若某动产(如马车、武器)直接导致人的死亡,该物品将被视为有罪,须被没收并上缴王室或教会。
❷ See O. W. Holmes, Jr., *The Common Law*, Macmillan, 1882, p. 24-25.
❸ 韩大元:《论"一国两制"的文明观及其当代意义》,载《中国人民大学学报》2021 年第 3 期。
❹ 韩大元:《〈宪法〉第 31 条"特别行政区"一词由来及其规范内涵》,载《华东政法大学学报》2020 年第 5 期。

以《宪法》为方法,是从《宪法》文本和规范出发,但并非局限于《宪法》规范和文本。相反,不同于作为制度的《宪法》,作为方法的《宪法》要求将被立宪时刻截断的历史重新连接起来。以《宪法》为方法,不论是留白还是着墨,都只有在将《宪法》制定前后的历史关联起来,才能充分显示出超越时空的普遍意义。

一部《宪法》总有其来龙去脉。"两制"规定于《宪法》,但并非开始于1982年。第30条规定的一般行政区划,实际上来自1954年《宪法》第53条和1978年《宪法》的第33条。而特区的正式制度设置,则开始于依据1975年《宪法》召开的五届人大。五届人大一次会议通过了1978年《宪法》,并在1980年由其常委会第十五次会议决定批准国务院提出的《广东省经济特区条例》。也是这个五届人大在1982年通过了现行《宪法》。《宪法》的第30条和第31条都是对于此前制度的宪法追认。扩大当下关于第31条规定的限缩解释,使之不仅限于香港和澳门,有其历史上的和立法上的明确依据。

继往所以"以为序章",是从八二宪法出发的历史回溯。我们看重八二宪法的"史前史",关注邓小平、叶剑英和彭真的论述,都在于这部宪法仍然有效,并且仍将有效。以《宪法》为方法,从《宪法》文本出发,不是无视规范背后的历史与政治,反而可以引导我们做出关于历史和政治的重新发现。

六、结语:1982与1840

这样,从《序章》出发,我们又回到了《序章》,来到了《序章》

的开始之处。也是在这里,我们以另一种方式理解了作者在书名中的时间寓意。"继往以为序章"的是作为方法而非作为制度的《宪法》。《宪法》作为方法,才能超越具体制度和现实需求的局限,具有继往开新的普遍意义;而《宪法》能够作为方法,则是因为超越于最初诞生的特定时空。

这部中国《宪法》制定于1982年。但是这部《宪法》的时空设定则超越了1982年那个时代。《宪法》序言开篇表明,中国的"一国"不是开始于《宪法》:"中国是世界上历史最悠久的国家之一。"这也是香港和澳门基本法从"自古以来"的时间轴和坐标系来定位和界定香港和澳门回归的原因所在。正是在两个宪法文本的时空交错之中,中国作为世界历史的一部分,作为"世界上历史最悠久的国家之一",可以堂堂正正宣告其"自古以来"的领土主张和国家主权。"世界历史"构成了理解中国《宪法》的时间基线。

由此可以理解,诸如"五十年不变"乃至《香港基本法》和《宪法》关系的问题,根源并不在《宪法》本身,并且远远早于《宪法》,甚至早于近代中国的全部宪制实践和理论思考。因为,使香港成为香港的、因而使问题成为问题的那段历史,也同时是近代中国的开端,是近代中国进入"世界历史"的开端,指向的是《宪法》序言和《香港基本法》序言中共同提到的第一个和那一个重要年份——1840年。

行文至末,似乎《序章》的"莫比乌斯环"(Mobius Strip)变为了"乌洛波洛斯环"(Ouroboros),一只头尾相连的衔尾蛇:作为方法的《宪法》面向未来,而面向未来的《宪法》则是"继往以为序章"。1982年制定的这部《宪法》,既通过条文的制度规定和不规之定,为此后中国宪制的未来发展建立规范基础;也通过序言中的历史叙述,指向更为遥远的1840年,溯源悠久的世界历史,使这部实证宪法超越了实证主义的线性时间局限,将自己置于古往今来、抚今追昔的时间循环之中。

此时此刻,十年之前作者提出的问题再次摆在我们的面前:

如何"重新发现中国宪法"、怎样"改造我们的宪法观"以及"我们到底做对了什么"?可否以《宪法》作为方法,从《宪法》文本出发,将八二宪法与其背后的现实政治和世界历史重新关联起来,找寻并守护中国政治和法律实践的源头活水?

或许,那将是另一个序章!

迈向现代国家:晚清—民国时期的国家重建

——读《旧邦新造:1911—1917》、《中国香港:文明视野中的新边疆》与《现代中国的形成:1600—1949》

徐 申[*]

在有关现代中国形成与发展的研究中,存在两种常见的理论范式,一种是教科书中的革命理论叙事,其以近代中国人民反帝反封建的革命斗争历程为叙事主线,从中探寻现代中国的国家形成路径;另一种是现代化叙事,主要以西方世界国家建造的历史经验为依据,将中国近代以来的历史置放于一个与世界紧密联系的视野中来认识,强调在西方主导的现代化进程中观察现代中国的形成。然而,无论是革命或是现代性视域下国家建构的叙述体系,都存在着一定的偏差和不足。其中,革命叙事无法解释中国疆域族群形成的底层逻辑,尤其是难以解释晚清中国有何凭借,使其能够抵抗帝国主义的冲击,保持领土的大体完整。而现代化叙事中帝国—民族国家的二分法以及所谓"从帝国到民族国家"的演进范式,无法说明中国在过去数个世纪向现

---

[*] 北京大学法学院博士研究生。

代主权国家的过渡历程。在此背景下,《旧邦新造:1911—1917》❶(以下简称《旧邦新造》)、《中国香港:文明视野中的新边疆》❷(以下简称《中国香港》)、《现代中国的形成:1600—1949》❸(以下简称《现代中国的形成》)三本书,采用不同的叙述体系,重新探究近代主权国家在中国的形成过程。

一般来说,现代国家的形成,包括领土、人口、政府和主权四个基本要素。本文不打算对全部要素展开分析,而是聚焦现代中国所呈现的超大规模的疆域和多族群的人口构成,以晚清—民国之间的疆域承袭为线索,探讨中国在19世纪被卷入世界范围的主权国家体系之后,如何维持自身的生存,尤其是如何维持既有的疆域。解答这个问题的方法是多样的,在《中国香港》与《现代中国的形成》两书中,两位学者以"大历史观"的理论形式铺陈宏大叙事,其中强世功强调现代国家建构中的文明力量,从传统"天下体系"的视野格局出发,关注儒家政治和地缘政治对中国疆域整合的贡献,而李怀印采用"地缘、财政、认同"的分析框架,主张从三个变量的互动过程之中,探寻现代中国建构的轨迹,阐释中国疆域版图的历史合法性;在《旧邦新造》中,章永乐对问题的分析没有停留在宏大叙事的层面,而是更多地展示和讨论晚清—民国历史的具体形态,基于社会契约理论,以一场中国式的"光荣革命"完成国家建构和政权过渡,顺利解决中国疆域的历史延续性问题。

---

❶ 章永乐:《旧邦新造(第二版):1911—1917》,北京大学出版社2016年版。

❷ 强世功:《中国香港(增订版):文明视野中的新边疆》,三联书店2022年版。

❸ 李怀印:《现代中国的形成:1600—1949》,广西师范大学出版社2022年版。

一、问题背景

"现代性"是主权国家诞生之时最基本的语境。在"祛魅"世界的图景中,以理性化为本质特征的科学话语取代了以信仰为本质特征的宗教话语,成为最重要的世界叙事方式。一方面,个人从传统的束缚中解放出来,获得自己理解世界、控制世界的主体性地位。诚如德国哲学家康德所言:现代人不再寻求神的庇护,也不再在神秘的观念中确立规则,理性让"人为自己立法"。另一方面,以宗教伦理为基础的精神纽带发生断裂,带来了共同体内部的身份认同危机,导致了个体与共同体的相互分离。因此,传统宗教国家迫切需要完成一种理性化的世俗建构。在此过程中,西方学者以欧洲资本主义国家建构的实践为理想模型和经验依据,强调民族身份和历史文化传统的差异,将有相同族群或文化背景的民众组成单一的民族国家视为最佳政治安排。如强世功在《中国香港》所指出的:"正是由于这种理性计算,现代国家在真实历史中的建构只能以单一民族为单位,因为同一民族更容易达成社会契约的认同,由此构建民族国家;近代欧洲兴起的这种现代国家就是这样一种均质化的政治容器。"❶但是,传统帝国的规模较大,内部存在复杂的多元民族主义实践,故而在从帝国向现代民族国家的转型过程中,必然导致王朝疆域的变迁、国家领土的分离、传统文明的衰亡,与清朝同时期的奥斯曼帝国、俄罗斯帝国和奥匈帝国皆陷入国家分裂

---

❶ 强世功:《中国香港(增订版):文明视野中的新边疆》,三联书店2022年版,第364页。

的危机,并最终走向解体。❶

然而,晚清—民国时期的国家转型虽成功完成了疆域承袭,避免了王朝的全面解体,但在民族国家的话语体系下,这一成就却被西方世界指责为缺乏历史正当性。其中,以欧立德为代表的"新清史"研究,力图给清王朝贴上征服帝国的标签。一方面,他们提倡采用满语、蒙古语、维吾尔语等文献研究清史,将过去传统的以汉族为历史主体的研究视角,转换到清朝的满族统治者之上;刻意强调中华民族之间的语言和风俗的差异性,主张清朝是少数民族建立的"非汉"的"征服王朝",划清其与中国历史上汉族王朝的界限,将地理中国限缩到汉族人生活的华夏文明区。另一方面,他们认为清王朝采取对内地拉拢、对边疆殖民的分而治之的统治策略,不假思索地将其与世界历史上屡见不鲜的征服帝国等而视之。所以,晚清时期汉族人发动革命,推翻清朝政权的暴力虽获得民族正当性,但革命之后的国家疆域应仅限于汉族文化区,因此边疆地区应采用民族自决的方式独立建国。但显然,这种指责是需要被反思和推翻的。

在西方话语体系中,现代化理论的前提是民族国家的建立,只有民族国家建立之后,经济起飞、政治参与扩大和社会整合才有可能。所以,清帝国从出生之时便注定了其死亡的终局,其解体应是必然且正当的;李怀印在《现代中国的形成》中也解释道,"这种质疑背后的一个基本假设是,欧美国家所经历的国家建构过程,是现代国家形成的唯一正确路径;只有按照这种路径所建立的民族国家,才是具有合法性和生命力的现代主

---

❶ 在战争中,民族国家的话语就是一种武器,例如,"一战"期间,协约国偏向使用"土耳其"一词,而不是"奥斯曼帝国",这无疑就是力图让世人相信,奥斯曼帝国境内的非土耳其民族是需要解放的被奴役者。

权国家"❶。言外之意,今日之中国在版图和族群上继承了往日"帝国"的衣钵,这恰恰违背了现代民族国家建构的一般性规律,形成所谓"失败国家"。因此,对于中国学者来说,总结近代以来中国疆域的叙述体系,理解现代中国的生命力和竞争力,不仅要回到中国历史之中,更重要的是,摒除源自欧美国家历史经验的种种理论预设和概念架构,跳出现代化等于西方化的思维定式误区,找到疆域国家自身的传统和资源。下文将具体讨论三本书中,关于晚清转型过程中国家建构的解释路径,揭示三位学者在面对西方理论话语的诘难和诽谤时,所做的尝试和努力。

二、帝国形态之迷思

如上文所述,在有关世界近代史上的国家形成的种种解读中,一个常见的做法是把"帝国"抽象为一种具有普遍性的国家形态或类型,并以此为标准来衡量世界历史上丰富多样并各具特色的大国。部分学者尤其是清史研究者,将西方含义的"帝国"概念用于中国史,进而形成晚清国家建构的帝国式叙事。面对这种历史叙事,我们必须追问,历史中国是否可以被称为帝国?首先,"帝国"概念经历过前后的历史演化,既包括以古罗马为代表的传统帝国,也存在以英国为代表的现代帝国,并没有统一的定义;其次,现有关于帝国的解读,皆将其与好战、扩张、奴役联系在一起,强调帝国的基本特征在于内部的差异性,具体表现为多民族、跨文化的人口构成。需要特别注意的是,差异性

---

❶ 李怀印:《现代中国的形成:1600—1949》,广西师范大学出版社2022年版,第375页。

正是帝国的病灶所在,因其包含着强烈的文化断裂性和民族对立性,当族群之间的畛域无法被弥合管控时,帝国就面临解体的危机,原先统一的政治实体就被压缩成多个均质化的民族国家。

在《中国香港》中,作者明确指出:"帝国概念往往是描述性的,而非分析性的,它无法区分中国古典国家形态与西方的不同。"❶具言之,清王朝发展出的"内—疆—外"的"一国多制"格局虽也遵循差异原则,但与帝国存在两点根本不同。第一,帝国总是建立在一个等级秩序之上,具有强烈的"种族中心主义"倾向,相对于核心地带,那些被征服的土地总处于边缘地位;相较之下,中国封建结构虽也强调"一国多制"下的差异性,但这种差异性从来不是基于族性的区分,而是在于文化的分野。同时,以汉族人为主体的族群依旧保有向其他民族的文化和族群因子开放的传统,强调以一种宽容的心态尊重少数民族及其文化。第二,对帝国来讲,战争暴力是解决种族主义冲突的唯一方式,故而在帝国历史上,对殖民地的肆意剥削,对被征服对象进行政治和宗教压迫,是司空见惯的现象;相比之下,中国文明强调中心与边缘的互惠关系,以及中心对边缘的道德责任。清朝对边疆的献贡要求微乎其微,仅具有象征意义,甚至还为边疆的行政体系提供财政补贴。

由此可知,清朝内法外儒的差序格局虽具有帝国的政治外壳,但却拥有不同于帝国的文明内核。文明的背后恰恰反映了国家再造的动力、机制和路径,只有借助文明的力量才能建立起正当稳固的秩序。在清廷垮台之后,即使中央权力式微,华夏族群在同化其他民族且又吸纳异族文化遗产的要素方面所展现的

---

❶ 强世功:《中国香港(增订版):文明视野中的新边疆》,三联书店2022年版,第372页。

非同寻常的能力,成功稀释了王朝内部的民族差异性,消解了种族矛盾的强对抗性,形成汉族和非汉族精英所共享的"中国"认同,使边疆地区依旧接受中央政权名义上或实质性的控制,保证了中国多族群疆域的完整性。诚如作者所言:"西方重视政治统治权和硬实力,忽视了文化领导权和软实力对于国家建构的意义,但实际上后者才是根本。"❶

在《现代中国的形成》中,李怀印也认为清朝并不是西方语境下的"帝国",因此无须遵循近代以来帝国灭亡与版图分裂的民族国家建构规律,作者从三个方面对清朝与帝国的差异加以解释。其一是地缘政治:帝国内部国家间的关系是一种垂直类型,各个帝国通过军事征服建立统治地位,对殖民地、属地或朝贡国实施间接统治;而清朝是东亚地区唯一的主导力量,与藩属国建立的是一种礼仪性的朝贡体系,藩属国对中国的臣服是完全自愿的,是基于对中国文化和政治影响力的认可。其二是财政—军事构造:由于帝国内部存在诸多个体,附属国的财政军事较为独立,所以中央对地方的经济抽取能力不强,帝国只能通过军事扩张和征服来攫取资源增加国家财富;而清朝是一个高度集权的政治实体,国家对经济的抽取能力极强,且纳税人口众多,中央拥有充沛的财源。其三是政治认同:帝国倾向于拥抱世界主义,声称其思想和制度放之四海而皆准,以战争暴力维持其生命;相较之下,清朝内部的联系更为紧密,虽存在边疆和内陆之分,但内地人口高度同质化,统治者以儒家说教赢得内地汉族人的忠诚,在边疆治理上采用实用主义策略,在各族精英阶层中培养共同的国家观念。一言以蔽之,清朝与其说是一个帝国,不

---

❶ 强世功:《中国香港(增订版):文明视野中的新边疆》,三联书店2022年版,第5页。

如说是一个十分接近近代主权国家的前近代疆域国家。而且正是借助这样一个前近代疆域国家所业已具备的各种资源和遗产(固定的疆域、高度集权的官僚体系、巨大的财政资源、对国家的认同,等等),晚清政权才有能力捍卫自己的全部边疆,逐步向近代主权国家过渡,并且将其版图完整地传承于1912年以后的中华民族。❶

与前述两本书中的论证路径不同,在《旧邦新造》中,章永乐跳出帝国形态之争论,强调以清朝政治秩序既有结构无法解释——为何中国的共和转型没有造成类似奥匈帝国、俄罗斯帝国和奥斯曼帝国的解体。在作者看来,民国继承清朝的疆域必须满足两个条件:第一,由于皇帝作为跨民族制度的重要性,在创造出新的跨民族制度之前,仍需要在一定程度上发挥这一旧制度的"剩余价值";第二,由于边疆的分离主义有帝国主义列强的背景,中国要避免列强瓜分,就必须尽快完成政权过渡,避免陷入内战局面。❷ 而清廷与南方革命政权以及北洋政权之间的"妥协"恰恰是实现这两个条件的唯一路径。作者结合契约理论分析和实力政治分析的视角对"大妥协"进行探讨。辛亥革命后,中国形成了南方革命政权和北洋政权的对峙,由于双方都没有消灭对方的绝对实力,于是在各种政治力量相互角力和博弈后,达成以清帝逊位为前提条件的政权合并共识;随后清廷以《清帝逊位诏书》的法律形式完成清朝向民国的统治权转移,明确地建立起了清朝与民国的主权连续性。

---

❶ 李怀印:《现代中国的形成:1600—1949》,广西师范大学出版社2022年版,第385页。

❷ 章永乐:《旧邦新造(第二版):1911—1917》,北京大学出版社2016年版,第55页。

虽然当时对逊位诏书存在两种不同的政治解读，即南方政权遵从卢梭式的主权观，认为主权来自人民，南京临时政府是从暴力革命而来的；北洋政权求诸博丹式的主权观，主张人民主权是由君主主权让渡而来，北洋政府才是民国的合法代表。然而，两种解释虽互相抵触，但有一个共同之处，即认为中国必须保持统一，从法理上堵死了"以效忠大清不效忠中国"为理据的边疆分离主义的空间。

总的来说，革命既可能导向强国富民之路，也可能导向国家分裂、地方割据以及列强入侵。清末民初的国家建构只卷入有限的暴力，便在原有疆域之上完成帝制向共和的转型，在这一点上要肯定辛亥革命的妥协性和不彻底性，成功避免了国家解体这一最糟糕的结局。

三、民族国家之叩问

民族国家范式是西方文明孕育的一种阐释国家形态历史演进及现代国家形态的政治理论，强调民族与国家的互构，追求"一族一国"的国家形态。此一过程在于，借助本民族历史的寻根与想象，建构出一整套民族文化符号、民族精神话语和民族政治仪式，以此来唤醒民族共有的集体记忆，进而强化各民族成员对共同的历史起源、共同的疆域空间和共享的民族身份的认同。然而，传统大国多是由不同的民族组成，因此在民族国家的建构过程中必然会引发分离主义，具体表现为某一民族拒绝承认原有国家的主权权威，试图脱离原属多民族国家而建立自己独立的民族国家的思潮和运动。清朝同时期的四个"老大帝国"在从帝制向共和的转型之中都发生了民族分离主义运动,最终导致国家解体。因此之故,我们不禁要问,清末民初的国家建构如何克服民族主义话语带来的边疆分离危机,避免国家瓦解民族自决的结局?转型后的中国是否是一个民族国家?从帝国到民族国家的国家建构过程是否是唯一正确的路径?

晚清民初的中国在民族主义的影响下,也开始呈现出"民族国家"的面相。辛亥革命期间,革命党人把民族主义当作一把可以用来推翻腐朽的清王朝的利剑,借助"排满"的口号,发动汉族民众,以壮大自己的革命实力。但排他性的民族主义不仅加深了满汉鸿沟,更加剧了国家内部的分裂,使边疆地区出现脱离中国的危险。彼时的精英意识到民族主义思想带来的危害以及对国家合法性的威胁后,开始着手建构某种形式的"官方民族主义",整合汉族和其他族群,组成一个新的"中华民族",以此维持国家的统一,削弱民族分离独立的正当性。但是,所谓"官方民族主义"在抑制边疆精英层的离心倾向上到底能起到多大的作用是存疑的。首先,在《现代中国的形成》中,作者认为,清末民初的汉族及非汉族知识分子和政治精英,是否已经在其思想意识以及话语中,开始把中国视作民族国家这样一个"想象的共同体",是很难判断的。❶ 特别是,在不同族群背景或不同政治倾向的人士的笔端,存在相互矛盾的大量例证,其中既有像章炳麟那样企图把边疆从中国分离出去的极端民族主义者,同时也有梁启超这样的提倡把中国的所有族群融为单一的中华民族的自由派。因此,新成立的中华民国能否在法律和事实上对清朝的整个疆域确立统治,不仅取决于"官方民族主义"的意

---

❶ 李怀印:《现代中国的形成:1600—1949》,广西师范大学出版社2022年版,第219页。

识形态灌输,更取决于清廷和边疆贵族们的态度。

其次,在《旧邦新造》中,作者更是提醒我们,民国初期,民族主义在国内的传播范围相当有限,北洋政府是通过优待少数民族贵族的方式暂时稳定边疆。原因在于,民族主义在亚洲内陆边疆的传播比在内地传播要晚得多,而且通常在王公贵族阶层中。由于通信和教育落后,民族主义还未下沉到大众层面,而且在边疆地区也缺乏内地类似"夷夏之辨"这样的有大众基础的"原型民族主义"。❶ 换言之,民族主义作为一种现代意识形态,要深入大众层面,需要国家实现一定程度的现代化,才能将精英和大众融为一个政治实体。这样说来,所谓"官方民族主义"并不是理解19世纪后期官僚和知识精英从原先对朝廷的效忠过渡到对形成中的主权国家的忠诚的锁钥。

马克思曾说:"人们自己创造自己的历史……是在直接碰到的、既定的、从过去继承下来的条件下创造。"显然,关于民族国家的目的论预设,与中国的国家建造的历史不相吻合。毕竟,这个以中国为名的国家,已经稳定存在数个世纪,她只须加以再造,而非另起炉灶,加以发明。❷ 现代中国国家的形成,只有放在民族融合的历史背景中加以审视,才能理解蕴含于中华文明之中的国家整合天赋。在《中国香港》中,强世功指出:民族是社会历史文化的产物,它必然随着社会历史文化传统的变化而变化,由此就出现民族融合;他还认为,中国历史上出现了多次民族大融合的历史潮流,从某种意义上讲,所谓汉族从来不是

---

❶ 参见章永乐:《旧邦新造(第二版):1911—1917》,北京大学出版社2016年版,第48页。

❷ 参见李怀印:《现代中国的形成:1600—1949》,广西师范大学出版社2022年版,第364页。

一个最严格的民族,反而是不同民族之间的融合产物,这是以关键经济区为中心的"小中国"和以长城地带为中心的"大中国"之间循环的结果。❶ 因此,民族融合的背后,体现的是政治精英们在建国问题上达成的内在共识,即主权国家的利益超越了族群派系藩篱,成为凝聚共识、形塑集体行动的最大公约数。所以,现代中国的形成,显现出一个与"帝国—民族国家"认识范式完全不同的路径,未遵循静态的单一民族式的国家建构模型,而是立足于"中华文明五千年的未曾断续",从民族融合的动态图景中勾勒出国家的疆域轮廓。

四、结语

综上所述,笔者以为,晚清民初的国家建造,应被视作不同的历史遗产叠层累加、共同作用的结果,其内涵是由以下三个各具特色的层次所组成。在其新近的表层,晚清南北政府合二为一,成功建立清朝与民国的主权连续性,得益于辛亥革命过程之中各方达成的政治妥协,这是国家成功再造的直接原因。在此表层之下的第二个层次,在内地战乱不断,中央政权和地方势力无暇他顾之际,边疆精英依然对中央保持忠诚,避免"满洲"、内蒙古、新疆和西藏的分离或独立,归功于中国不断变化的地缘格局和自身的各种财政、军事和政治资源的相互作用所提供的向心力,这是国家成功再造的间接原因。第三个层面,在思想观念上,清末民初的政治精英之所以会达成"革命后的中国须保持统一"的通约共识,端赖于中华五千年历史传统中所孕育的延绵不

---

❶ 参见强世功:《中国香港(增订版):文明视野中的新边疆》,三联书店2022年版,第362页。

断的文明,塑造了中国人的国土认同,这是国家成功再造的根本原因。所以,现代中国的形成,并不是帝国与民族国家的断裂,而是上述三个层次由底部到表层不断叠加形塑的结果。

三位作者皆采用以史带论的写作形式,从不同的层面阐述现代中国的形成逻辑。其中《旧邦新造》围绕第一层原因展开论述,注重辛亥革命史的研究分析,强调《清帝逊位诏书》对中华民国合法继承清朝所有疆域并行使其主权,以及对清朝的边疆继续留在中华民国内都至关重要,使以服从君主而分裂中国的做法失去了任何正当性。《现代中国的形成》则是重点对第二个层面加以论证,通过对清史的挖掘整理,将现代中国的形成归结于晚清时期财政军事体制上所形成的"地方化集中主义机制"、清廷治边留下的各项遗产,以及西方列强在地理上远离中国的地缘政治三个因素。而《中国香港》思考的是第三层面的因素,以五千年中华文明的"大历史"为参照,强调古老的华夏文明为彼时的中国人形塑国家认同所提供的强劲动力和丰沛资源。

西方世界里有一个根深蒂固的观点,即西方创造了真正的"文明",欧洲文明才是人类文明线性发展的代表。需要警惕的是,如今这种"西方中心主义论"不仅没有消失,而且在文化和意识形态领域的渗透力有增无减,并以一种新的学术包装继续影响西方对晚进以来国家形成路径的解读,也深刻影响了非西方社会政治及知识精英的自我认知。所以,现代国家的形成过程,不仅是关于历史的表述,更是一种政治编码的表达;对于我们而言,只有重构中国历史的主体性,才能找到疆域国家应有的合法性和生命力。正如李怀印在书中所言,"中国的建国力量,曾一度倾心于欧美、日本或苏俄的各种建国模式,但是中国的体量太大,历史惯性太强,使那些移植自国外的任何理念和模式,最终不得不让位于植根于中国自身传统和资源的内在动力和逻辑"❶。这里所强调的是,面对国家形成问题上所存在的历史与西方理论范式的矛盾,最好的解决办法是双管齐下:一方面,充分了解西方话语逻辑是如何建构以及如何被用于解释其他国家的具体实践,廓清西方理论的前提预设与适用条件;另一方面,回到本国的历史实践之中,掌握真相,解构既有西方理论所建构的"事实",把自己从西方话语逻辑的束缚中解脱出来,构建中国学派的学术话语体系。

---

❶ 李怀印:《现代中国的形成:1600—1949》,广西师范大学出版社2022年版,第388页。

重新"开眼看世界"的比较宪法

——评《海国宪志:全球化时代的比较宪法》

陈永乐*

在典范意义上,据王世杰、钱端升所著《比较宪法》初版序的概括,比较宪法学著作的体例通常有两种:"就方法说,西籍中关于比较宪法之著作,通常俱系择取若干国家,分别说明各该国宪法的内容,这自然也是一种比较方法",而《比较宪法》则"不以国别为标准,而以现代一般宪法上所规定之问题为标准"。❶

承袭《比较宪法》以问题为导向的展开模式,除在体例上的导言及结论部分讨论了"为什么比较宪法""为什么全球化时代"及"如何比较宪法"等核心关切,《海国宪志:全球化时代的比较宪法》❷(以下简称《海国宪志》)对比较宪法的诸多"元问题"都在各章节分别展开了论述。《海国宪志》第一编为宪法基础理论,涵盖"宪法概念与宪法渊源""宪法制定与制定权""宪法修正与宪法变迁"等三组命题,第二编、第三编则分别指涉权力机构运作与基本权利前沿问题,分别囊括横向与纵向分权、司

---

* 中国政法大学法学院博士研究生。
❶ 王世杰、钱端升:《比较宪法》,商务印书馆 2010 年版,第 5 页。
❷ 刘晗:《海国宪志:全球化时代的比较宪法》,北京大学出版社 2024 年版。

法审查权与紧急状态权,以及表达自由、堕胎、同性恋及社会经济权利等多个领域的议题。从内容上说,这种安排不仅体现对近来关注比较宪法解释的"司法中心"浪潮之重视,亦有对强调政体比较分析的"政体中心"之关切。

一、《海国宪志》的重新"破题"

在《海国图志》一书中,魏源曾有叙及,该书系"为以夷攻夷而作,为以夷款夷而作,为师夷长技以制夷而作"❶。在这之后的漫长时间里,对于宪法、宪制等西方舶来品的引介亦带有此种工具主义色彩。例如,1895 年,康有为在《请定立宪开国会折》中说,"窃闻东西强国,皆以立宪开国会之故"。❷ 1898年,其《上清帝第六书》中写,唯有"宪章草定"才能"新政有效"。❸ 尤其在日俄战争之后,这种工具主义的理解变得更加明显。如张謇就曾说"日俄之胜负,立宪专制之胜负也"❹。大臣达寿也提到,日俄战争"非小国能战胜于大国,实立宪能胜于专制"❺。亦有如严复等少数人并未将宪法与国家富强紧密关联——他在为《日本宪法义解》作序时认为,宪法确立的国制是"国立所以为民而已",对日本宪制成效的描述是"而所谓富强之

---

❶ 魏源:《魏源全集(第4册)》,岳麓书社 2004 年版,第 1 页。

❷ 康有为:《请定立宪开国会折》,载《康有为全集》(第四集),姜义华、张荣华编校,中国人民大学出版社 2007 年版,第 424 页。

❸ 康有为:《上清帝第六书》,载《康有为全集》(第四集),姜义华、张荣华编校,中国人民大学出版社 2007 年版,第 18 页。

❹ 吴经熊、黄公觉:《中国制宪史》(上册),商务印书馆 1937 年版,第 10 页。

❺ 故宫博物院明清档案部编:《清末筹备立宪档案史料》,中华书局 1979 年版,第 29 页。

效,抑其末也"。❶ 但毕竟一般仍认为,"晚清以还一个半世纪的民族复兴过程,基本是富强压倒文明"。❷ 进一步说,宪法作为进入中国的一类舶来品,在原初意义上与比较宪法本就难以区分,比较宪法的理解与研究亦沾染前述特质。具体而言,通过比较各国宪法而获得有关宪法的一般观念是近现代中国认识宪法的基本路径。不仅梁启超于1899年所作《各国宪法异同论》已为典范,后来的学者一般都将比较宪法与宪法学的一般原理等同,如汪馥炎1934年所出《比较宪法纲要》就将宪法学划分为三类:宪法学原理(即比较宪法)乃世界各国宪法之普遍的研究,各国宪法制度(近于各国政治制度)乃某一国宪法之特殊的研究,以及各国宪法史。❸

特别在民国建立后,由于效仿西方宪法体制以完善本国宪制的需求,以介绍西方宪法知识和经验为内容的比较宪法学臻于繁荣。❹ 民国时期学者丁元普在其1930年所出《比较宪法》一书中曾阐述了彼时研究比较宪法的要义所在:

> 现代世界各国之立宪制度,几成为共通之制度。于此而欲研究各国宪法之异同得失,参互比较,以为吾人考镜之资,则非从各国之历史、民族及其政治之趋势一一而探讨之,庶几能明了各国宪法之真相,而于我国将来建设之方

---

❶ 胡伟希选注:《论世变之亟——严复集》,辽宁人民出版社1994年版,第114页。
❷ 许纪霖:《家国天下:现代中国的个人、国家与世界认同》,上海人民出版社2017年版,第8页。
❸ 参见汪馥炎:《比较宪法纲要》,上海法学书局1934年版,第1页。
❹ 参见韩大元:《比较宪法概念在近代中国的演变》,载《比较法研究》2015年第6期。

针，得以有所裨助也。❶

不难看出，此时的比较宪法仍有着一般宪法原理的基底，并且体现着以"各国宪法之异同得失"而"为我所用"的国家建设取向。但是，彼时时局动荡所致宪法性文本频繁更迭，又使得这种学问陷于不毛的境地，乃至系"根本难以成就'法教义学'意义上的宪法学的时代"❷。申言之，不仅在近代，对宪法的引入有着救亡的取向，向宪法"寻求富强"的思想仍然影响今日中国宪法的研究。❸

《海国宪志》深刻洞察了此点："现代中国宪法学从一开始就带有比较的基因，有极强的面向现实需求的冲动，甚至在特定时期造就了研究方法和态度上强烈的移植倾向。"（第347页）但是，作者并不满足于此种"问题意识"，因为在此种语境下，如王人博教授所述，"对西方宪制的学习就做不到发其端竟其绪，只能用'截取'的方法，首先从最易和最大功用处下手"❹。这就导致对域外宪法理解的浅表化与碎片化，同时，这种实用导向的心态亦难以维持科学研究应有的品质，反而使该研究出现贬值倾向。此外，在具体的时空维度中，"二战"及新中国成立后，比较宪法学的研究已经进入了新的阶段——如马克·图什内特（Mark Tushnet）所言，宪法起草和制度建设对专家及相关知识的实际需要，直到20世纪末的全球民主化浪潮，比较宪法领域才得

---

❶ 丁元普：《比较宪法》，上海法学编译出版社1930年版，第1页。
❷ 林来梵：《文人法学》（增订版），清华大学出版社2017年版，第50页。
❸ 参见王人博：《寻求富强——中国近代的思想范式》，商务印书馆2020年版，第1页。
❹ 王人博：《1840年以来的中国》，九州出版社2020年，第332页。

以被创造出来。❶ 因此，不仅知识体系需要更新，基本的预设与语境可能也已变迁。

因应于此，《海国宪志》作出了富有"语境转换"深意的尝试。该书作者表示，在新的时代条件下，中国比较宪法学研究需要重新"开眼看世界"，从基础理论的元问题出发，研究和展示国际范围内宪法和宪法学的前沿问题和最新发展，从而更新知识体系，加深对于外部世界的宪法发展趋势和动态的把握。在此基础上，研究者可在解放思想的前提下更好地理解外国宪法，乃至于进行中外比较。❷ 换言之，时移世易之下，《海国宪志》提出重新"开眼看世界"的要求，并非仅在于相关信息的更新，亦非新的对策式研究，而是要求深入理解外国宪法本身的生长脉络，重视研究本身的科学性而不倚于实用导向。相较于此前的比较宪法研究进路，《海国宪志》如今抱有更为平和的心态，从而希望于更为客观、科学、全面地看待他国宪法以作比较。虽与《海国图志》"以夷制夷"的心态不尽相同，但就契合各自历史阶段的意义而言，《海国宪志》与前者有着一种历史上的"押韵"。

二、为什么"比较宪法"
与为什么"全球化时代"？

反过来说，重新"破题"还意味着重新"立意"。简言之，《海

---

❶ See Mark Tushnet, Comparative Constitutional Law, in Mathias Reimann & Reinhard Zimmermann (eds.), *The Oxford Handbook of Comparative Law*, Oxford University Press, 2006, p. 1228.

❷ 参见刘晗:《中国比较宪法学的重新定位与方法论重构》，载《中国法学》2022年第2期。

国宪志》尝试解答这样一系列问题:比较宪法如今还重要吗？全球化时代对比较宪法意味着什么？

前一问题即为什么"比较宪法",作者给出了四个答案。其一,一般意义上的宪法理论建构,必须基于比较宪法的知识资源。对各国宪法具体发展情况的分析,是探索宪法学一般规律的必要步骤。的确,不论是近代中国对于西方国家宪法制度的学习,还是五四宪法以来对社会主义国家宪法的镜鉴,❶我国宪法原理的生长始终都未置身事外。其二,宪法学基础理论的建构,特别是近来中国宪法教义学的发展,离不开比较宪法提供的参考作用。反过来说,在中国宪法学处理类似问题的时候,"恰恰只有在与他者进行比较的过程中,自我的特性才能呈现出来"(第2页)。其三,随着全球化的发展,中国正在不断地融入世界、影响世界,理解他国宪法也是中国加强涉外法治建设、深入全球化进程的要求。其四,比较宪法对国内法治建设诸多法律问题的研究和规则制定仍有参考意义,个人信息保护问题即是此类。

概括而言,这四个答案都指向了经由真正"认识他者"而真正"发现自我"的道路。借用乔治·斯宾塞-布朗(George Spencer-Brown)的术语,不论我们在指涉或者标识着什么,这都同时意味着基于某种区分(distinction)将它们和其他范畴区别开来。❷ 如同"合法"与"非法"的区分一般,如果不知道何为合

---

❶ 例如,翻阅吴家麟、许崇德、肖蔚云等学者于1985年所编经典宪法学教材,可以明了贯穿其中的比较思维——该书详尽阐述了马克思主义宪法学与资产阶级宪法学相应的内容,并于国家制度、经济制度及基本权利和义务等方面揭示了资本主义与社会主义各国宪法存在的差异。参见法学教材编辑部《宪法学》编写组:《宪法学》,群众出版社1985年版,第1—9页。

❷ See George Spencer-Brown, *Laws of Forms*, E. P. Dutton, 1979, p. 2.

法,就难以理解非法。唯有进行这种区分,对其中某一面的观察才会是可能的。本质上,尽管全书并未在具体问题上直接进行中外比较,《海国宪志》仍是如此"无声"地进行了中外宪法比较。不论是制宪权、堕胎权还是表达自由,《海国宪志》的每一部分均专注于论题本身,也正是这种专注,给读者留下了比较与思考的余地。正如张翔教授曾述,"一切历史都是当代史,一切比较法其实也都是本国法","通过理解'他者',来反思和确立'自我'",❶当下的比较宪法已不再是拿着中国问题在外国法中简单比附,而是对外国法做体系化梳理,从中可以看到隐藏于其后的中国问题。从这个角度来说,《海国宪志》可能都并非完整的答案,至少还需要进一步参考作者于 2018 年所出的另一本著作——《合众为一:美国宪法的深层结构》。

后一个问题即为什么"全球化时代"。《海国宪志》认为,全球化已对此前国家宪法的基本前提——民族国家制宪、议会中心主义以及司法主权等——提出挑战,当下中国的比较宪法研究不能忽视这些问题。

其一,宪法的正当性基础开始出现脱离民族国家主权的趋势。传统的国家主权已不能穷尽宪法的内涵,超国家宪法的发展使得民族国家才能制宪的观念受到挑战。比如,就传统的制宪理论看来,欧盟的宪法化要求先存在"欧洲人民",然后才能产生正当的欧洲宪法,但是,这样的人民概念并不能由宪法或者法律自行建构。迪特·格林(Dieter Grimm)即持此观点,没有同质化的统一人民,就没有统一的制宪权主体,就不会有统一的

---

❶ 见张翔教授为《英国宪法讲义》一书所作序言:《驱散不成文宪法的迷雾》,参见何永红:《英国宪法讲义》,上海人民出版社 2024 年版,第 3—4 页。

宪法。❶ 哈贝马斯则认为所谓统一的人民并不是前提。❷

其二,宪制机构体系开始突破议会中心主义,司法权力呈现出全球性的扩张趋势。这一点在"二战"前于很多国家可能都是难以理解的,较为典型的是魏玛德国的情况。与目前的《德国基本法》不同,彼时的基本权利并未一概地直接拘束所有国家公权力,而是要区分不同类型以对立法者施加拘束力及明确拘束强度,有些基本权利对立法者而言可能仅具近似于无的拘束力。❸《德国基本法》则宣告了实际由德国联邦宪法法院所操作的实质法治国理念,强调包括立法在内的所有国家公权力受到基本法价值的拘束,从而达致正确/正义的状态。❹ 此外,英国的情况也较为典型。英国在 2009 年建立最高法院,并尝试一种与议会体制兼容的"弱司法审查"体制。在人权法案的影响之下,英国议会过去所受到的信任被削减,英国宪法中已存在某种意义上的"高级法"。❺

其三,这两个趋势的结合同时又带来了全球化突破传统宪法解释的司法主权的现象。国际性的司法机构开始通过宪法化的国际法文件从事司法审查活动,各国高等法院在基本权利解释等方面也开始广泛引用和参考国际法和外国法。比如,德

---

❶ Vgl. Dieter Grimm, Braucht Europa eine Verfassung? JZ (1995), S. 587.
❷ Vgl. Jürgen Habermas, Braucht Europa eine Verfassung? Eine Bemerkung zu Dieter Grimm, in: Die Einbeziehung des Anderen, Suhrkamp, 1999, S. 185-191.
❸ Vgl. Horst Dreier, in: ders. (Hrsg.), Grundgesetz Kommenrar, Bd. Ⅰ, 2013, Mohr Siebeck, Art. 1 Ⅲ Rn. 2.
❹ Vgl. Ernst-Wolfgang Böckenförde, Entstehung und Wandel des Rechtsstaatsbegriffs, in: ders., Recht, Staat, Freiheit, Suhrkamp, 1991, S. 143.
❺ 参见何永红:《英国宪法讲义》,上海人民出版社 2024 年版,第 328 页。

国联邦宪法法院曾作出判决,声称其在基本权利保护问题上与欧盟法院是合作关系,❶这在传统的宪法学理论中可能较难以想象。也需要看到,这种趋势受到了波斯纳等学者的指责,他们认为,对外国法院判决的援引显示本国人民自我统治能力的衰竭。❷

不过,全球化时代的概括可能也留下了进一步讨论的空间,有些社会立宪主义问题可能只是被全球化揭示,而非由其产生。"在民族国家起源的时代,立宪主义就已经面临了一个未解的问题,即宪法是否应当以及如何可能管理非国家的诸社会领域。"❸在功能分化的视角下,国家宪法是否应当触及所有社会子领域就一直都有待商榷。

三、《海国宪志》的方法反思与"续造"

不难察觉,比较宪法在某些方面看来是比较法的一个子领域;但是,在方法论和意识形态方面,它似乎比其他子领域更容易引发争议。❹ 这种现象的内在机理正与《海国宪志》所欲进行的方法论反思有暗合之处。《海国宪志》强调,应以文化主义对功能主义路径加以补足,将宪法制度放在不同文化语境中加以

---

❶ BVerfGE 89, 155.

❷ See Richard A. Posner, "Foreword: A Political Court", *Harvard Law Review*, Vol. 119:32 (2005).

❸ 〔德〕贡塔·托依布纳:《宪法的碎片:全球社会宪治》,陆宇峰译,中央编译出版社2016年版,第6页。

❹ See Michel Rosenfeld & András Sajó, *Introduction*, in Michel Rosenfeld & András Sajó (eds.), *The Oxford Handbook of Comparative Constitutional Law*, Oxford University Press, 2012, p. 2.

"深描",不但求同而且存异。

图什内特曾指出,比较宪法存在不同的研究进路,包括普遍主义、功能主义,以及背景主义(或称文化主义)等。普遍主义相信存在普遍的立宪主义原则,不同的宪法以各自的方式对这些原则进行具体化操作。这种方法将有助于从其他国家的处理中获得启发,以完善本国的相关制度。❶ 功能主义与此相近,各种不同法律制度若要处理相同事实问题、发挥相似功能时,"功能"就将是比较宪法研究的出发点。❷ 图什内特在其《比较宪法:高阶导论》中指出,这种进路要求以科学的方法研究宪法,发掘所有的宪法体系都具备的某些共同的功能,并在此基础上研究各国宪法在发挥功能时的不同模式。❸ 值得注意,文化主义的进路存在取向于"事实的规范力"的危险。正如哈贝马斯所述,在发现宪法或者比较宪法的精神时,民主法治国的那条受人称誉的"北大西洋"发展道路,无疑给了我们值得保存的成果。但是,非西方国家在自己的传统中,面临把值得保存的东西与需要批判的东西区别开来的困难。❹ 在反思的意义上,《海国宪志》对文化主义进路的青睐自然有着得当之处。但是,此种进路转向仍需要保持一定的审慎。

在这二者之间,《海国宪志》认为,中国的比较宪法研究正

---

❶ See Mark Tushnet, *Weak Courts, Strong Rights: Judicial Review and Social Welfare Rights in Comparative Constitutional Law*, Princeton University Press, 2008, pp. 3-17.

❷ See Konrad Zweigert & Hein Kötz, *An Introduction to Comparative Law*, translated by Tony Weir, Oxford University Press, 3rd edn., 1998, p. 25.

❸ See Mark Tushnet, *Advanced Introduction to Comparative Constitutional Law*, Edward Elgar Publishing, 2018, 2nd edn., p. 4.

❹ 参见[德]哈贝马斯:《在事实与规范之间:关于法律和民主法治国的商谈理论》,童世骏译,生活·读书·新知三联书店 2014 年版,第 3 页。

是由于其实用导向,过度倚赖普遍主义或者说功能主义,存在直接从特定国家的"模式"上升为普遍原理的偏颇,以及带有过强的对策性质等问题。因此,应当补强文化主义路径,也即强调宪法所扎根的制度、文本、社会和文化背景的事实。这包括两个方面,一是在进行国别研究时,深入该国宪法历史语境和文化构造,展现宪法规则背后的复杂原因。二是在专题研究时,尽量采取审慎的态度,尽可能地扩大样本和案例的考察范围,特别是要克服"留学国别主义"与"西方中心主义"。

在该书的具体论述中,文化主义取向的比较宪法路径已经呈现清晰样貌。比如,就"宪法变迁"而言,美国与德国就有着截然不同的取向。在美国,该理论的代表性人物布鲁斯·阿克曼(Bruce Ackerman)认为,美国人民(We the People)以公共公民(public citizens)的身份登场,在各个"宪法时刻"(constitutional moments)作出重大的宪法决定,❶从而体现了超越常规政治之法律形式主义的宪法政治与人民主权,这体现了美国宪法变迁理论极强的民粹主义特质。而德国则不同,其宪法变迁(Verfassungswandel)理论起源于德意志帝国宪法时期,耶利内克以及徐道邻等学者对其进行了相当精细的构造。该理论在"二战"后急速衰落,黑塞以及伯肯弗尔德等学者均拒斥事实的规范力,而要求宪法变迁必须居于宪法的规范力之下。"经过黑塞和伯肯弗尔德两人的努力,早期认为政治事态的变化会直接引起宪法变迁的思想遭到摒弃,目前德国主流的做法是通过宪法解释来

---

❶ See Bruce Ackerman, *Higher Lawmaking?*, in Sanford Levinson (ed.), *Responding to Imperfection: The Theory and Practice of Constitutional Amendment*, Princeton University Press, 1995, p.63.

进行宪法变迁。"❶《海国宪志》并未停留在表面的异同,而是进一步指出内在缘由:美国始终坚持人民主权和完整的主权制宪权;相反,德国则由于反思纳粹历史而倾向于怀疑民主,强调基本法规范主义的优位,主张人民制宪权应处于基本权利等宪法原则之下。

《海国宪志》亦广泛援引非西方国家宪法实践与理论。比如,在介绍修宪的默示界限时,作者对印度的"基本架构限制"理论即倾注了高度的关注,因为作者明白,这一理论虽然原本来自西方,但真正付诸实践却是在印度。此外,《海国宪志》的样本国家还包括日本、韩国、印度尼西亚等亚洲国家,乃至于拉丁美洲以及非洲国家。在我国比较宪法研究的脉络中,作者的这种尝试接续了韩大元教授有关"亚洲立宪主义"研究的精神。"亚洲立宪主义"属于立宪主义的一种类型(第二个层次),要求在一般性中发掘着亚洲独特的文化与历史特点。❷ 也正如韩大元教授所述,我国的比较宪法学"在具体的比较与研究过程中还是侧重于以西方宪法的经验作为分析的基础,对非西方国家宪法体制的研究缺乏必要的关注"❸。在一定意义上,兼容并蓄的《海国宪志》就是对此的回应。

总之,或许可以说,除具体的解释路径,《海国宪志》唤回了教义学外的"宪法学的想象力",提示从自我与他者的文化根部寻求关于个别性与一般性的答案。

---

❶ 王锴:《德国宪法变迁理论的演进》,载《环球法律评论》2015年第3期。

❷ 参见韩大元:《亚洲立宪主义研究》(第二版),中国人民公安大学2008年版,第27—28页。

❸ 韩大元:《当代比较宪法学基本问题探讨》,载《河南省政法管理干部学院学报》2003年第4期。

本土墨香
——聚讼纷纭

尤陈俊

《聚讼纷纭：清代的"健讼之风"话语及其表达性现实》

北京大学出版社2022年版

社会史与法律史的对话

——评《聚讼纷纭:清代的"健讼之风"话语及其表达性现实》

杜正贞*

这些年来我因为龙泉司法档案的整理工作,有一些机会与地方档案馆的同仁交流,经常被问到的一个问题就是:"杜老师,我们知道司法档案的整理工作很重要,但是我们要怎样才能说服上级领导呢?这些都是关于'打官司'的记录啊,一点都不'正能量'。"

这并不是一个容易回答的问题,但我会说:"这些档案说明老百姓有很强的法治观念啊,他们都在走诉讼的途径,运用法律来解决纠纷。这已经很'正能量'了吧。"

我知道自己是在说一个笑话,听者也知道我是在说一个笑话,但这其实就是尤陈俊老师在这本关于清代的著作中回答的问题:主流(官方)话语对于"健讼""讼师"乃至"诉讼"本身的厌恶甚至孜孜不倦的批评攻击,到底是为什么?

这本书在之前研究的基础上,重新讨论了讼案的数量、讼费的构成和多少、讼师的收入水平,但作者并没有纠缠于清代各地

---

* 浙江大学历史学院教授。

是否"健讼"、讼费"是否"高昂、讼师有多么"贪利"等,而是将这些表述作为一整套"话语"来对待,聚焦于分析这套话语的产生机制及其影响和功能。他将这套话语视为一种由特定主体创作出来服务于特定目的的"表达性现实",它既具有意识形态的内涵,又在面向不同的受众时,呈现出不同的效果。作者告诉我们,"健讼"话语最晚自宋代以来就持续存在,并以各种形式不断传播、再生产,其背后是基层政府受理词讼能力的不足和民间不断扩大的诉讼需求之间的结构性张力。这就让关于"健讼之风"的讨论回归到了它所在的历史语境中,还进而从法律和行政制度的层面,对这种"话语"的生命力做出了解释。其对相关议题的推进,以及在法律史研究中的意义,已经有数篇出色的书评进行了论述。❶ 在此我仅仅想从我所认识的历史学之角度,尤其是作者在该书中作为对话对象之一的"社会史"的角度,做一点引申性的解读和思考。

一、文本、话语实践、社会实践

作为一项关于"话语"的研究,作者吸收了黄宗智所创造的"表达性现实"的概念(与"客观性现实"概念相区别),并在此基础上更强调了话语作为"表达性现实"具有的实际功能一面。但我觉得,费尔克拉夫的话语分析三维框架才是为作者带来更

---

❶ 例如杜金:《杜金|清代的"健讼"话语:为何书写?如何解读?》,载"雅理读书"微信公众号 2022 年 7 月 27 日;赖骏楠:《我读|〈聚讼纷纭〉:作为社会治理手段的"健讼"话语》,载澎湃网(https://www.thepaper.cn/newsDetail_forward_19948574),访问日期:2025 年 4 月 11 日;陈思翰:《好书推荐|〈聚讼纷纭〉评介:法律、社会与历史交汇中的诉讼》,载"法理读书"微信公众号 2022 年 9 月 11 日。

大理论创造性的思想资源。从费尔克拉夫所区分的"文本向度""话语实践向度"和"社会实践向度"出发,作者明确提出:"中国古代历史文献中那些关于'健讼之风'的描述,在本书中将'被同时看作是一个文本,一个话语实践的实例,以及一个社会实践的实例。'"(第15页)作者在书中已经对"健讼之风"作为一种话语实践乃至话语资源做了详尽论证,也经由"功能"分析的路径阐发了"健讼之风"社会实践的面向。事实上,话语实践几乎不可能不是一种社会实践,它一旦被表达、有听众,就会产生社会性的影响,只不过这种影响有大小、远近、直接间接的区别而已。从历史学的角度来看,最有吸引力的反而是回到这三维框架之中的最底层,即"文本"。

多年来法律史和社会史学者的共同努力已经揭示,社会现实和法律条文之间的差距几乎是不言自明的。如果说,法律社会学中的"差距研究",是注重研究"书本上的法"与"行动中的法"之间的差距;那么始终困扰历史学的差距问题,永远是"文本"与"史实"之间的差距。历史学的研究从来都是"戴着镣铐的起舞",因为充分意识到由于时空阻隔,我们只能依赖史料去理解过去,而史料中的绝大部分材料是片段的且经过无数次人为选择、浸透了层层权力关系而留存下来的"文本",所以对于"文本"本身的探究,就成为所有历史学研究的基础性工作。历史中的"话语实践"与"社会实践"的区分或认知,也必须建立在此基础之上。而且,极端地讲,所有今天能够看到的"文本"本身都是"话语实践"的结果,这样我们就陷入了历史学的"鸡与蛋"的永恒困境中。

该书的作者意识到了这种困境的存在,而且他所采用的应对之道恰恰是历史学的,即尽可能回到文本的整个生命历程:

"挖掘此类话语中潜藏着的主、客观不同面向,尤其注重追问主要是哪些主体基于何种目的对'健讼之风'进行话语书写和传播。"(第15页)换言之,这就是将所有的文本都放回到它产生、传播的历史情境中进行理解的方法。同样是谴责"健讼之风"或"讼师贪利"的话语,在不同的时空、不同的言说者和听众中,可能都有不同的目的、意涵。作者在该书的最后很好地总结了"健讼之风"话语在面向大众、讼师和面对来自上级的考核压力时,所具有的不同功能及背后的权力关系。如果再多一点来自历史学的奢求的话,我们还希望看到"健讼之风"话语历时性的差异和演变过程。

不仅是作为我们研究对象的古代"健讼之风"话语各有其具体的历史语境,当代学者对中国古代诉讼历史的研究也有其当代语境。我们关注的焦点、理解问题的角度可能与我们的研究对象自身的考虑不同。就像作者所说的,古人在声称某地有"健讼之风"时,他们从来不会像当代学者那样想去为"健讼"确立一个精确的量化衡量标准。(第400页)但这并不是说学者们穷尽史料去计算、去揭示古代诉讼的规模和实际状态是没有意义的,相反,这些永远是我们渴望认知的历史,更是我们据以理解当下的重要参照系。当代学者想要通过对古人"健讼之风"的书写知晓当代人所关心的问题,这些问题与古人书写这些文本的初衷可能并不相通。那么,我们需要思考的就是,作为当代的学者,我们关心的这些问题来自哪里?是怎样的学术史和当代语境引导我们在这些文本中寻找它本身并不想承载的信息?这种"文本"与"现实"的差距又给我们的历史认识带来什么样的影响呢?

二、功能的实证研究与话语受众的回声

作者以"勉力追随"瞿同祖先生在《中国法律与中国社会》中开创的法律社会史研究范式("瞿同祖范式")为己任,而这一范式最鲜明的两大特点即为"整体主义"和"功能主义"。(第78页)所以,读者不难理解,该书特别强调表达性现实有其"功能性",这正是作者追随并发展"瞿同祖范式"的逻辑结果。"一种具体的表达性现实并不只是单纯作为被建构的产物而存在,而是也有着通过构建某种特定的意识形态进而影响更多人的行为的微妙功能。"(第18页)

该书涉及了官方/士大夫建构出来的一整套话语,包括对息讼无讼的褒赞、对健讼的批评、对讼费高昂的夸大、对讼师贪利形象的建构以及对讼师恶报故事的宣扬,它们既共享同一套儒家道德观和社会理想的意识形态基础,又服务于同一个理讼能力、效率偏低的制度性缺失的现实,由此构成了一种相当自洽的话语体系。这一话语体系在最晚自宋以来就持续存在,甚至在清代愈发兴盛,这在某种程度上确可以作为它具备功能性的证明。但从另一方面看,这种持续性的存在也未尝不是其功能受挫的表现。正像作者在对"讼师恶报"话语的力量及其局限性中所说的,这种话语模式只是构成了对讼师行事的一种"弱"约束,话语的力量有其局限性。(第396页)

在强调关注话语或表达性现实的功能面向时,作为一种实证研究,我们需要具体考察每一种"话语"如何转化为"资源",并且发挥作用。这是话语研究中最大的难题。我们大概比较容易认识到话语面对不同受众的不同意义,但却很难说清楚它们到底起

到了多大作用。尤其是在前述依赖文本的历史研究中,我们看到的都是掌握书写和传承权力的人留下的话语。他们喋喋不休,它们甚嚣尘上,他们自我锻造一个完备的体系。但是,如果没有受众的回声,我们事实上无法判断这些话语的实际功能和效果。

这是一件极具挑战性的工作。作者在书中尽其所能地在讼师秘本中挖掘出讼师的声音,去回答"讼师恶报"话语模式对于讼师本身而言意味着什么。(第391—395页)当然除了讼师,还有衙门中的胥吏差役。作者在书中强调"清代所谓的'健讼之风',究其实质而言,既是官府理讼能力与民间诉讼需要之间的张力不断拉大这一现实的话语呈现,也是当时的司法体制在'制度资源'方面逐渐无法有效应对社会变迁之时,用来弥补其正当性的一种'话语资源'"。(第180页)对于清代司法体制的考察,尤其无法忽略胥吏差役这一群体。不论是瞿同祖的《清代地方政府》,还是由这本书作者介译的《爪牙》,都清晰地呈现了他们在州县司法体制中扮演的关键角色。❶ 如果将他们代表的"非正式制度"纳入"制度资源"的考虑中,则不论是对"制度资源"的评价,还是对"话语资源"的理解,都会多一个维度。考虑到胥吏差役群体的实际利益与诉讼之间的密切关系,他们对于"健讼之风"的感受应该与士大夫官员完全不同吧?"健讼之风"话语在面向这群人时,又有怎样的功能呢?

在讼师、胥吏差役之外,受到这一整套话语影响的还有诉讼当事人。全书给我带来最大惊喜的是第五章"讼费压力下的诉讼策略与经济理性":"我们必须回到那些在前述话语模式中几

---

❶ 参见瞿同祖:《清代地方政府》,范忠信、何鹏、晏锋译,新星出版社2022年版;〔美〕白德瑞:《爪牙:清代县衙的书吏与差役》,尤陈俊、赖骏楠译,广西师范大学出版社2021年版。

乎被视作完全被动的诉讼当事人身上,将他们还原为在讼费压力的既定结构当中实际上也具有一定的经济理性和能动性的行动主体。"(第209页)这大概是最让我觉得激动人心的话。诉讼当事人并不是在士大夫的宣讲中沉默的听众,他们用极具策略性的诉讼行动,用民间习俗和制度的发明,回应甚至回击了这些话语。我相信,放在一个长期的历史过程中去看的话,这些受众的回声同样参与了那个所谓主流的、大传统的话语之建构,只是我们对于这样一个多声部回声激荡的历史过程实在是知之甚少。❶

概言之,如果说关于"健讼之风"话语的历史也是一场"聚讼"的话,这场诉讼中就不只有作为原告的士大夫、官员、国家充当"麦霸",作为被告的讼师、胥吏或"健讼之徒"的声音也是不能缺失的。否则,我们不仅无法实证话语的功能,而且也与"整体性"研究的理念背道而驰。

三、社会史的"整体主义"

相比于"功能主义",作者对目前学者们"转向区域史、地方性的法律社会史研究"有更为尖锐的批评:"学术视野变得越来越碎片化,并且经常有意无意地从区域性甚至地方性的研究所得结论径直走向整体性的判断。"作者呼吁,我们应该复兴"瞿同祖范式"中"整体主义"的方法,进而"重构一种兼顾历史真实

---

❶ 近年来对诉讼档案的深入解读,为我们在这个方向上的探索提供了更多可能。事实上,作者早年的另一部著作《法律知识的文字传播:明清日用类书与社会日常生活》也已经做出了很好的尝试,即以日用类书作为了解专业法律知识向社会传播、与社会互动的桥梁。参见尤陈俊:《法律知识的文字传播:明清日用类书与社会日常生活》,上海人民出版社2013年版。

性和理论启发性的研究范式"。(第78—82页)

围绕如何接续、发展瞿同祖所开创的法律社会史传统的问题,该书作者与张小也老师在2019—2020年间有过深入的讨论。❶ 正如张小也在论文中所说的,"法律社会史"这种研究路径自瞿同祖以来已经经历了很多次变化,地方法律社会史研究的兴起是中外历史学和社会科学(主要是社会学、人类学)学术发展潮流的结果。

事实上,在历史学领域,从20世纪80年代重新兴起时,社会史就不仅是一种专门史,也不仅是一种研究对象的转移,社会史的研究具有方法论上的意义。❷ 而这种方法论最核心的要点之一正是对整体史的追求。如果说它的确有一种与"国家"相对而言的意思的话,这种相对也并不是在国家之外、与国家对立的意思,而是与之前国家(王朝)、士大夫的历史建构相对。以社会史的整体史观来看,这种被称为"大传统"的历史建构恰恰也是片面的、局部的历史;而以地方、个案为研究对象的研究却也可以是整体性的研究。以"社会史"的整体史观研究中国古代的法律和诉讼,如张小也所说,"对传统法律的观察是多层次、全方位、长时段的,研究方法是交叉学科的,利用的材料则涵盖从官方到民间的整个范围"❸。

---

❶ 参见尤陈俊:《中国法律社会史研究的"复兴"及其反思——基于明清诉讼与社会研究领域的分析》,载《法制与社会发展》2019年第3期;张小也:《重新梳理中国法律社会史的发展脉络——写在瞿同祖诞辰110周年之际》,载《南国学术》2020年第4期。

❷ 参见赵世瑜:《小历史与大历史:区域社会史的理念、方法与实践》,北京大学出版社2017年版,第35—56、448—451页。

❸ 张小也:《重新梳理中国法律社会史的发展脉络——写在瞿同祖诞辰110周年之际》,载《南国学术》2020年第4期。

在该书的研究中,作者从多方面扩展了对清代诉讼的整体性解释,包括其意识形态的基础、官员任期和州县财政对诉讼的影响,等等,从内容上其实已经超越了瞿同祖"从社会层面展开对法律现象的研究"的设定。甚至在关于讼费的具体讨论中,还突破了以往一些法律史研究仅仅涉及宏观社会经济背景的做法。这也使我们能够在一个更加全面的社会经济网络中理解"健讼之风"的话语。

当然,从社会史视角出发的整体性研究,与从法学、法律史出发的整体性研究,是存在区别的。社会史研究的目的在于理解、解释"社会现象"(我认为"话语"也是一种社会现象),而不是"法律现象"。例如,法律史或法律社会史都会处理很多与法律、司法、诉讼相关的事件。在社会史的整体视野下,律例、司法体制都只是构成相关事件的"部分",而这些部分还是在一个复杂的、具有历史纵深的社会关系网络中发挥作用的。正如作者在分析清代简约型司法体制的特点时所说,简约型司法体制的出现是与"随着宗族、行会、商会、宗教团体和其他一些组织逐渐成为基层社会的主要结构,基层社会的'自治'程度总体上在不断提高,而国家权力相对而言则向上收缩"有关的。(第268页)惟其如此,清代诉讼的研究才要更关注社会的面向,而不仅仅是那些在司法体制中发生的事情。换言之,从社会史的角度来看一起清代的诉讼,它不仅是一个法律事件,更是一个历史事件。律例条文、诉讼程序和在衙门中发生、记录的一切,都只是这个事件的一部分,除此之外,还有很多法律、司法之外的东西:经济因素、社会关系、观念心态,等等。而所有这些构成具体事件的因素,都既有其个性,又有其超越个案的一般性。对历史个案的分析以达成整体性的理解为目标,这是社会史视角下的"整体主义"。

举例来说,在社会史的整体视野之下理解"讼费",特别是从"理性经济人"的假设出发的话,当然要计算需要花出去多少真金白银,但除此之外还有很多隐性的"费用",尤其是牵涉到社会关系的建构和消耗所带来的成本。我们用"诉讼成本"的概念也许能更全面地理解这个问题。与此相对应的,对于"诉讼收益"的分析,同样要考虑除诉讼标的的价值之外的多种影响。从社会层面上看,诉讼是一种生存策略,它带来社会关系的变化,当事人在社会网络中的位置也会随之迁移。就如同人们在坟山诉讼中常常采取藉坟争山的策略一样,他们的收益和损失并不仅仅在一座坟茔,那只是冰山一角,它们的背后还有更多的实际利益,以及象征资本的损益、社会权势的转移。

最后,回到本文开始那个一直困扰着我和档案馆的朋友们的问题,到底是一种什么样的文化氛围、观念和制度,至今仍然在主导着我们对诉讼的认识?我们通常会用"中国传统诉讼文化"遗留的影响来回答这个问题,而"中国传统诉讼文化"的核心即被概括为"厌讼"。但是,借用作者在该书中使用的分析概念,不论是官员/士大夫对"无讼""息讼"的褒扬,还是对"健讼之风"的批评,它们其实都不构成"中国传统诉讼文化"本身,它们只是对中国传统诉讼文化理想的"表达"。绘制中国传统诉讼文化的"整体性"图景,需要我们去发掘话语背后,被这些响亮的话语、漂亮的表达所遮蔽起来的东西。历史的真相远不止那些被反复表达的,还有藏在话语背后的甚至是文本所遗失的部分,这就是需要学术的魔法才能进入的领域,而我一直以为,在学术的魔法世界中是不应该有专业畛域的。

"话语"如何拯救内卷的研究?
——评《聚讼纷纭:清代的"健讼之风"话语及其表达性现实》

赵 晶[*]

2013年尤陈俊的第一本专著《法律知识的文字传播——明清日用类书与社会日常生活》由上海人民出版社出版,我曾撰写过一篇书评,对其所论加以指摘,并表达了对"新法律史"继续"发生"的美好愿望。[❶] 时隔近十载,他的第二本专著《聚讼纷纭:清代的"健讼之风"话语及其表达性现实》(北京大学出版社2022年)问世,我依然急切地想要知道:他所期盼的中国法律史研究上的"智识地震"是否因此而发生? 其著是否是

---

[*] 中国政法大学法律古籍整理研究所教授。本文为国家社科基金中国历史研究院重大招标项目"中国古代地方治理的理论与实践及借鉴"(项目号:LSYZD21006)的阶段性成果。本文初稿撰成后,曾蒙杜金、伍跃、阿风、赵思渊、严新宇、张一弛、邹怡、李屹轩、尤陈俊等师友惠予讨论,不吝指正,谨此申谢。

[❶] 赵晶:《"新法律史"这般发生——评尤陈俊著〈法律知识的文字传播——明清日用类书与社会日常生活〉》,载常建华主编:《中国社会历史评论》(第16卷),天津古籍出版社2015年版,第218—225页;后载赵晶:《三尺春秋:法史述绎集》,中国政法大学出版社2019年版,第253—265页。

"震中"?❶

应当提前说明的是:就个人专注的领域而言,我并非这本书合适的书评人,但专门史的研究者理应具备通代的学养,这是专门史有别于断代史而得以自立的合法性所在。因此,在接到作者"欢迎任何批评"的盛意邀请时,我无法以自己并不擅长这一断代为推诿的借口,执笔评论虽有贻笑大方之虞,但仍愿勉力为之。此外,自该书出版以来,已有数篇书评刊出,充分肯定了此书的优点、在学术史上的地位以及作者的学术抱负等,拙评不拟"锦上添花",依然秉持前一书评的基本立场,即如下"种种指摘,也正是出于'新法律史'可以继续'发生'的美好愿望,虽然许多问题或许限于史料,永远无法有令人满意的答案,甚至不可能给予任何回答"❷。

一

作者在法律史研究领域的一大贡献,是对民国以降中国学术史之董理以及对海外(尤其是美国)相关研究之译介。因此,对二手研究的地毯式搜罗、细致回顾乃其论著的一贯特色,该书也不例外。有志于"健讼"研究的初学者,完全可以将此书作为入门指南,若能按图索骥地查找并通读其脚注所引诸

---

❶ "智识地震""震中"之语,译自戴蒙德(Neil J. Diamant)给苏成捷(Matthew H. Sommer)的英文专著《中华帝国晚期的性、法律与社会》所写的书评。参见尤陈俊:《"新法律史"如何可能——美国的中国法律史研究新动向及其启示》,载《开放时代》2008 年第 6 期。

❷ 赵晶:《"新法律史"这般发生——评尤陈俊著〈法律知识的文字传播——明清日用类书与社会日常生活〉》,载常建华主编:《中国社会历史评论》(第 16 卷),天津古籍出版社 2015 年版,第 225 页;后载赵晶:《三尺春秋:法史述绎集》,中国政法大学出版社 2019 年版,第 265 页。

种文献,则可全面掌握本领域的学术行情。

但就专著而言,梳理学术史的目的在于明确该书的立论起点,因此作者其实无须面面俱到地提及所有与此相关的研究成果。如在导论第一节"学术史回顾"、第一章"中国传统诉讼文化研究的方法论反思"第一节"对思维框架及其概念使用的检讨"中,被检讨的对象不乏已被扬弃的观点。如果说徐忠明在20多年前对"无讼"等法文化研究的批评、反思可谓一股清流,❶现在重拾部分话题则不免让人有"白头宫女说先朝"之感。当然,作者或许认为部分业已"过时"的论点在当下学界仍然具有一定的"宰制性",若是如此,批评与反思的对象不该是"论点"本身,而应是具有结构性问题的学界。在这一方面,施爱东对中国民俗学界"祖师崇拜、学术赶集、资辈亲疏、派系与行规、反抗与革命、主流与边缘的对立、师承与圈子的壁垒、尊老与维亲的传统、王婆卖瓜似的叫卖与吆喝"的揭露与鞭挞,❷读来畅快淋漓,令人肃然起敬。

同理,作者在花费将近8页的篇幅(第34—41页)铺衍"权利"概念误用问题后,声称前述避免文化错位的"主张并非笔者的一己之见",再详引夫马进、寺田浩明之说,力倡更贴近中国文化语境的"情理意识""拥挤列车"模型等(第42—43页)。然而,夫马氏之文首刊于2011年,寺田氏二文首刊于1997、1999年,而被作者批评的大部分研究皆出版在寺田氏等成果之后,这也彰显出学术史梳理的一个困境:我们究竟是该聚焦于顶尖的

---

❶ 部分评论,收入徐忠明:《思考与批评:解读中国法律文化》,法律出版社2000年版,第57—58、101—103页。
❷ 施爱东:《学术行业生态志:以中国现代民俗学为例》,载《清华大学学报(哲学社会科学版)》2010年第2期。该文后改题为"绪论:中国现代学术的行业生态与行业民俗",载施爱东:《中国现代民俗学检讨》,社会科学文献出版社2010年版,第1—36页。

高手过招,还是应致力于广泛的学术扶贫?

如蒋寅曾言:"学术史的本质就是淘汰,通过淘汰肤浅、无用或重复的劳作,留下最有价值的知识。在知识生产混乱无序的当代中国,学术史的淘汰功能尤其显得重要,因为大量虚假的学术泡沫正在无情地覆盖和湮没少数有价值的研究。"❶而该书作者的态度自然倾向于后者,如"考虑到'二次简化引证'之风在当代中国法律史论著中的大量存在"(第140页)之类的论述策略,就充分体现了"目光向下"的旨趣。不仅如此,他在行文中还表现出了一种"前瞻式"的学术忧虑。例如,他在批判学者将部分地区的"健讼之风"上升为"诉讼社会"的整体性判断时,指出"诸如此类整体下一个质性判断的说法,容易误导今天的读者以为当时全国各地民众皆'健讼'"(第9页);在结束有关"诉讼社会"的区域错综性申说时,特意强调"'诉讼社会'的提法,在启发我们去反思学界成说的同时,也容易不经意间将一些人云亦云的后来者导向另一个均质而论的学术陷阱"(第140页)。然而,被作者反复征引的夫马氏《中国诉讼社会史概论》就曾明确指出不同时期的《巴县档案》以及相同时期的《巴县档案》与《太湖厅档案》展现出来的诉讼模式截然不同,因此"中国在同一历史时期曾经出现过诉讼社会与非诉讼社会并存的局面"。❷

---

❶ 蒋寅:《学术史:对学科发展的反思和总结》,载《云梦学刊》2006年第4期。

❷ 夫囗進:「中国訴訟社会史概論」,『中国訴訟社会史の研究』京都大学学術出版会2011年版,第7—17頁。此文汉译本〔日〕夫马进:《中国诉讼社会史概论》(范愉译)先后载中国政法大学法律古籍整理研究所编,徐世虹主编:《中国古代法律文献研究》(第6辑),社会科学文献出版社2012年版,第1—74页;〔日〕夫马进著:《中国诉讼社会史研究》,范愉、赵晶等译,浙江大学出版社2019年版,第3—111页;王亚新、梁治平、赵晶编:《明清时期的民事审判与民间契约》,范愉译,法律出版社2022年版,第473—589页。

"话语"如何拯救内卷的研究?

如果"后来者"认真研读过这些既有成果,作者的这类担心近乎"杞人忧天";如果"后来者"对此毫不留意,即使该书的作者反复申说,恐怕也是"对牛弹琴"。

此外,作者号召"今天的研究者们也仍然需要走出纯粹的历史学考据视野,保持开放的心态,强化自己的问题意识,训练自己的理论概括能力,善于从相关的社会科学理论(如法社会学)当中汲取灵感"(第82页),但从其对历史学(尤其是社会史学等)的认识来看,似乎还是略显片面,在心态上也难言"开放"。如历史学从未满足于纯粹的"考据视野",即使将所谓"法律社会史"学者归结为"往往之前就与历史学界有着某种学缘联系"(第47页)之人,作者对学术现状的批评也不能由历史学界来"背锅"。

如区域社会史研究的代表性学者刘志伟曾在一次访谈中言道:"我们做经济史研究,这是社会科学的领域,所以必须是分析性的。所谓分析性的,就是要通过概念框架去解释现象,要建立一套知识体系。这个知识体系除了事实以外,除了可以超越时空和人类一以贯之的人性以外,还需要落实到特定时空,落实到特定的结构中,需要用概念去表达,并且分析和建立概念之间的关系。社会科学的研究,我觉得不可能避开结构性的问题,包括这个结构的原理和原理背后的观念层次。"[1]对比该书作者与刘氏所言,可知二者对于史学研究社会科学化的认知并无差别。

但该书作者始终担心"当学者们从注重'整体主义'的'瞿同祖范式'逐渐转向区域性、地方性的法律社会史研究时,我们

---

[1] 刘志伟、赵思渊:《社会经济史研究的转变》(2018年3月在广州的对谈),载刘志伟:《溪畔灯微:社会经济史研究杂谈》,北京师范大学出版社2020年版,第293页。

固然收获了更为精细化的细部认知,但同时也容易使得学术视野变得越来越碎片化,并且经常有意无意地从区域性甚至地方性的研究所得结论径直走向整体性的判断"(第80页)。而刘氏却认为:

> 任何一个作为研究对象的单位,首先都是基于整体性来设定的。如何从人的活动出发去认识不同层次的整体,可以随着我们研究的问题意识、提出问题的角度和解答问题的路径的不同来改变。……当我要回答中国整体是一个什么样子的时候,我必须把全中国,包括新疆、黑龙江、内蒙古、西藏都纳入我的视野。这个时候,华南、珠江三角洲,就只是中国这个整体的局部,我不会指望把这个局部做大成为一个关于整体的表述。但是,当我把华南、珠江三角洲,甚至小到一个乡村作为一个整体来研究的时候,我要寻求的,是怎么样从人的行为和交往关系出发,去理解这个整体。……在那些规模比国家小的研究单位里,国家不只是一种外在的政治权力,也内在于这个整体中;或者可以说,国家是这个整体的结构中的一部分。因此,我们的研究所关心的其中一个问题,就是国家在乡村社会中以怎样的方式存在和表达。这个国家可以体现为具体的政治与权力关系,也可以体现为法律和习惯,也可以体现为在这个整体中人们行为(尤其是仪式)及其所表达的观念意识形态。这些东西在我看来都是一种国家存在,是这样一个整体结构的有机部分。……我们研究小规模的地区,研究民间下层的社会,当然一方面对我们理解作为整体和政治实体的国家是有帮助的,但不是因为我研究的对象有所谓的典型性,而是因为我在地方和民间社会的研究中,可以看到国家

的权力、国家的秩序、国家的观念,也就是国家存在的方式。❶

事实上,刘氏所参与的华南研究深受弗里德曼、施坚雅、华德英等社科理论践行者的影响,尤其是华德英在结构主义框架下提出的一套意识形态模型,"为解决中国千差万别的地方社会和文化为什么及如何构成一个大一统的中国,提供了一种非常有效的路径。……她的理论是以在结构主义的框架中的方法,把社会组织研究中人的行为研究与认知领域,甚至心理层面、观念层面连接起来,帮助我们不但可以从人们的日常生活和组织形态,还可以由人们的欲望、观念、信仰,搭建起关于中国社会的解释"❷。

以上不厌其烦地详引刘氏之言,是为说明:同样是追求"整体性",同样是借鉴社会科学理论,刘氏"从以人为历史主体的观念看,每个人的世界中的国家都是一个整体",而该书作者或许依然停留在"以国家为历史主体的观念下"❸。

---

❶ 刘志伟、孙歌:《在历史中寻找中国——关于区域史研究认识论的对话》,大家良友书局有限公司2014年版,第83—85页。

❷ 刘志伟:《"华南研究"三十年》,载刘志伟:《溪畔灯微:社会经济史研究杂谈》,北京师范大学出版社2020年版,第89—91页。类似的阐发,亦见于科大卫、刘志伟:《"标准化"还是"正统化"?——从民间信仰与礼仪看中国文化的大一统》,载《历史人类学学刊》第6卷第1、2期合刊(2008);刘志伟、孙歌:《在历史中寻找中国——关于区域史研究认识论的对话》,大家良友书局有限公司2014年版,第100—103页。至于华德英的观点,可参见华德英:《意识模型的类别:兼论华南的渔民》,载冯承聪等编译:《从人类学看香港社会——华德英教授论文集》,大学出版印务公司1985年版,第37—54页。

❸ 关于两种"主体观"及"整体性"的区分,参见刘志伟、孙歌:《在历史中寻找中国——关于区域史研究认识论的对话》,大家良友书局有限公司2014年版,第16—21、103页。

二

之所以说该书的作者尚未措意"以人为历史主体的观念",不仅是因为他对区域与整体的看法仍停留在较为刻板的层次上,❶还因为他为研究设定的核心概念是"话语"。彼得·伯克曾指出:"'话语'就像'心态',也是个不精确的术语。而两者(就像'文化')的魅力或许正有一部分来自这种不精确。但当你尝试用这个概念来进行研究时,这种不精确也会导致一些问题。比如说,在何时、在何处,一种话语终结,另一种话语开始?再比如,是存在一种'殖民话语',还是说有好几种?除了依照地点和时间,根据社会群体(统治者与被统治者、教士与俗人、医生和律师等)来区别不同的话语,是否有用?……模糊并不是唯一的问题。聚焦于话语,就等于对文本(text)展开内部分析,而不关注背景(context)。而这个背景,就包括读者与听众。"❷以此审视该书,作者确实较为忽视话语的"读者与听众",尤其是"读者与听众"对话语的反馈。

就"健讼"话语而言,按照该书作者所论,传递讯息的媒介有地方志(第62—65页)、实录、官箴、书信、墓志、诗词、幕学著作、告示、奏禀、案牍(以上参见第111—115页)等。至于"读者与听众",则有三类,"面向社会大众时,官员和士大夫们希望以

---

❶ 面对法史研究者对区域研究"以偏概全"的疑虑,杜正贞已有回应。参见杜正贞:《州县司法档案研究中的个案与普遍性问题》,载《史学月刊》2023年第1期。

❷ 〔英〕彼得·伯克:《历史学与社会理论》(第二版),李康译,上海人民出版社2019年版,第163—164页。

"话语"如何拯救内卷的研究?

此来规训百姓们不应该将如此众多的词讼提交给当地衙门;面向讼师时,官员和士大夫们痛斥其为致讼之源,并将打压查禁讼师视为官府的一大要务;面向自上而下层层施加的清理讼案之考核压力时,官员们则会利用声称当地的'健讼之风'由来已久且根深蒂固,来在其上司面前暗示并非自己不曾尽心竭力,而实在是由于涌入所在衙门中的那些讼案数量已经远超其通常的理讼能力,期望替自己短暂任上无法做到及时清结全部讼案进行某种微妙的辩护"(第404页,类似叙述亦见于第312—313页)。如果将讯息传递的媒介跟"读者与听众"一一对应,恐怕只有告示、奏禀能找到明确的对象(且不论有无效果),那么其他传递媒介意义何在?若无须实证而仅靠逻辑推论的话,如汪辉祖之流之所以强调"健讼",或许是为了强调自己这一职业(幕友)的重要性与必要性。但这类解释的意义何在?"在社会史研究中,心理的解释并不是一个好的角度。这种解释往往出于这样的一种推理逻辑:为什么人们这样做呢?因为他们感觉到需要这样做。这个答案诚然也把问题推进了一步,但仅此而已,实际上很难称得上是一种有深度的解释。如果我们可以接受心理感受就是理由的话,那在社会史研究中,就不再需要解释动乱、物价升降、社会阶层的分化等问题了。"❶

再回到"健讼"话语的传播媒介,作者也注意到"当该地若早在宋元明之时便已被打上'健讼'的标签,则这种描绘在清代的地方志中通常便会相延不改"(第64页)。这也就意味着大部分的修志活动其实并不对读者进行预设,有的是"为了'炫异居功',对前人成果毫不尊重,对前人著作大肆剽掠,并且对典籍

---

❶ 科大卫、刘志伟:《"标准化"还是"正统化"?——从民间信仰与礼仪看中国文化的大一统》,载《历史人类学学刊》第6卷第1、2期合刊(2008)。

进行随心所欲的'轻改妄删',把东拼西凑的内容统统塞进所编志书之中",有的是"地方官吏应命而修的。他们旨在完成任务,临时召集一批地方士绅,草率从事,既无文笔,又无史法,……有的则将旧志重抄上报"❶。因此,若要利用其中的"健讼"记载,首先需要区分方志类型(如清代考据派、文献派所修或许能体现清代地方实况,抑或彰显某种主观话语),若是抄攒旧志而成,"健讼"话语究竟体现哪个时代的特色则成为问题。

就"讼费高昂"的话语而言,白德瑞和该书作者皆明确指出其"读者与听众"及话语制作背后的目的考量,即地方精英们"希望以这种对衙门吏役的绝对负面形象刻画,来反衬塑造自身作为当地民众利益之无私保护者的高尚形象,从而捍卫自己在当地的社会地位"(第194—195页),"劝说乃至恐吓当地民众,在发生纠纷而自己无法解决时,应当首先找地方精英们进行民间调处,来维持乃至强化地方精英对当地事务的实际控制",而官员们"主要是希望借此唤起百姓们的经济算计之心,来影响后者到衙门打官司的念头和抉择,从而遏制当时总体上正在不断趋于扩大的词讼规模"(第196页)。但由此衍生的疑问至少有四:

第一,作者仅条列了话语的传播媒介,如"清代的官员、士大夫们撰写了许多劝告民众勿要兴讼的文字,或刊诸告示,或刻碑勒石,或编成歌诀"(第143页以下)。然而,从"健讼"作为表达性现实来看,官员制作这一"话语"的预期收效不彰(原因不外二种,一是传播途径不通畅,如识字率不高,民众看不懂告示或碑石;二是民众对此不买账,即"读者与听众"的反馈问题),至

---

❶ 仓修良:《方志学通论》(增订本),华东师范大学出版社2014年版,第271、313页。

于该书第五章"讼费压力下的诉讼策略与经济理性"所展现的民众的反应,针对的不是"讼费高昂"的话语,而是"讼费高昂"的客观性现实。既然此类话语的效果不佳,我们当然也有理由来怀疑作者的其他可能性推测(虽然此类怀疑也无法催生新的问题意识),如"家法族规中所体现的儒家道德观要求,亦会深刻影响到其族众们的诉讼观念"(第93页),"通过这些文本所传递的以儒家道德观为底色的官方意识形态,无疑会对普罗大众的诉讼观念产生直接的影响"(第96页),"上述这些传播形式,往往因缺乏具体的制度化或半制度化支撑,更多是一种润物无声的潜移默化,其具体成效相较而言不易被直接考察"(第98页)等;又如"'讼师恶报'的话语程度不等地影响着每位操此营生的成员,并通过这种外部嵌入的弱约束,在某种程度上维系着讼师行事的大致下限标准,不至于出现绝大部分的讼师都是在毫无底线地唯利是图、胡作非为的情况"(第395页。当然作者也明确意识到了这种"弱"约束的巨大局限,参见第374—378、396页)。

第二,既然针对这类"读者与听众"的效果不佳,且制作此类话语的官员也显然了解这一情形,那么他们为何还要选择如此作为呢?究竟是坚定地传达所谓"儒吏"信奉的"理念",还是想努力撇清为民父母应尽的责任,又或是另有所图的政治作秀,抑或是"行礼如仪"的官场应对?这需要用更细腻的笔触来条分缕析,从而呈现多元的历史图景。如王汎森所言,"对某一个定点上的历史行动者而言,后来历史发展的结果是他所不知道的,摆在他面前的是有限的资源和不确定性,未来对他而言是一个或然率的问题,他的所有决定都是在不完全的理性、个人的利益考虑、不透明的信息、偶然性,夹杂着群众的喧嚣吵闹之下做出的"❶。类似的情况,亦见于作者所胪列的一些地方官颁下的兴讼破家告示、编写的息讼歌等(第145—148页)。巫鸿在研究敦煌洞窟中的"降魔变"壁画时指出"如亲身处于洞窟中,就很难看得清这些壁画,更不用说是要用这些壁画来进行演讲了。……那么谁是假定的观众或读者?……奉献式艺术本质上是一种'图像的制作'(image-making)而非'图像的观看'(image-viewing)"❷;仇鹿鸣在研究唐代德政碑时同样指出,"具有文字阅读能力的知识精英,无疑是德政碑最重要的预设读者,但这一群体人数的有限导致碑文传播的范围恐相当有限。而德政碑对于一般民众而言,更重要的意义可能是作为一种可以被'观看'到的政治景观而存在,国家权威通过德政碑这一象征物的中介被投射到地方社会之中。在这一脉络下,德政碑外在物质性、景观性的一面变得更为重要"❸。无论是艺术史学者,还是政治史学者,他们都反思过某种物质载体的预设"读者与听(观)众",法律史学者自然也不应局限于简单的想象。

第三,从话语制作者的士绅来看,他们是否实现了自己的目的,民众的反应又如何,作者其实也未予措意。其实,从实践层面来看,若要强化"对当地事务的实际控制",这种虚头巴脑的"话语"制作大概远不如其他实质性措施有效。如该书第四章

---

❶ 王汎森:《中国近代思想与学术的系谱》(增订版),上海三联书店2018年版,第5—6页。

❷ 〔美〕巫鸿:"何为变相?——兼论敦煌艺术与敦煌文学的关系",载〔美〕巫鸿:《礼仪中的美术:巫鸿中国古代美术史文编》,郑岩、王睿编,郑岩等译,生活·读书·新知三联书店2005年版,第363—366页。

❸ 仇鹿鸣:《权力与观众——德政碑所见唐代的中央与地方》,载荣新江主编:《唐研究》(第19卷),北京大学出版社2013年版,第79—111页;后载仇鹿鸣:《长安与河北之间——中晚唐的政治与文化》,北京师范大学出版社2018年版,第150页注①。

"话语"如何拯救内卷的研究?

"'讼费高昂'话语及其表达性现实"在讨论清代中后期推行讼费种类及其数额的局部标准化时,特别倚重四川的个例,尤其凸显了士绅(特别是三费局)的推动作用,而在其他地区的实践中则鲜见士绅参与(除广东恩平县、陕西洋县外,参见第171—178页)。所谓"三费",指的是办理刑事案件过程中的缉捕、招解、相验的费用,而三费局利用士绅的捐赠,地方官员的捐廉款、肉厘等附加税,三费公产的收入等支付上述办案费用,并明定章程加以规范,以减轻刑案当事人的诉讼负担。❶ 在巴县,三费局由"三里绅粮"(本地士绅)掌控,而八省客长(移民)则掌握着保甲团练局,两个群体之间有着明显的竞争关系。❷ 虽然该书讨论的是民事细故案件的讼费标准,但在四川的实践理应纳入这一特定的地域背景,同时也该继续追问:那么其他地区的士绅呢?

第四,如前引伯克所言,"话语"其实也存在竞争("是存在一种'殖民话语',还是说有好几种")。但在"讼费高昂"的话语中,对讼案分别有处断、调解之权的两方(地方官与士绅)达成了高度的"默契",双方都想吓阻诉讼。除此之外,是否还存在其他竞争性的话语? 如康豹曾指出:"帝国晚期中国社会解决纷争的方式其实是相当多样的,包括私下调解,去县衙寻求官判,还有就是透过宗教仪式去寻求神判。……一些中国帝国晚期的地方官并不迟疑与上述的神判神明合作去解决难解的案子;甚者,有些地方官会干脆将审判的场合从他们的衙门移到那

---

❶ 参见杜玉勇:《晚清司法费用规范化的地方实践——以四川三费局为中心》,中央民族大学2010届硕士学位论文。
❷ 梁勇、周兴艳:《晚清公局与地方权力结构——以重庆为例》,载《社会科学研究》2010年第6期。

些神明的庙里去举行。"❶既然地方官与神明代理人在一定程度上形成了"共谋",那么士绅是否会与神明竞争? 郑振满曾考察过莆田江口平原的东岳观,其指出这是当地社区权力的象征,由当地士绅及耆老出任的董事经常在观中调停民间争端,凡来此打官司者,"必须先在神像前赌咒发誓,然后才可以向董事申诉"❷。然而,这种共谋关系其实是脆弱的,"神判"的话语一旦深入人心,地方官与士绅都可能成为被诉的对象。如巫仁恕就通过数个明清个案,指出"城隍神经过民间将其人格化之后,在神格的特征上具有阴间司法审判官的性格,甚至民间还流传有城隍神惩治阳间地方官的故事,这都会影响百姓的观念。当这个观念一旦形成,便进而支持了民众向官府士绅抗议的行为","甚至平时城隍神接受民间告阴状或放告的仪式,也都会成为民众向官府与士绅抗议的仪式"。❸

当然,作者在处理"读者与听众"、讯息传播的有效性时,也不乏成功的个例。如第五章第四节"'官司打半截'诉讼策略具有的某种经济理性"讨论民众在打官司中展现的能动性时,他曾提及乾隆年间王有光的一个观察:青浦县每年收案百余起,而邻

---

❶ Paul R. Katz, *Indictment Rituals and the Judicial Continuum in Late Imperial China*, in Robert E. Hegel & Katherine Carlitz (eds.), *Writing and Law in Late Imperial China: Crime, Conflict, and Judgment*, University of Washington Press, 2007, pp.161-162。该文的汉译本为"明清两代的控告仪式:宗教与司法连续体的形塑过程初探",罗士杰译,载康豹:《从地狱到仙境——汉人民间信仰的多元面貌》,博扬文化事业有限公司2009年版,第235页。

❷ 郑振满:《神庙祭典与社区发展模式——莆田江口平原的例证》,载《史林》1995年第1期;后载郑振满:《乡族与国家:多元视野中的闽台传统社会》,生活·读书·新知三联书店2009年版,第217—218页。

❸ 巫仁恕:《节庆、信仰与抗争——明清城隍信仰与城市群众的集体抗议行为》,载《"中央研究院"近代史研究所集刊》第34期(2000年)。

近的嘉定县每年收案以千数计,这可能是两县衙门对于差费由哪一方诉讼当事人承担的惯例不同所致(第248页)。❶ 遗憾的是,作者并未将重心置于这一方面,反而煞费苦心地为其他学者的结论增补史料,如该节以3页篇幅旁征博引,来验证黄宗智的推测,即"那些只是将抢先呈状投告作为向对方施压的一种手段的原告,其诉讼开支很可能还不到那些将官司一路打到堂审阶段的原告所花费用的1/4",并将相关比例精确到"前者中的最低数额相当于后者中最低数额(16600文)的约5.3%~14.3%,而后者中的最高数额(138200文)差不多是前者中最高数额的25倍至35倍"(第239—242页)。就细节而言,这当然丰满了黄氏的研究,但就民众的诉讼策略与经济理性这一论题,读者所获新知有限,不由令人想起前引作者对既有学术倾向的批评:"我们固然收获了更为精细化的细部认知,但同时也容易使学术视野变得越来越碎片化"(第80页);类似地,郑小春曾对徽州文书所见讼费账单展开过研究,而作者在第四章第二节"清代诉讼费用具体数额实况"中又铺叙了康熙与道光时期的两件账单(第165—169页),展示了一些未见于前者的特别开销,让人感慨研究的"内卷化"。

以上所论其实是想建议作者,要继承瞿同祖的"功能主义"的研究方法,不能仅着眼于"法律对整体社会需要的功能回应"(第78页),若"以人为历史主体",当有更加多元的思路。

---

❶ 至于作者所论众人分摊讼费的做法,与其说是针对讼费压力的一种诉讼策略,不如说是对牵头打官司、垫付讼费者的一种保障策略,从而防止其他人"搭便车"。如作者在第五章第三节"当事人一方在其内部由众人分摊讼费"中所举徽州百姓张为锦垫付讼费之例(第215页),就颇有代表性。

如柯志明在探讨清代台湾地区熟番地权制度演变的历史过程时,就充分注意到"在不同的历史情境与环境所提供的限制与机会下,历史行动者如何作选择,形成对其认知与行为具有规约力的制度,而既存制度又如何构成行动者后续选择的结构限制。制度内主要的历史行动者(就我们的案例:清廷、汉人、熟番与生番)往往被绑缚于冲突的特定策略位置上,各自依结构所界定的特定位置选择行动,以求掌握与扩大自身利益。但在行动者的策略选择与制度结构的交互作用下,历史却不乏产生意外结果的可能性"❶。

三

作者将一个术语(话语)和两对概念(表达性现实与客观性现实、制度资源与话语资源)作为全书理论分析框架的基石,尤其表彰黄宗智对"表达性现实"与"客观性现实"的开创性运用,并透露出对中国学界(也包括黄宗智本人)鲜于运用这组概念的遗憾之情(第17页)。但问题在于,不借助此类概念,研究者就难以孕育相似的问题意识、作出同样的研究吗? 如陈怀宇指出,"在早期佛教中,很多修行僧人居住在森林之中,即需要与森林中的群兽和平相处,学会与它们沟通和相处,才能不被打扰,从而完成修行大业。……佛教史书中常常渲染高僧具有种种特殊本领,或有神通,或持法术,他们也常常以止息虎灾的高人形象出现在佛教文献之中,这一形象可能一定程度反映了他们的实际活动,也反映了佛教史书作者的模式化创作,以塑造这

---

❶ 柯志明:《番头家:清代台湾族群政治与熟番地权》,"中央研究院"社会学研究所2001年版,第378页。

类高僧形象"❶,这不就是"表达性现实"与"客观性现实"吗?

赵鼎新在批评目前人类学和文化历史学中最盛行的"以理论为指导的社会解读"时,曾谈道:"所谓的理论往往只是一个概念性词汇、一个在认识事物或现象之前就已存在的'先入之见'。……运用这种解读方式所做的分析,结论往往很肤浅。解读方法的目标是找出一个一般化的概念性词汇,并把这一词汇当作模型或一个工作背后的理论。……解读方法框架下所做的研究很难进行纵向的学术积累。以理论为指导的解读最后往往会把解读视角用一个词汇来概括,比如超级文本(Hypertext)、他者化(Othering)、中间态(Liminality)等等。一些较好的解读概念,如赛义德(E. Said)东方学理论中的'他者化',一旦被接受马上就成了一个标准解读范式,被当作公理千篇一律地使用","与解读方法不同,解释传统的核心是比较。比较方法要求在给出解释之前必须把所研究的对象与相近的事件进行比较,并试图回答以下问题:在不同的解释中,为什么我们所做的解释最为合理。……解释传统也有其缺陷。其中最大的问题是,以解释为己任的社会科学家往往有一种想把社会科学发展为物理学相似的硬科学的冲动"。❷

若套用这一区分,则该书明显属于"解读",而且是"以理论为指导的社会解读",其目的在于"理解和厘清特定人类活动在特定文化条件下的内在含义或意义","这种方法唯一可遵循的是一致性原则,……一致性原则由于没有比较方法所提供的经

---

❶ 陈怀宇:《动物与中古政治宗教秩序》,上海古籍出版社2012年版,第177—178页。
❷ 赵鼎新:《社会与政治运动讲义》(第二版),社会科学文献出版社2012年版,第9—11页。

验与逻辑保障,因而无法被证伪。受众只能根据自己的生活体验和知识构成来判断一个叙事的优劣",而"解释"的目的是"寻找具体事物或事件的内在机制以及与之相应的因果、辩证、对话型(dialogical)或历史性关系",其"认知基础是比较……通过比较得出的结论和理论可以被证伪"。❶ 如作者所论各种话语的"预期功能",实际上就是一种"解读",我在前文的各种质疑只能基于"自己的生活体验和知识构成",而无法予以证伪。

无论是"解读"还是"解释",皆有所长与所短,之所以标举这一区分,是想建议作者兼顾"解释"传统。如作者在第八章"健讼之风与'讼师贪利'形象的多重建构"第三节"清代讼师案例中所见的代写状词收费情况"中,花费近12页的篇幅(第331—342页)详述了覃必俊、岳德高、胡玉廷、杨清兰为他人写状词时收取的费用,在比较后得出的结论是覃必俊收费最贵,杨清兰次之,胡玉廷再次之,岳德高最低;又在第五节"讼师收入水平的分化"中引用艾马克之说,将讼师分为专精此业者、低层绅衿、偶一为之的卑微之辈等三类,认为胡玉廷是从第三类向第一类转变,杨清兰是第二类,覃必俊介乎第一类与第二类之间,岳德高是第一类(第350—351页)。然而,令人疑惑的是,为何讼师位阶最高的岳德高竟然收费最低,而处于第二类的杨清兰在收费上却是向第一类转变的胡玉廷的四五倍?在理想状态下,作者理应解释:究竟是时代或地域导致物价不同,还是市场造成的供求关系有别?若是前者,那么第三节比较他们收入高低的意义就锐减了。

就"健讼"而言,作者虽然一再强调自己的认知是"表达性

---

❶ 赵鼎新:《社会与政治运动讲义》(第二版),社会科学文献出版社2012年版,第7—9页。

现实",但在第六章"财政制约与简约型司法体制下的'健讼之风'问题"中,清代的"健讼"显然就被当作"客观性现实"。作者强调清代的所谓"健讼之风","既是官府理讼能力与民间诉讼需要之间的张力不断拉大这一现实的话语呈现,也是当时的司法体制在'制度资源'方面逐渐无法有效地应对社会变迁之时,用来弥补其正当性的一种'话语资源'"(第280页)。这自然是一种"解读",但为什么当时"官府理讼能力与民间诉讼需要之间的张力不断拉大"则需要"解释"。作者认为原因之一是清代县官所管辖的行政区域扩大、人口增长,而县级正式官员的编制却没有随之增加(第263—267页)。然而,作者在该书"结语"处又表达过用人口因素解释"健讼"的疑虑(第399—400页),至于行政区域扩大的问题,其实也不乏反证。例如,作者在行文中排列了中国古代王朝极盛时期的县数,其中唐朝1235个、宋朝1230个、元朝1115个、明朝1385个、清朝1360个,从中华帝国疆域面积的扩大与县数的基本稳定,推论"清代县官的管辖区域,通常要远大于汉代同侪的治境范围"(第263页)。这一论述存在两个问题:第一,清代之所以成为中国历史上版图最大的王朝,是因为对蒙古各部、新疆、青海、西藏等藩部实施了有效统治,但藩部的基层行政组织却不是州县,如蒙古地区的"盟—旗"结构、回疆地区的"城—庄"结构、西藏的"基巧—宗"结构等,❶因此疆域扩大并不必然导致清代县域面积的扩大;❷第二,宋朝的疆域面积与前后代皆不可同日而语,但县数却保持着相对稳定。从常理来说,县级行政区划的面积当然是缩小的。

---

❶ 傅林祥等:《中国行政区划通史·清代卷》,复旦大学出版社2013年版,第83—95页。
❷ 此点承李屹轩兄于2023年5月11日示下,谨此申谢。

如李昌宪在总结北宋咸平二年(999)的州县时,曾概括该阶段地方行政建制的一个特点是"出于建置军垒及政治、经济等多方面的考虑,本阶段河北、河东、陕西、淮南、江南、荆湖、福建等路不少州县政区较前缩小。……不少县邑,尤其是东南各路县邑,析出新县。除少数县因前期合并不当恢复旧制外,不少县是因社会经济发展、人烟稠密而析置的";至于南宋嘉定元年(1208),"经济恢复,人口繁衍,不少废并之县复置,同时又增设了若干新县",当时的疆域较绍兴和议时略有缩小,但县数却从绍兴十二年(1142)的685上升至711,如江西抚州也从4县增加为5县、1监。❶ 若是套用作者的解释逻辑,我们很难解释为何"健讼之风"话语会从宋代开始流行。

我曾推测,若宋代之前的"健讼"已是客观性现实,而此后之所以流行"健讼"话语,或许是因为唐代开元二十五年(737)在《杂令》中修入农忙止讼的规定,使此类案件的起诉被压缩到了半年之内甚至三个月内,这无疑增加了地方官审理、断绝的负担。其旁证是,辻正博曾指出,杜佑根据《隋书·梁彦光传》在《通典》中描述相州的风俗时,增加了未见于《隋书》的"至今好为诉讼也"。❷ 但这也存在明确的反证,如岳纯之认为我国古代农忙止讼制度的形成时间应该早于开元六年(718)甚至可能早于唐朝。❸ 近来,我又在《唐故始州黄安县令弘农杨君墓志铭》中读到张敬之对贞观前期长安的描述"(杨行表)寻迁长安

---

❶ 参见李昌宪:《中国行政区划通史·宋西夏卷》,复旦大学出版社2007年版,第157、244、250、260、262页。
❷ 参见赵晶:《中国传统司法文化定性的宋代维度——反思日本的〈名公书判清明集〉研究》,载《学术月刊》2018年第9期。
❸ 参见岳纯之:《中国古代农忙止讼制度的形成时间试探》,载《南开学报》(哲学社会科学版)2011年第1期。

尉,右威连甍,探丸比迹。地分三辅,人备五方。喧诤填阶,案牍盈几"❶,其中虽未见"健讼"字样,但其意近之。至于冯牢在大中年间所撰《孙公义墓志》,称吉州"踞西山之上源,深入水乡,差接闽岭,故其人心阴狡,俗上争讼"❷,可见对江西的"健讼"评价亦非始于宋代。

当然,限于史料,我暂时无法断言宋代之前"健讼"话语是否"流行",毕竟"存在"与"流行"有着本质差别。若依然延续以唐宋比较探寻"健讼"话语流行的思路,此处不妨再提出另一种猜测性的解释:南宋嘉定八年(1215)的县级政区变动有一显著表现,即"在畿、望、紧、上、中、中下、下七等之上,增添了'繁难大县'一等,列入这等的有三十八县,都是原上县以上县蹿升,而以两浙、江东为多(详见表12)。明清以繁、难、冲、疲等为划分府、县的标准,此举实开其端倪",被列为"繁难大县"的就有江南西路的隆兴府南昌县、分宁县,赣州兴国县、赣县。❸ 至于清代的"繁、难、冲、疲",定性是"地当孔道者为冲,政务纷纭者为繁,赋多逋欠者为疲,民刁俗悍、命盗案多者为难",而在调整相应缺分时,地方上需要对该县作出描述、给予定性,如雍正十二年(1734)四川总督上奏称"金堂县:⋯⋯惟百姓五方杂处,相

---

❶ 毛阳光主编:《洛阳流散唐代墓志汇编三集》,国家图书馆出版社2023年版,第79页。又,杨行表为杨再思之父,《大唐故尚书右仆射赠特进并州大都督郑国公杨恭之碑并序》称"考行表,皇朝雍州高陵、长安二县尉,始州黄安令"。参见吴钢主编:《全唐文补遗》(第7辑),三秦出版社2000年版,第28页;刘向阳:《乾陵唐杨再思墓碑简考》,载《考古与文物》2010年第4期。

❷ 周绍良主编:《唐代墓志汇编》(全二册),上海古籍出版社1992年版,第2290页。此条材料承仇鹿鸣兄于2020年3月16日示下,谨此申谢。

❸ 李昌宪:《中国行政区划通史·宋西夏卷》,复旦大学出版社2007年版,第106—107页。

习刁健,喜讼好斗,实兼繁难。向系专难中缺,今拟改繁难要缺","荣县:……惟地方辽阔,民多新户,政务颇繁,人情好讼,治理不易。向系专繁中缺,今拟请改繁难要缺"。❶ 因此,所谓"健讼"话语的流行是否与宋代以降县级划分标准的变化相关?

当然,这一猜测也存在明显缺陷。❷ 如清代的这套标准很可能沿袭了明代的调繁、调简之法,而明代划分繁、简的依据,一般是以田粮为准,❸"健讼"与否似乎并不重要。此外,即使清代督抚在题请改缺或调补时也会强调某地"健讼",但其"读者与听众"是吏部与皇帝,这与目前所见"健讼"话语流行的状况并不相合。而且胡恒已经指出,这套制度在乾隆十二年(1747)定型之后,至宣统三年(1911)为止,160余年间州县缺分变动次数为314次,分布如下图:

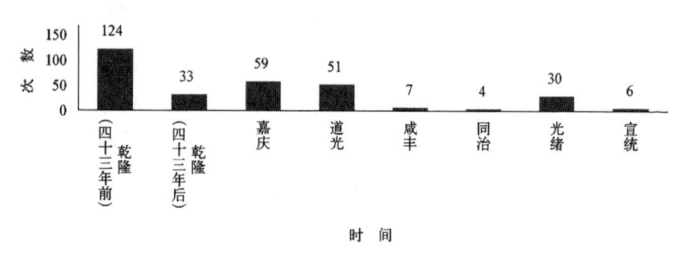

乾隆十二年后缺分等第变动趋势

---

❶ 周振鹤:《中国地方行政制度史》,上海人民出版社2005年版,第317—318页。
❷ 此点承伍跃先生、张一弛兄、邹怡兄先后于2023年5月4、6、8日来示提醒,谨此申谢。
❸ 参见刘铮云:"'冲、繁、疲、难':清代道、府、厅、州、县等级初探",载刘铮云:《档案中的历史:清代政治与社会》,北京师范大学出版社2017年版,第6页。

"话语"如何拯救内卷的研究?

可见在乾隆四十三年(1778)出台"繁简互换例"后,州县缺分等第的调整幅度显著下降。❶ 目前似乎难以证明清代"健讼"话语的流行趋势与此同步。

总而言之,既然"解释"的认知基础是比较,若想对清代的"健讼之风"提出更为合理的解释,自然需要对整个中国历史的发展有深入的理解。但生而有涯与学海无涯之间的张力,又使相关解释存在不断被证伪的可能性,这大概就是学问之树得以常青的原因。最后,以该书中出现的两个笔误为例,说明跨断代论述"动辄得咎"的危险性。如作者称"自汉武之世'罢黜百家,独尊儒术'以来"(第84页),实则"罢黜百家,独尊儒术"是易白沙于1916年提出的概括,是否能体现董仲舒的本意、是否为汉武帝所接受并推行等,学界多有驳正,❷此处不宜引作确论;又如作者称"到了唐代,对知县任期的规定在三年、四年或五年之间徘徊不定"(第291页),实则知县是"知某县事"的简称,"在唐,权知县事、权知县令,寓'试才'之意,非正官,也无定名"❸,所以此处只能称"县令"。

---

❶ 参见胡恒:《清代县级政区分等制度再探》,载《历史地理研究》2021年第2期。
❷ 参见黄星星:《董仲舒"罢黜百家,独尊儒术"问题研究述评》,载陈明、朱汉民主编:《原道》(第44辑),湖南大学出版社2022年版,第276—278页。
❸ 龚延明编著:《宋代官制辞典》(增补本),中华书局2017年版,第609页。

表达与客观之间?

——读《聚讼纷纭:清代的"健讼之风"话语及其表达性现实》的一点思考

凌 鹏[*]

一、"健讼之风"的话语逻辑

尤陈俊教授所撰的专著《聚讼纷纭:清代的"健讼之风"话语及其表达性现实》(以下简称:《聚讼纷纭》),一方面是他数年来潜心研究的成果合集,让关注他研究的读者能一次性总览全体;另一方面,该书又在此前研究基础上,将理论和方法论探讨引入其中,在具体的研究与理论关怀之间构筑关联,让读者从中得到启发和思考。就此而言,该书可以说是蕴含着尤陈俊教授对这一领域的重要思考。因此,该书在诉讼社会史领域引发了众多讨论,其影响甚至扩张到了专业领域之外。该书所论及的讼费、讼师等问题,一直以来都是大众关注的热门话题,而作者在书中利用大量史料,给读者展现了异常生动而丰富的历史图景,读起来令人饶有兴味。

《聚讼纷纭》一书所讨论的内容可以简单划分为以下几个

---

[*] 北京大学社会学系长聘副教授。

主题:理论与方法论反思(导论、第一章)、儒家意识形态(第二、三章)、讼费问题(第四、五章)、地方行政(第六、七章)以及讼师话语(第八、九章)。通观全书,作者想要回答的最关键问题,也是诉讼社会史研究中最经典的问题,即如何理解"健讼之风",以及其原因到底是什么?

通观全书,书中各个部分的主题看似分离,实则均围绕着"健讼之风"的原因这一问题,彼此之间存在重要的逻辑关联。在第一章中,作者首先讨论了作为意识形态的儒家道德观,区分了三个伦理准则:"克己"、"忠恕"以及"中庸"。其次论述了儒家伦理影响诉讼文化的主要途径,即儒吏理讼、家族法规、圣谕宣讲以及民间文学。最后区分了大传统与小传统,大传统是指农业文明所对应的儒家道德观的息讼文化,而小传统是指民间发展出来的商业文明,以及随之带来的"健讼之风"。可以说,这一章其实通过探讨"作为意识形态的儒家伦理",悬置了"儒家伦理"在研究中的实际作用。在此后诸章中,"儒家伦理"基本不再出现(或只是作为"话语"而出现)。

真正作为全书论证"起点"的是第六章和第七章中对于"地方行政"的讨论。通过这两章的论述,贯穿该书的"健讼之风"这一话语的生产主体得以确立。根据这一逻辑,在中国古代传统财政体制以及简约型司法体制的制约下,地方官没有足够的行政能力来处理日渐增多的诉讼案件,加之州县官实际任期的不断缩短,这些因素使地方官希望能够为自己的地方行政困境做出合法性解释,进而催生了地方社会的"健讼之风"这一话语。正如作者在书中所言,"清代官员和士大夫笔下对'健讼之风'的描述,既是当时官府理讼能力与民间诉讼需要之间的张力不断拉大这一客观现实的某种主观呈现,亦是当时的司法/行政体制在制度资源方面逐渐无法有效地应对社会变迁之时,用来弥补其正当性和合法性的一种话语资源[1]。

同时,地方官面临的行政能力的局限性,也促使他们通过其他的各种话语试图减少百姓的诉讼行为。而在这些话语中,最重要的就是该书所讨论的另外两个主题,一个是"讼费高昂",另一个则是"讼师贪利"和"讼师恶报"。书中指出,一方面,"讼费高昂"的话语并没有真实反映讼费的多少,带有一定的夸张性,其目的是减少民众诉讼。但民众具有经济理性,能够创造出多种应对"讼费高昂"的具体策略从而推进诉讼;另一方面,"讼师贪利"形象的深刻影响,导致讼师群体不具有合法性,无法发展出真正的职业伦理。而"讼师恶报"话语只能起到一定的"弱约束",反而可能刺激讼师的兴讼行为。

该书的论证逻辑可以较为简单地总结为如下:"健讼之风"是一种话语,官员和士大夫们之所以用这一话语来暗示当地的词讼规模已经超过了官府衙门的理讼能力,是为了降低地方官府的行政压力。而官员与士大夫们之所以发展出"讼费高昂"以及"讼师贪利"等话语,是为了进行社会控制,这些都可以纳入"健讼之风"的整体话语体系。但是,"正是由于存在于'健讼之风'话语所建构的表达性现实与由社会经济结构变迁所决定的客观性现实之间的认知偏差,清代官方对'健讼之风'的治理,在具体成效上注定将无法获得真正的成功"[2]。此处所说的"表达性现实"与"客观性现实"之间的张力,是作者受到黄宗智

---

[1] 尤陈俊:《聚讼纷纭:清代的"健讼之风"话语及其表达性现实》,北京大学出版社2022年版,第404页。

[2] 尤陈俊:《聚讼纷纭:清代的"健讼之风"话语及其表达性现实》,北京大学出版社2022年版,第405页。

先生著作启发的一个重要的理论分析框架。从上面的总结来看,这一理论框架确实具有很强的解释力。其中,"表达性现实"主要是指例如"健讼之风""讼费高昂""讼师贪利""讼师恶报"等话语。这些"表达"的背后既有一定的客观现实,但又带有很强的主观性目的,如果能够完全按照当事人的设想发挥作用,自然可以发挥很好的功能。但是这一"表达性现实"并不符合"客观性现实",例如作者通过大量的史实材料,精彩地论证了实际上讼费并没有那么高、讼师并没有那么贪利、"恶报"也不那么确定、老百姓还有各种经济策略来降低讼费。因此,"表达性现实"没能符合"客观性现实",导致话语无法起到作用,对于"健讼之风"的治理无法真正成功。

可以说,这样一套论证方式真正实现了作者在该书一开始提到的研究目标——"如何重构一种兼顾历史真实和理论启发的研究范式,是包括笔者在内的研究者们当下不得不加以正视的问题"❶。

一方面,作者在对于"讼费高昂""讼师贪利""讼师恶报"等话语进行分析时,利用和梳理了大量的相关史料,将与"表达性现实"相对照的"客观性现实"真正地展现在了读者面前,而且的确做到了对历史真实层面的揭示。

另一方面,在理论的建构与解释力上,该书也可谓取得了相当的成功。例如,对于"健讼之风"以及相关的话语如"讼费高昂""讼师贪利"的研究,通过对与之相对应的"表达性现实"与"客观性现实"之间的区分,构成一个前后呼应、言之成理的逻辑框架。以此为例子,该书确实论证了,"表达性现实"与"客观

---

❶ 尤陈俊:《聚讼纷纭:清代的"健讼之风"话语及其表达性现实》,北京大学出版社 2022 年版,第 81 页。

性现实"这一对概念所构成的社会科学中层理论,可以用来进行有洞察力的社会科学研究。可以预料,在未来将会出现更多利用这一分析框架来进行的研究。

二、有关讼费问题的三个疑问

作为读者,我在阅读该书的过程中,一方面佩服作者对于史料的梳理与应用能力,同时也对其在解释与理论分析中的精彩之处,赞叹不已。但与此同时,也总觉得有一些隐藏在史料及理论逻辑背后的问题还需要进一步讨论。因此不揣冒昧,在此提出来供作者与读者一同讨论。由于我对"讼费"相关的两章最感兴趣,因此以"讼费"问题为例,讲一点自己的理解。

该书中对于讼费问题的讨论,主要涉及第四章"'讼费高昂'话语及其表达性现实",以及第五章"讼费压力下的诉讼策略与经济理性"。

第四章所探讨的是地方官以及士大夫等人所宣扬并在整个社会中广为流传的"讼费高昂"这一话语,主要提出两个问题,即地方官与士绅等人宣扬的这一套话语背后带有何种意图?这一套话语与史料中可见的清代诉讼的实际费用之间又是何种关系?为了处理第二个问题,作者在该章中引用了大量的史料,区分了清代前期、中期和后期,将不同时期不同地区的讼费数量翔实地展现出来。在第三节中,还探讨了清代中后期司法陋规局部标准化的过程及其影响。

第五章则是换了一个研究视角,不是从在上位的地方官和士绅的角度,而是从打官司的老百姓的视角,来看他们在面对不管是客观还是"表达性"的"高昂讼费"的情况下是如何应对的。

作者首先讨论了学界研究中的一个悖论,一方面是"讼费高昂",另一方面则是"健讼成风",如何解释这个矛盾?上一章论述了"讼费高昂"是一种话语,实际的讼费也许并没有那么高,一般老百姓也可以承受。与此承接,这一章则论述了老百姓还有经济理性,可以用各种策略来降低讼费。第一个手段是在当事人内部由众人分摊讼费。作者运用了众多例子,如打官司时订立分摊讼费的合同、平日制定分摊讼费的机制等,这些方式都可以大大减轻打官司的负担。第二个手段则是著名的"官司打半截"。在这个部分中,作者充分地论证了官司打半截的费用要远远低于全程,其中对于和息、堂审等费用等的论述,都是重要的研究成果。本章的结论是在高昂讼费背后,有如此多的应对措施,而这正是高昂讼费和健讼之风悖论现象的关键所在。❶

第四章可以说与第五章正好对应,构成了一个严密的逻辑环。其中有两层相互联系的逻辑。第一层是,地方官等面对着诉讼太多的行政压力(背后必定有儒家意识形态,但作者并没有着重论及)→制造出"讼费高昂"的话语(这一话语处于半真实与半虚构的状态)→利用"讼费高昂"的话语来减少诉讼众多带来的行政压力。第二层是,讼费虽然不少→但是民众面对诉讼费用,有自己的经济理性→发展出了例如团体诉讼、官司打半截等各种应对手段→用以解决"讼费高昂"的问题,产生了健讼之风。而且,这一健讼之风,还会再一次回转到第一层的逻辑上,造成地方官等继续对于健讼之风的警惕,产生出更多的"讼费高昂"的话语(以及讼师话语等)。

这个解释,一方面有众多的史实材料支撑,确实是建立在

---

❶ 参见尤陈俊:《聚讼纷纭:清代的"健讼之风"话语及其表达性现实》,北京大学出版社2022年版,第197页。

"真实"的基础之中,另一方面,也符合社会科学理论中的"功能主义"分析方法。"讼费高昂"的话语试图起到教化百姓以及减少行政压力的作用,而老百姓的策略性行为则起到了应对高昂讼费以及达成自己目的的作用。或者说,"表达性事实"和"客观性事实"各自在社会的运转结构中起到相应的作用。某种意义上,这可以说是该书对于方法论讨论的一个典型案例。

不过,在阅读的过程中,我产生了如下几个疑问。疑问一,对于"讼费高昂"这一话语,是不是可能有其他的理解呢?首先,"讼费高昂"这个词组本身便是一个当代学者的总结。"高昂"这一表述,带有一种数量性含义,是一种多与少的差别。该书的研究确实也偏于从这一角度进行切入,即从实际的史料中来探查诉讼中所花费的具体数额,然后对比确定是高还是低。但是,如果从书中所引的息讼告示等材料来看的话,当时的官员是如何描述此事的呢?

例如,就《陆清献息讼示》❶来说:"健讼之风,最为民间大患。欲争气,则讼之受气愈多;欲争财,则讼之耗财愈甚。即幸而胜,亦成一刻薄无行之人,况未必胜耶?且如有一事,我果无理,固当开心见诚,自认不是;我果有理,亦当退让一步,愈见高雅。与其争些些之气,何如享安静之福?我愿尔民为耕田凿井之民,不愿尔民为匍匐公庭之民;但愿尔民为孝友睦姻之民,不愿尔民为便给善讼之民。"

这样一个息讼告示在讲了"健讼之风"后,第二句就是论述诉讼的原因,"争气"是排在首位的,其后是争财。诉讼的结果,一个是或者败而受气,或者胜而变为刻薄无行之人,另一个

---

❶ 参见尤陈俊:《聚讼纷纭:清代的"健讼之风"话语及其表达性现实》,北京大学出版社2022年版,第144页。

则是诉讼所耗费的钱财较多。耗费钱财自然是其中用以教导百姓不要诉讼的原因之一,但告示重点并不在于强调"讼费高昂",而是在于"耗财甚多"。"讼费高昂"的意思,是对于作为"客观"之物即"讼费"的一个评价,讼费具体是多还是少?而"耗财甚多",则是对于当事人处境的一个描述,是指诉讼人在诉讼过程中,会不断地耗费钱财。一方面是对于"健讼之风"的厌恶(背后可能确实存在减少诉讼的目的),但另一方面同时更充满着对于被"健讼之风"所损害的老百姓的同情,"耗财甚多"是一方面考量,另一方面则是老百姓丧失伦理德行,最终结果是变为"便给善讼之民"而非"孝友睦姻之民"。

这一点在曲阜孔庙中的《忍讼歌》❶中,也有明显的体现。这首《忍讼歌》的内容为:"世宜忍耐莫经官,人也安然,己也安然。听人挑唆到衙前,告也要钱,诉也要钱。差人奉票又奉签,锁也要钱,开也要钱。行到州县细盘旋,走也要钱,睡也要钱。约邻中正三日餐,茶也要钱,烟也要钱。三班人役最难言,审也要钱,和也要钱。唆讼本来是奸贪,赢也要钱,输也要钱。听人挑唆官司缠,田也卖完,屋也卖完。食不充口衣不全,妻也艰难,子也艰难。始知讼害非浅鲜,骂也枉然,悔也枉然。"

上述《忍讼歌》中用了多个"要钱"的排比手法,给读者(老百姓)造成一个极为紧张可怕的氛围。同时却并没有说要多少钱,而是在最后点出诉讼不断"要钱"的结果,那就是"听人挑唆官司缠,田也卖完,屋也卖完。食不充口衣不全,妻也艰难,子也艰难"。所要给人的印象在于,不管你有多少钱,也不管讼费具

---

❶ 参见尤陈俊:《聚讼纷纭:清代的"健讼之风"话语及其表达性现实》,北京大学出版社 2022 年版,第 147 页。

体是多少,总之诉讼就是不断要钱,最后必定导致家破人亡,妻离子散。

又例如刘衡的《劝民息讼告示》❶,更是把这一可怕的"处处要钱"景象生动地描述出来:"大凡告状的人,自做呈之日起,到出结之日止,无事不要花钱。到城市便被店家捉弄,到街门便受书差吓索,过了好些时,花了好些钱,还未见官的面。等到示期审讯,先要邀请邻证,早早守候,房租、吃喝、夫马,哪一样不是钱?刚要审了,却又挂出牌来改了日期,你从前那些钱都白花了。又等了好些时,探听了好几回,到书办房里催了好几次,做工商的丢了生涯,耕田的雇人代替,算起来,也不知花费了多少钱,才得见官的面。不问是输是赢,你的家产已先典卖空了,你的身子已先折磨坏了。"

这里更是强调处处要钱,最后"算起来,也不知花费了多少钱,才得见官得面。不问是输是赢,你的家产已先典卖空了,你的身子已先折磨坏了"。也就是说,息讼告示中所展现的并不是"讼费高昂"的客观情况,而是对于诉讼状态中当事人不断被相关他人所逼勒的切身处境,以及最后家破人亡的后果。就是说,这里并不是大概估计讼费的高额,让老百姓因为经济理性的思维知难而退,而是让民众处于一个担心之中——"无论我有多少钱,可能都不够。最终都会被人害到家破人亡"。即讼费的多少并不在于某个确定标准,而是在于大量的"看人下菜碟""看人要钱",书吏差役等根据诉讼人大体的家庭情况,收取各种诉讼相关的杂费。这样的情况有充分的证据,最明显的是书中所列举的讼费案例,不同案例中诉讼的花费相差巨大,多的有至于

---

❶ 参见刘衡:《庸吏庸言》(下卷),载官箴书集成编纂委员会编:《官箴书集成》(第6册),黄山书社1997年版,第200页。

数千两银,少的则只有数千文。但由于原告的家境不同,数千两并非一定高昂,数千文也不一定低廉。数千两的费用可能尚未到使当事人家破人亡的程度,但数千文的讼费很可能就使当事人家破人亡。

当然,从"客观主义"的立场可以给这些讼费进行统计,或者找出其中最多的讼费数额是多少。但是,传统讼费的一个重要特征便在于缺少一个明确的规章制度。"讼费"的收取往往具有巨大的自由度,很多时候是看当事人的家庭情况来收费。即在"有度"和"无度"之间可能并非非此即彼。例如,白德瑞《爪牙》一书中所论述的,为了能够长期存续,书吏和差役们确实会自己组织行会团体,对于讼费进行限制。❶这些行为对于他们自己来说可能是"有度",但是对于不了解官衙与诉讼的一般人来说,讼费仍然是无度的。又如在该书引用的《宣统年间福建省各府州县衙门所收诉讼费和状纸费数额概况》❷中,记载的各地诉讼费和状纸费的数额都差异巨大,这恰恰意味着"讼费"收取中的巨大的自由度。而且这样一种特征,甚至延续到清末进行"讼费改革"的时期。例如书中所举出的袁世凯在天津改革讼费陋规的例子,特意地将"讼费"区分为上户、中户、下户三个档次,对应的正是诉讼当事人不同的家庭情况。

息讼告示中所列举的"处处要钱"的具体情节,在现代人看来,很自然地会被纳入"讼费高昂"的这一较为客观化的标准,但是在当事人看来,最可怕的不是在于"高"还是"低",而是

---

❶ 参见〔美〕白德瑞:《爪牙:清代县衙的书吏与差役》,尤陈俊、赖骏楠译,广西师范大学出版社2021年版,第325—370页。

❷ 参见尤陈俊:《聚讼纷纭:清代的"健讼之风"话语及其表达性现实》,北京大学出版社2022年版,第185页。

在于诉讼过程中,有各种人借着无数理由向当事人要钱。当事人家富,要的数额多,当事人家贫,要的数额少,但最终可能带来"家破人亡,妻离子散"的悲惨结局。所以,某种意义上,"讼费高昂"并不是一个具体讼费多和少的经济理性问题,而是面临"处处要钱"的切身处境,其背后是对于老百姓"家破人亡"的担心。这一担心,是贯穿于地方官与百姓双方的,而非单纯某一方的社会控制话语。与此有关的,有了第二个疑问。

疑问二,在第四章的第三节,提到了清代中后期司法陋规名目以及收取数额的局部标准化。该节还讨论了被规范化之后的司法陋规所可能带来的两重效果,其一确实是降低了一些诉讼费用,而且更加规范化,但实际的效果也要看具体情况;其二则是可能会让一部分老百姓降低对打官司经济成本的恐惧,导致更多讼案的出现。

按照上面所总结的论证逻辑,如果知县与地方官的最终目的是要减少老百姓诉讼,降低衙门行政负担的话,那么这两者间似乎就出现了一些矛盾。一方面是要以各种方式减少诉讼,例如宣扬"讼费高昂"以及"讼师"的话语,但同时又不断地对"讼费"进行规范化,而规范化的后果,可以预见是增加诉讼的数量。这岂不是与其原本的重要动机相互冲突?而且,根据书中的估算,越是到了清代中后期,诉讼案件的数量在全国各地都不断增加。那么,为何在诉讼不断增多的情况下,各地方官员还要对诉讼费用进行规范,希望能够减轻老百姓在进行诉讼时候的负担呢?

也就是说,如果单纯从官府要降低行政压力的逻辑来看,就难以理解这一推动讼费规范化的行为。而若从前面对于"息讼"告示的理解来看的话,则这一个举动本身是极为自然的。官员自然不希望地方上有大量的诉讼,一方面行政能力确实有限,另一方面则是"健讼成风"本身会给百姓带来苦难,这也就构成了他们所关心的政务之根本。因此,将讼费进行规范化以减少百姓在诉讼时候遭受的苦难也是作为地方官当为之事。这一点,本身与地方官希望减少诉讼、扭转"健讼之风"并不矛盾。因为在传统的儒家理论中,"健讼之风"并不仅仅是表面上所体现的诉讼繁多而已,更意味着当地社会本身的风气之好坏,所以要真正减少诉讼,扭转健讼之风,同时降低行政上的压力,根本的方式不是通过"讼费高昂"以及"讼师贪利"等话语来起到旁敲侧击的恐吓作用,而是要通过教化的方式来扭转地方风气。"讼费高昂"或者"讼师贪利"等话语固然能够起到一些辅助作用,但是影响当事人诉讼决定的根本因素,并不在于"讼费"的多少,而在于他们希望提起诉讼的动机本身。这也就涉及阅读时候所产生的第三个问题。

疑问三,在第五章的结尾部分,作者有这样一个判断:"于是,我们今天在许多史料中都可以看到,清代的人们并不是将告官兴讼视为绝对不敢踏足的畏途,结果造成一些地方衙门所收到的讼案数量实际上颇为客观。这正是我们洞悉在清代讼费'高昂'之背景下为何有不少地区因词讼纷繁而被官员们视为盛行'健讼之风'这一'悖论'现象的关键所在。"❶读到这一段时,读者可以顺着前文的研究逻辑体会到这一论述的精彩之处,即在"讼费高昂"的背景之下,老百姓依旧有着很多应对策略,因此可以降低讼费的影响而进行诉讼。这一点毫无疑问是促成"健讼之风"的重要因素之一。但是,如果再跳出该章的逻

---

❶ 尤陈俊:《聚讼纷纭:清代的"健讼之风"话语及其表达性现实》,北京大学出版社 2022 年版,第 251 页。

辑来看的话,其实会意识到一个问题:讼费的问题是诉讼时候的重要条件,但并不是诉讼的真正动机。人们不会因为讼费比较便宜就产生诉讼的念头,也不会因为讼费比较贵就必然取消诉讼的念头。或者说,讼费是影响人们是否会将诉讼真正施行或者持续下去的一个必要条件,但并不是充分条件。正如陆陇其在息讼告示中所展现的,人们之所以选择诉讼,其最根本的原因并不在于诉讼过程中讼费的多少,而是在于人们为何会更加频繁地"争气"或者"争财",以及为何人们更希望前往官府进行诉讼,而不是在民间调节解决,又或者民间的调解为何越来越不起作用,不被人所信服,从而导致人们不得不前往官府进行诉讼。这些才是地方官在处理"健讼之风"时,要面临的根本困境。讼费的问题更多是结合着这些问题而出现的条件性问题。而诉讼当事人在面对讼费问题时候所采取的"经济理性"的策略,也不能单独抽出来作为"健讼之风"的关键原因。如果引用韦伯对于理性的分类,这里涉及"价值理性"与"工具理性"的区分,对于"健讼之风"的探讨,自然很有必要探讨其中的"工具理性"层面的问题,而如何将对"工具理性"的分析与更根本的"价值理性"的问题结合起来,则是更进一步需要探究的问题。

三、表达与客观的合一

"表达性现实"与"客观性现实"这一理论概念的区分,本身带有当代社会科学所追求的"客观性真实"的偏向。其中"表达"可以指话语以及意识形态,而"客观"才是社会科学所追寻的话语背后的真实存在。该书的结论也正是指出因为"表达性现实"没能符合"客观性现实",所以"话语"无法起到设想的目的,对于"健讼之风"的治理无法真正成功。在此思路下,对"讼费高昂"问题的理解,自然而然就要求通过史实来确定"讼费"之高低,并以此作为理解"讼费高昂"话语的客观基础。同时,在对于人的思想意识的理解中,最具有"客观性"的,在官员自然是对可计算的行政能力的考量,而在百姓则是对可计算的讼费的经济理性考量。但正如前文所述,息讼告示中真正重要的,也许并不是"讼费高昂"的客观现实,而是"处处要钱"的切身痛苦,以及最后导致"家破人亡"的伦理悲剧,其所诉求的并非经济理性而是伦理情感。同时,地方官在写作息讼告示时,也非单纯出于减少行政压力的目标考量,更与他们作为儒家士大夫和父母官的伦理意识密切相关,同时,百姓们之所以兴起诉讼,也不仅仅是因为考虑讼费的经济理性,更是来源于由"气"所代表的各种伦理价值。这些重要的社会事实并不能用"表达性现实"和"客观性现实"的区分加以化解,因为在这里,"表达"与"客观"本身就是合为一体的。而在对人的行为的理解中,对价值理性与工具理性的考量二者密不可分,似乎无法用"话语"这一概念轻易划分。

任何一个优秀的研究都不可能面面俱到,而是必须要有所偏重,才能带来真正的启发和推进。在这一点上,《聚讼纷纭》一书毫无疑问的是一本极为优秀的著作,给读者带来了无数的研究启发与阅读乐趣,定将成为法律社会史研究领域的必读之作。同时,任何一个优秀的研究,偏重也必然带来相应的遮蔽。某种意义上,这也正是研究本身的魅力所在。社会科学的研究,只有通过不同偏向的理论和研究之间相互交流与讨论才能不断推进。我们期待着这一理论脉络在未来的进一步研究与探索。

LAW BOOK REVIEW

异域书品

理性、道德与普通法

——评注《道德的法律强制》

毛允佳*

引 言

道德与法律关系是实质法治的枢轴问题,20世纪中期的英美法理学界从道德与法律关系出发进行了三场著名论战——"哈特—富勒"论战(Hart-Fuller debate)、"哈特—德富林"论战(Hart-Devlin debate)、"哈特—德沃金"论战(Hart-Dworkin debate),其中"哈特—德富林"论战以"道德的法律强制"为议题,讨论在主流标准下不道德的行为能否成为法律强制的充分理由。早在1873年英国刑法学家詹姆斯·斯蒂芬(James Fitzjames Stephen)于《自由·平等·博爱》一书中对密尔(John Stuart Mill)1859年《论自由》中的自由理论便嗤之以鼻,他认为无法简单运用原则划定自由的边界,有些恶行即使与自卫无关也须被强制。❶ 20世纪50、60年代的"哈特—德富林"论战则把道德强制议题推向高潮,双方就"社会主流认为的不道德行为是

---

* 北京大学法学院博士研究生。

❶ 参见〔英〕詹姆斯·斯蒂芬:《自由·平等·博爱》,冯克利、杨日鹏译,江西人民出版社2016年版,第113—114页。

否能作为刑罚的充足理由"进行论辩,衍化为法律道德主义和法律自由主义的对决。虽然英国法官、法学家帕特里克·德富林勋爵(Patrick Arthur Devlin)在论战前并未阅读过《自由·平等·博爱》,但是他们都反对密尔的自由原则,主张共同道德可以作为法律强制的依据。当时,论战引起巨大反响,德富林的主张亦受到了以理查德·沃尔海姆(Richard Wollheim)和德沃金等法律自由主义者为主的批评,❶在这样的攻势下,德富林在当时被普遍看作是论战的落败方。

论战后,乔尔·范伯格(Joel Feinberg)、罗伯特·乔治(Robert P. George)、约翰·凯克斯(John Kekes)等纷纷在检讨和批判德富林"道德强制论"的基础上发展理论,❷他们的研究方式是从《道德的法律强制》(The Enforcement of Morals)❸中提炼理论,对其论证进行规范评价,而这种去语境的研究方式往往意味着简化思想,甚至附随着误读思想的危险,更何况德富林思想存

---

❶ See Richard Wollheim, "Crime, Sin and Mr. Justice Devlin", *Encounter*, 34–40 (1959); Eugene Rostow, "The Enforcement of Morals", *The Cambridge Law Journal*, Vol. 18:174–198(1960); Thomas Gilby, "The Crimination of Sin", *Blackfriars*, Vol. 41:53–61 (1960); Graham Hughes, "Morals and the Criminal Law", *The Yale Law Journal*, Vol. 71:622–683 (1962); Alan Mewett, "Morality and the Criminal Law", *The University of Toronto Law Journal*, Vol. 14:213–228 (1962); Louis Henkin, "Morals and the Constitution: the Sin of Obscenity", *Columbia Law Review*, Vol. 63:391–414 (1963); Ronald Dworkin, "Lord Devlin and the Enforcement of Morals", *The Yale Law Journal*, Vol. 75:986–1005(1966).

❷ See Joel Feinberg, *The Moral Limits of the Criminal Law: Harmless Wrongdoing*, Vol. 4, Oxford University Press, 1990; Robert P. George, *Making Men Moral: Civil Liberties and Public Morality*, Clarendon Press, 1995; John Kekes, "The Enforcement of Morality", *American Philosophical Quarterly*, Vol. 37:23–35(2000).

❸ 本书初版为 Patrick Devlin, *The Enforcement of Morals*, Oxford Uniuersity Prss, 1965;中译本为〔英〕帕特里克·德富林:《道德的法律强制》,马腾译,中国法制出版社 2016 年版。

在暧昧之处。❶ 这便引发了一个问题:论战中德富林的思想是否被透彻理解了。为了回答疑问,本文秉持着"保卫复杂"的理念,从论战特性出发,立足英国学术史,结合时代语境对论战中德富林的思想作事实上的考察。在考察视角的选择上,鉴于论战双方你来我往的交流,结合人往往是在与"他者"的交流中明晰自身的道理,本文拟从德富林如何对批评作出反应出发,从而探寻哈特的批评如何塑造了德富林的主张。对此,《道德的法律强制》一书则是绝佳的考察对象,德富林在遭遇批评前对沃尔芬登报告(Wolfenden Report)的评议为书中的第一篇,而德富林对批评的明确回应主要集中在书中的第五、六、七篇,那么,答案便隐藏在二者的差异中。在论战中,哈特采用本质主义的方法厘定德富林主张,为斯蒂芬和德富林冠以"道德保守主义",来描述他们对待道德的态度。这种本质主义的研究方式与德富林的思考方式扞格,在德富林看来,道德是理性人的当下判断,并不存在某种本质,这在论战初期便被哈特捕捉,指明德富林的论证并不建立在理性主义的基础上。❷ 在考察文本后,本文进一步指明在论战中德富林的根本性思维方式是反理性主义,哈特的

---

❶ 例如,论战中的哈特在《法律、自由与道德》中就指出分不清德富林的思想是极端道德保守主义还是温和保守主义。参见〔英〕H. L. A. 哈特:《法律、自由与道德》,钱一栋译,商务印书馆2021年版,第46、50页。后世评述《道德的法律强制》时也有指出德富林思想存在含混之处,例如,罗伯特·乔治明确指出德富林在与哈特交换观点的过程中表现含混,十分令人失望。参见〔美〕罗伯特·乔治:《使人成为有德之人——公民自由与公共道德》,孙海波、彭宁译,商务印书馆2020年版,第122页。

❷ See H. L. A. Hart, *Immorality and Treason*, in Paul H. Robinson(ed.), *The Structure and Limits of Criminal Law*, Routledge, 2016, pp. 236, 238. 参见〔英〕帕特里克·德富林:《道德的法律强制》,马腾译,中国法制出版社2016年版,第20页。

批评促使德富林放大了这一面向,这一特征从而逐渐宣显。反理性主义并非空穴来风,而是一贯被视为英国保守主义传统的特征之一,德富林的法官身份则是折射出其深植的英国普通法传统,它督促着英国法官发挥技艺理性(artificial reason),进而塑造英国的法治。故而,以此为支点来解读《道德的法律强制》方能做到真正理解。本文考察得知,一开始,德富林对普通法的态度暧昧不明,在回应哈特的质疑时,捍卫普通法的立场才逐渐现形。在解读《道德的法律强制》后,本文进而回答如此解读的现实意义。

一、"哈特—德富林"论战再定位:理性主义法哲学家与普通法法官之间的争论

帕特里克·德富林勋爵(1905 年 11 月 25 日—1992 年 8 月 9 日),英国法官、法学家,1927 年毕业后担任律师,1948 年开始担任英国高等法院王座法庭法官,1961 年起任英国上诉法院常任法官,1964 年退休。若要认识德富林,除这些社会头衔外,"爱好辩论"和"保守主义"的标签亦不可或缺,这样的性格特征在其青年时期即已显现。[1] 在厚植自由主义传统的国家,这样一位热爱辩论的保守主义者在步入中年后开始对法哲学问题产生浓厚兴趣,一场法哲学论战的发生便势在必行。1959 年 3 月,德富林在英国社会科学院第二期马加比法理学讲坛(Maccabean Lecture in Jurisprudence)发表以"道德的法律强制"(The Enforcement of Morals)为主题的演讲,同年 7 月,哈特以"不道

---

[1] See Justice John Sackar, *Lord Devlin*, Hart Publishing, 2020, pp. V, 32.

德与叛国"(Immorality and Treason)为题,在电台广播中反击了德富林的主张,标志着论战拉开序幕。在之后的几年里,哈特在1963年出版《法律、自由与道德》(Law, Liberty and Morality)一书继续批评,德富林则是继续在各处公开演讲发表关于道德强制的看法,其中相当一部分便是对哈特的还击。最后,德富林在其间所有相关演讲收录在1965年出版的《道德的法律强制》,哈特遂在1967年发表《社会团结与道德的法律强制》(Social Solidarity and the Enforcement of Morality)一文继续攻击,但这也宣告了论战的结束,德富林不再对此作出公开回应。

论战阶段双方就议题展开的主要发表行为

时间	德富林	哈特
1959年3月	在英国社会科学院第二期马加比法理学讲坛发表以"道德的法律强制"为主题的演讲。	
1959年7月		在BBC电台做了一次谈话,这次谈话随后被刊登在《听众》(The Listener)周刊上,题为"不道德与叛国"。
1961年3月	在埃奇巴斯顿伯明翰大学新法学院图书馆开幕式上发表霍尔兹沃思俱乐部(Holdsworth Club)主席演讲,题为"道德、准刑法和侵权行为法"(Morals and the Quasi-Criminal Law and the Law of Tort)。	

（续表）

时间	德富林	哈特
1961年9月	在费城宾夕法尼亚大学的欧文·罗伯茨讲座（Owen J. Roberts Lecture）发表"民主与道德"（Democracy and Morality）的主题演讲，首次直接而公开地回应哈特。	
1962年3月	在贝尔法斯特女王大学发表题为"道德与合同法"（Morals and the Law of Contract）的演讲。	
1963年3月	在杜伦大学格雷伯爵纪念讲座（Earl Grey Memorial Lecture）发表"道德与婚姻法"（Morals and the Law of Marriage）演讲。	
1963年6月		《法律、自由与道德》一书出版，内容主要源于其1962年在斯坦福大学哈利·坎普讲座（Harry Camp Lectures）做的三场演讲。
1964年4月	在温莎的坎伯兰小屋（Cumberland Lodge）发表"道德与当代社会现实"（Morals and Contemporary Social Reality）主题演讲，直接回应哈特在1963年出版的《法律、自由与道德》。	
1964年10月	在芝加哥大学的恩斯特·弗罗因德讲座（Ernst Freund Lecture）发表弗洛伊德演讲，题目是"密尔论道德自由"（Mill on Liberty in Morals）。	
1965年3月	收录上述所有演讲稿的《道德的法律强制》一书出版。	

(续表)

时间	德富林	哈特
1967年秋季		《社会团结与道德的法律强制》一文发表于《芝加哥大学法律评论》。

由于议题的性质,该论战常常与20世纪中期的另外两场著名法理学论战相提并论。不过,即使如此,"哈特—德富林"论战的独特性亦是不言而喻的。相较于"哈特—德沃金"论战针对规则、原则之争的纯粹理论探讨,"哈特—德富林"论战的历史性彰明较著。德富林在1959年马加比法理学讲坛上发表以"道德的法律强制"为主题的演讲,是由1957年沃尔芬登报告引发的。1895年英国作家王尔德因同性恋被宣判,进入20世纪后,特别是经过"二战"后的冷战氛围催化,同性恋入罪的比例呈现爆炸式增长,"恐同"气氛弥漫。然而,危机亦有生机,1953年的几次重大审判表面上复刻了王尔德审判,实际上则是世殊事异,审判结束后出现了别样的宽容声音,社会对同性恋的敌视态度悄然开始松动。1954年,保守党政府任命了一个有关同性恋犯罪和卖淫的部门委员会,由约翰·沃尔芬登(John Wolfenden)爵士担任主席,考虑并建议修改与同性恋性犯罪和卖淫有关的法律,并考虑如何对待那些被判犯有同性恋罪行的人。❶ 由此可见,"哈特—德富林"论战与富于历史性的"哈特—富勒"论战更为相似。作为20世纪中期的首次法理学经典论战,"哈特—富勒"论战聚焦于纽伦堡审判,从"二战"后"纳粹告密者"案件出发,引出法律的有效性是否建立在公正性或其他可

---

❶ See Hugh David, *On Queer Street: A Social History of British Homosexuality 1895-1995*, HarperCollins Publishers, 1997, pp. 175, 177.

接受的道德标准上的问题。

然而,二者也有殊异。"哈特—富勒"论战讨论的是德国的历史事实,依据了《哈佛法律评论》对案件结果的错误报道,而哈特之所以选择该案,显然意在对拉德布鲁赫的自然法理论发起攻击。❶ 相较而言,在"哈特—德富林"论战中,沃尔芬登报告属于当时英国社会热点问题,德富林甚至参与了沃尔芬登委员会的调查,他虽不是委员会组成人员,亦自愿向委员会提供了书面和口头证据:"成年人在私底下的严重猥亵(gross indecency)行为不应该被视为犯罪";"我所说的'私底下'是指那些不构成公共滋扰的行为"。❷ 而对于论战中德富林意图的问题,我们往往鉴于论战主题倾向置论战于以"密尔—斯蒂芬"为起点的"道德强制"学术史讨论,以此来理解德富林的主张。然而,论战主角的哲学家和法官身份及背靠的英国法律思想史传统却被忽略。从双方的身份出发,深入英国学术长河中便可以很容易发现以哲学家与普通法法官为主角、哲学家试图修正和"驯服"普通法的悠久著名传统。

一直以来,普通法在英国哲学家霍布斯、边沁看来并不受控,这种不稳定性挑战着主权国家和法律的秩序,从而具有危险性。其中,以爱德华·柯克爵士(Sir Edward Coke)为代表的普通法律师始终以技艺理性自居,公然对抗英国君主制定的法律和任命的官员,挑战着主权者的权威。❸ 在 1610 年著名的博纳

---

❶ 参见张智、李亚美:《偏离方向的哈特-富勒"告密者案件"之争:基于德国法院判决的法理审视》,光明日报出版社 2020 年版,第 53—56 页。

❷ See Brian Lewis, *Wolfenden's Witnesses: Homosexuality in Postwar Britain*, Palgrave Macmillan, 2016, p. 69.

❸ See Edward Coke, *The Twelfth Part of the Reports of Sir Edward Coke*, at https://lawlibrary.wm.edu/wythepedia/library/ReportsOfSirEdwardCoke1738Pt12.pdf, accessed 12 June 2025.

姆医生案(Thomas Bonham v. College of Physicians)❶中,作为主审法官的柯克还提出了令议会立法服从于普通法原则的宏大主张。作为保皇派、为国王权威辩护的霍布斯,在1651年出版了《利维坦》,创建了主权学说,而针对普通法的问题,则是在1666年起草、1681年出版的《一位哲学家与英格兰普通法学者的对话》一书中,创造了哲学家和普通法学者角色间的对话,试图借此论证普通法应该服膺于主权,捍卫国王的权威。❷ 马修·黑尔爵士(Sir Matthew Hale)在数年后对霍布斯展开了反击,重申普通法法官的技艺理性,非自然理性(natural reason)可以替代和比拟。❸

随着英国光荣革命建立了议会主权,普通法逐渐不再威胁国家主权,生活在新时代的威廉·布莱克斯通爵士(Sir William Blackstone)虽然在《英国法释义》中多处援引柯克的普通法观点,为普通法辩护,但其明确反对柯克关于普通法院司法审查权的主张,提出了"议会至上"这一英国现代宪法的首要原则。❹ 此时,法律秩序成为边沁的关切所在,他的第一个写作计划是批评《英国法释义》,题为《对〈英国法释义〉的评论》(A Comment on the Commentaries),这一计划一直没有完成。1828年,80岁的边沁为此增加了300张手稿纸的内容。在边沁看来,普通法

---

❶ 8 Co. Rep. 107, 77 Eng. Rep. 638.

❷ 参见〔英〕托马斯·霍布斯:《一位哲学家与英格兰普通法学者的对话》,毛晓秋译,上海人民出版社2006年版。

❸ See *Sir Matthew Hale's Criticisms on Hobbes's Dialogue of the Common Laws*, in William Searle Holdsworth, *A History of English Law (Vol. V)*, Methuen, 1927, pp. 499–513.

❹ 参见〔英〕威廉·布莱克斯通:《英国法释义》(第一卷),游云庭、缪苗译,上海人民出版社2006年版,第181页。

实际上是法官造法,在司法过程中创造了新的规则,具有不确定性,普通法建立的秩序是对野兽的规训,破坏个体的理智判断力,是"狗法"。❶ 作为英国实证主义法学鼻祖的边沁希望运用"立法的技术和科学",以功利主义为指导建立一套自洽融贯的法律体系予以修正。实证主义法学传统在英国延续下来,从约翰·奥斯丁(John Austin),再到哈特。1961年哈特最重要的著作《法律的概念》出版,他把人类的行动规则理解为对约束行为的社会标准的使用,提出作为社会规则的法律规则,以这种方式来分析法律和法律体系等概念,继续发展实证主义法学。相较于边沁执着于以功利主义原则驯服普通法,从而保障法律的确定性,哈特意识到由于语言的模糊结构和开放性,自由裁量权存在,而法律规则也为自由裁量权带来限制。❷《法律的概念》被布赖恩·辛普森(Brian Simpson)描述为普通法领域有史以来在分析法学方面最成功的著作。然而,辛普森也指出哈特的法律规则与普通法仍存在本质区别。从历史来看,普通法代表了一种分享的实践,是法官和律师这一职业等级拥有的共同理解;它不能被任何细致的单个规则或者相互联系的规则体系所把握。❸ 可见,虽然哈特在批判边沁理论的基础上发展英国实证主义法学,但是始终继承了理性主义的思维方式,用韦伯的术

---

❶ See John Bowring (ed.), *The Works of Jeremy Bentham Vol. 5*, William Tait, 1843, p. 235.

❷ 参见〔英〕哈特:《法律的概念(第三版)》,许家馨、李冠宜译,法律出版社2018年版,第214页。

❸ See A. W. Brian Simpson, *Reflections on the Concept of Law*, Oxford University Press, 2011, p. 1; A. W. Brian Simpson, *The Common Law and Legal Theory*, in Simpson (ed.), *Oxford Essays in Jurisprudence* (2nd series), Clarendon Press, 1973, pp. 84-88.

语解释，英国实证主义法学家的行为和目标便是法律的理性化（Rationalisierung, rationalization）。

在韦伯看来，英国法是个"怪物"，明明理性化程度低，却发展出发达的资本主义。韦伯之所以认为英国法理性化程度低，是因为一方面英国法概念建构以"确实的、具象的、依日常经验一眼便知的、因此也就是形式的事实为取向"，它不是"由可见事实的抽象化、逻辑性的意义解明、通则化与涵射所形成的一般概念，也不是依三段论方式使其以规范形态得以适用的一般概念"，普通法的审判总是"由一个案件推论到下一个案件"，因此它不可能形成体系；另一方面，陪审制的广泛应用，以及基层治安法官的"卡迪司法"倾向，都削弱了合理性。❶

而作为法官的德富林，实实在在参与了英国法的形成过程。1957 年，德富林因主持审判了 20 世纪英国最轰动的谋杀案（murder trial of the century）声名鹊起。1959 年，德富林以委员会主席身份主持尼亚萨兰调研（Nyasaland Commission of Inquiry）并发表报告。报告发表后，《纽约时报》刊登了一篇关于德富林的文章，其中无不溢美之词。❷

盛名之外，这一时期的德富林也在思索着普通法的过去和未来。1956 年，德富林成为以联络伦敦大学学院校友和朋友

---

❶ 参见〔德〕韦伯：《韦伯作品集Ⅸ：法律社会学》，康乐、简惠美译，广西师范大学出版社 2005 年版，第 186、335 页。
❷ "在黑暗大陆寻找真相的过程中，帕特里克·德富林勋爵带着他一生在普通法的荆棘丛中追踪难以捉摸的猎物——正义——所获得的技能。他对工作就像马赛猎人追踪一头受伤的大象一样自信……对于这位身材高大、驼背的法学家调查这起有争议的'大屠杀阴谋'指控的公正性，人们没有丝毫怀疑。德富林法官是英国最受尊敬的法官。" See "An Inquiring Judge, 'Sir Patrick Arthur Devlin'", *The New York Times*, 25 July 1959, Cited by Justice John Sackar, *Lord Devlin*, Hart Publishing, 2020, p. 145.

间关系为宗旨的边沁俱乐部的主席,在发表主席演讲时他选择了"普通法、公共政策和行政"(The Common Law, Public Policy and the Executive)这一主题。在这里,普通法意味着与成文法相对的司法,并非与衡平法作区分,因为此时普通法与衡平法已经融合。这场演讲指出普通法对公共政策的影响在减弱,并且这是由于普通法自愿退出整个公共政策领域。德富林认为,这有两个原因,普通法遵从了其自身性质的法则和议会活动的增加。就第一个原因而言,普通法是个完整的有机体,判例既是普通法的生命力来源,又限制其发展。第二个原因涉及普通法和立法的关系。就二者的地位而言,德富林认为议会自愿取代法官成为立法者,而法官也接受了这种从属地位,这是事实。普通法并没有宣称要使法官成为法律的创造者,而法官也从来没有声称要做的不过是阐述他们从各种来源收集的法律,例如道德和宗教的教义、习俗认可的规则,以及他们认为所有理性的人都会遵守的公共政策的规则。德富林进一步谈到了普通法与成文法的作用,流露出对普通法的悲观主义的乐观:

> 如果有人问我,成文法和法官制定的法律哪一个更令人满意,我不知道该如何回答。法官制定的法律有一个优点,那就是法官们一步一步摸索自己的道路,因此法律在形成的过程中就受到了经验的检验。但这也有一个缺点,即所有的步骤并不总是朝着同一个方向,而且可能是在这样绘制航线时,要忍受长时间的不确定。有时,这个过程最终会陷入混乱,只能由立法机构来解决;动物造成损害的赔偿责任法和占用者的赔偿责任法就是这样的例子。处于最佳

状态的普通法,比任何成文法都要好。❶

在德富林眼里,普通法有着明显的缺点——不确定性,其导致的混乱最终只能由立法解救。并且,德富林看到了普通法的衰退,通过判例的形成而发展起来的普通法也受到判例的控制。尽管普通法有种种缺点,他还是流露出对普通法的偏爱。当然,德富林也强调普通法和成文法之间的互相沟通:

> 普通法的充分发展本身就是议会活动的一个源泉,因为只有通过立法才能修改法律。……而且就其本身而言,将议会法案视为法官制定的法律的完全替代品也是错误的。埃弗谢德勋爵(Lord Evershed)在最近的一次讲话中说明,法院要从不断增长的立法体系中提取出大量的工作,其中大部分必然是拼凑而成的、可行的法律原则,并将它们纳入现有的体系。❷

可见,哈特与德富林思想的碰撞,虽以"道德的法律强制"为议题,幽微之处仍涌动着两种相反的思维方式。因此,若非从思维方式的张力出发理解论战,未免只是隔靴搔痒,难言切中肯綮。1965年《道德的法律强制》出版,德富林在书的前言中澄清了演讲中有两个招致最多批评的主题,一是不存在一个法律不能介入的私人道德领域,二是主张法律强制执行的道德必须是公众道德(popular morality)。❸ 论战后期德富林的论述重心转

---

❶ Patrick Devlin, "The Common Law, Public Policy and the Executive", *Current Legal Problems*, Vol. 9:12-13(1956).

❷ Patrick Devlin, "The Common Law, Public Policy and the Executive", *Current Legal Problems*, Vol. 9:12(1956).

❸ 参见〔英〕帕特里克·德富林:《道德的法律强制》,马腾译,中国法制出版社2016年版,前言第7页。

移到了这两个问题,那么,要回答外界的批评如何塑造了德富林的思想,自然要从回顾这两大争议出发,而从思维方式的路径出发理解这两大核心争议,如同在一个新世界探寻,从中或许能进一步发现《道德的法律强制》的"秘密"。在笔者看来,对于法律强制执行的道德必须是公众道德,有必要从两个方面去考察,分别是理性与道德的关系和论述中所透露出的运用普通法来强制道德主张;而就不存在一个法律不能介入的私人道德领域而言,则需要以英国普通法的非通则化特质为基础来把握为了回应批评而不断强调的无法划定界限的主张。

二、自然理性有限性对法律强制执行的道德之塑造

(一)理性与道德

德富林的重要论据之一便是理性在道德判断中失灵,这一贬低普通人理性作用的做法与当初与霍布斯同时期的普通法法官柯克、黑尔的主张有相似之处但不完全相同,他们虽然强调法官的技艺理性对法律的重要性,法律是一项专门的技艺而非只拥有自然理性的普通人可以掌握和运用,但仍然承认普通人的自然理性。而德富林却悲观地看待普通人的自然理性,强调在道德判断时主要运用的是感觉,显而易见,德富林的反理性主义倾向更为强烈。1959年德富林发表以"道德的法律强制"为主题的演讲(现为书中第一章"道德与刑法"),在演讲中德富林主张社会有权运用法律问题捍卫自身,对于如何确定法律强制执行的道德,德富林提出理性人标准:

通过多数人的观念去获致当然不够，要求每个公民的个人同意又嫌太过。英国法已经逐步形成并常用一种不靠"算人头"的标准。这就是理性人（reasonable man）标准，且不能混淆于理智人（rational man）。他并不被期望以理性对待任何事物，其判断很可能主要是一个<u>感觉</u>（着重号为笔者所加）问题。这是老百姓（the man in the street）的意见，或者用所有法律人所熟知的古语，即"克拉彭马车上的人"（the man on the Clapham omnibus）的意见。他也可以被称为公正（right-minded）之人。对我来说更愿意将他称为陪审团中的成员，因为社会的道德判断与这事儿相关：十二名随机抽取的男性或女性经讨论之后要求达成全体一致。在议会像今天这般活跃之前，这就曾是法官在规定公共政策规则之时所运用的标准。他们并不认为自己是在制定法律，而只不过将每一公正的人都会接受的原则规定为有效。这正是波洛克（Pollock）所谓的"实践道德"，它并不建立在神学或哲学基础上，而是"大部分为半意识或无意识地累积并体现于常识道德中的连续经验"。他还将之称为"我们在随机抽取的通情达理的文明人或英国人身上所期待发现的思考道德问题的特定方式"。❶

为了解释理性人标准，德富林引用了英国法律史和分析法学学者弗雷德里克·波洛克（Frederick Pollock）的观点。然

---

❶ 〔英〕帕特里克·德富林：《道德的法律强制》，马腾译，中国法制出版社2016年版，第20页。有必要说明，在翻译"reasonable man"和"rational man"时，本文没有参考中文版译著对应翻译成"通情达理人"和"理性人"，而是根据学术界更常见的、也更符合作者表达意思的翻译方式，分别对应翻译为"理性人"和"理智人"。

而,德富林也有自己的发挥,那便是理性人在判断道德时主要运用的是感觉。在这篇文章中,德富林间接阐述了理性与道德的关系,在他看来,道德更多是一个感觉问题,具言之则是对错感。无法容忍的感觉便是法律强制的充足理由,理性并不期望在道德判断上起多大作用。哈特清醒意识到这样的论述并不建立在这些宗教或理性主义观念之上,更像是否定推理或思考与道德有关。❶ 为了回应哈特,德富林进一步解释。德富林承认理性可以带领我们避免陷入荒谬,但是在众多理性答案中必须运用感觉来择一,推理让正常人无所适从。这并不是波洛克的观点,诚然,波洛克清醒意识到运用理性进行道德判断得出的结果有差异,不过他认为根本上是因为人们运用理性的能力不同,并不是所有人都有同样的能力去感知类比和推导结果,当必须将公认的原则应用于复杂的特殊情况时,思想正确的人的结论很可能会有所不同,进而他的做法是在承认这种差异的基础上发展理论,提出以判例法指导为补充。❷

在德富林看来,人们的对错感判断源于良知,"在法律眼中,期待一个人所应遵循对错的唯一判断是他个人的良知,而这与自我修身抑或他者教化无关"❸。"良知"(conscience)是晚期中世纪哲学的重要观念,特别是在托马斯·阿奎那(St. Thomas Aquinas)的思想中占据了相当重要的位置,而普通法的发展很

---

❶ See H. L. A. Hart, *Immorality and Treason*, in Paul H. Robinson(ed.), *The Structure and Limits of Criminal Law*, Routledge, 2016, p. 236.

❷ See Frederick Pollock, *The Casuistry of Common Sense*, in Frederick Pollock, *Essays in Jurisprudence and Ethics*, Macmillan and Company, 1882, p.277.

❸ 〔英〕帕特里克·德富林:《道德的法律强制》,马腾译,中国法制出版社 2016 年版,第 113 页。

大程度上受到了他的影响。在中世纪的哲学家那里,良知被看作一种通过自由选择,与特定行为的判断有关的行为,因此是可能犯错的。这与不可能犯错的、与自然法直接联系在一起的"良心"(synderesis)区别开来。❶ 德富林的论述与普通法治理中对良知的强调相暗合。对于普通法的法官而言,法律就是要"防止以违背良知的方式得益",这也是普通法强调"常识"(common sense)的基本意涵。以普通法法官柯克为例,在他看来,普通法司法裁判技术的核心是技艺理性,而理性就意味着符合"衡平与好的良知"(equity and good conscience),这一观念乃是普通法司法裁判技术的核心。❷ 当然,这里的理性指的是法官的技艺理性,而非德富林谈论的普通人的自然理性,并且,就良知与理性的关系而言更多的是差别,德富林强调感觉、降低理性地位的做法与柯克所谓良知是理性的基础、理性是好的良知不同。

德富林崇尚感觉、轻视理性的相关论述引起了哈特的不满,他认为德富林的民主彰显了危险,为了避免民主滑向民粹,我们应该警惕多数人暴政,从而采取密尔修正后的个人主义式民主,要义在于个人先于社会。❸ 在谈到良知与理性的关系,具体而言是能否通过以理性统治的方式去引导每个人的良知趋于同一结论,从而以之为道德标准的问题上,德富林仍然强

---

❶ See Timothy Potts, *Conscience in Medieval Philosophy*, Cambridge University Press, 1980, pp. 12, 45.

❷ See John U. Lewis, "Sir Edward Coke: His Theory of 'Artificial Reason' as a Context for Modern Basic Legal Theory", *Law Quarterly Review*, Vol. 84, 337, 340(1968).

❸ See H. L. A. Hart, *Immorality and Treason,* in Paul H. Robinson(ed.), *The Structure and Limits of Criminal Law*, Routledge, 2016, p. 239. 参见〔英〕H. L. A. 哈特:《法律、自由与道德》,钱一栋译,商务印书馆2021年版,第67—70页。

调推理无法在道德律应当是什么的问题上达成一致。不过,在这一问题上重要的是德富林流露出了他的民主观。"理性的人是否就是一切平等的人?如果是,如果每个人在思考方面有相当的力量,并有心力去克制感觉与情绪的低下官能,就没有理由反对道德标准是一个普选的问题。"在德富林看来,道德标准是普选问题,背后的正当性是平等价值,"并不是说人类生来就有同等的智力,我们不能对此信以为真,但人们都可以自由支配智力,在这一点上每个人在辨别对错的能力程度上生而平等。这是民主的全部含义"❶。实际上,倘若仔细考察德富林对理性人的相关论述可以发现,虽然"苏格拉底审判"仍历历在目,但是德富林的民主观并非哈特想象中那样可怕,德富林后来出版时补充道,一般认为理性人不持荒谬的(irrational)结论,祛除荒谬往往只是一个轻而易举且相对次要的过程。要在诸多理性结论之间进行困难抉择,正常人只有依赖"感觉"作出正确判断,而推理会让他们无所适从。❷

为了捍卫密尔式民主,哈特在1959年《不道德与叛国》中以理性主义的论调予以攻击,"立法者应该问一问,一般道德是否建立在无知、迷信或误解的基础上;是否存在一种错误的观念,认为那些实践它所谴责之事的人在其他方面对社会是危险的或敌对的;以及人们是否很好地理解刑事惩罚,尤其是性犯罪所带来的许多当事人的痛苦、勒索和其他邪恶后果"❸。在1963

---

❶ 〔英〕帕特里克·德富林:《道德的法律强制》,马腾译,中国法制出版社2016年版,第122、132页。

❷ 参见〔英〕帕特里克·德富林:《道德的法律强制》,马腾译,中国法制出版社2016年版,前言第5页。

❸ H. L. A. Hart, *Immorality and Treason*, in Paul H. Robinson(ed.), *The Structure and Limits of Criminal Law*, Routledge, 2016, p. 239.

年《法律、自由与道德》中,哈特进一步归纳德富林的道德为实在道德(positive morality)——事实上被某一特定社会群体接受和普遍认可的道德,将用来批判包括实在道德在内的现实存在的社会风俗制度的一般性道德原则概念化为批判道德(critical morality)。❶ 在哈特之前,奥斯丁区分实在道德和实在法律,旨在强调分离道德与法律,建立自主的法律体系;❷而哈特此处则意欲以批判道德作为实在道德的正当性来源,质疑德富林所谓道德的正当性。

而在德富林看来,作为道德的共同信念举足轻重,"任何形式的社会都由观念共同体构成,不仅包括政治观念,也包括社会成员应当如何行为并支配生活的观念,后者就是社会道德"。德富林在1959年"道德的法律强制"演讲中旨在说明"人类无法拥有没有道德的社会"。❸ 然而,这并不被理解,德富林的相关主张也受到了诸多批评。为了理解德富林主张,哈特作出过诸多比较与探讨,例如,其在《法律、自由与道德》中以区分温和的道德保守主义和极端的保守主义来进一步理清德富林的道德观,《社会团结与道德的法律强制》中对勘涂尔干和德富林来讨论"瓦解命题"。❹ 然而,误解并未缺席,哈特的某些批评并不基于德富林的真实观点,德富林在《道德的法律强制》一书中指明

---

❶ 参见〔英〕H. L. A. 哈特:《法律、自由与道德》,钱一栋译,商务印书馆2021年版,第24页。

❷ 参见〔英〕约翰·奥斯丁:《法理学的范围》,刘星译,中国法制出版社2003年版,第147—148页。

❸ 〔英〕帕特里克·德富林:《道德的法律强制》,马腾译,中国法制出版社2016年版,第11、18页。

❹ 参见〔英〕哈特:《法律、自由与道德》,钱一栋译,商务印书馆2021年版,第45—49页。See H. L. A. Hart, "Social Solidarity and the Enforcement of Morality", *The University of Chicago Law Review*, Vol. 35:1-13 (1967).

哈特在《法律、自由与道德》中的两处误读。其一是德富林未主张任何对社会共享道德的偏离都会威胁其存在,他仅主张任何颠覆活动都会威胁社会存在,而这两种活动都在本质上可能威胁社会存在,以至于它们都不能被排除在法律之外;其二是德富林并未主张道德在没被社会摧毁的情况下就永远无法改变,并未主张利用法律惩罚使特定社会特定时代的主导性道德固化,相反,他认为由于实践因素,法律从不试图覆盖公共道德的整体,而留下的区域当然是最易于改变的,但假定法律确实覆盖公共道德的整体,其影响不是去凝固,而是去调节溶解之过程,具有"去芜存菁"的作用。❶ 哈特把第一点误读当作德富林的核心思想,这显然是更大的误读。在这一背景下,理解显得至关重要。德富林解释的第二点体现了道德的流动性,而另一方面德富林则强调道德具备共同性。他认为,道德是一张无缝之网(seamless web),这一比喻是在哈特的批评下产生。哈特在 1959 年《不道德与叛国》中批评德富林,没有理由认为道德是一张无缝之网,若法律不强制执行道德,这张网将带着社会一起分崩离析,而后其在 1963 年《法律、自由与道德》中又重申。❷ 德富林在 1964 年"密尔论道德自由"演讲中欣然接纳了道德是无缝之网的比喻,并认为这一比喻十分有力,绝大多数人的道德作为一个整体,实际上导源于某些宗教教义,毁坏这一整体中的部分信念,很可能导致一整个道德信念的削弱。

---

❶ 参见〔英〕帕特里克·德富林:《道德的法律强制》,马腾译,中国法制出版社 2016 年版,第 17—18、153 页。

❷ See H. L. A. Hart, *Immorality and Treason*, in Paul H. Robinson(ed.), *The Structure and Limits of Criminal Law*, Routledge, 2016, p. 237. 参见〔英〕H. L. A. 哈特:《法律、自由与道德》,钱一栋译,商务印书馆 2021 年版,第 47、62 页。

对绝大部分人而言,道德就是一张信念之网,而非一些毫不相干的信念而已。❶

兼具流动性和共同性的道德,与普通法极为相似。虽然1956年德富林对普通法流露出悲观倾向,放大了先例控制普通法发展的面向,认为先例一旦最终确立,就会变得像树枝一样僵硬,树枝本身只能被砍掉或修剪,一旦树完全长成,可以遮阴的面积就确定了,不能再扩大。然而,他也提到先例赋予了普通法生命力,普通法是通过先例发展形成的完整有机体。❷ 确实如此,普通法是一个生机勃勃、变动不居的社会有机实体。旧规则消亡,新的规则和做法则取而代之,就像新细胞取代旧细胞一样。并且,变革是渐进的,是通过移动这边的海岸、修复或加固那边的海岸、将海岸从其通常的地域延伸至新地域而不知不觉地改变法的结构的问题。❸ 与此同时,普通法也诉诸共同性。对普通法的使用和接纳仰赖对它的合理性和历史适当性的共同感觉。它是共同的,被相互承认,至关重要。共同体的每个成员都相信这些规则是合理的、良好的或明智的并不足够,他们必须也相信共同体中的其他人同样相信这一点,那个事实对他们承认法律是合理的并因此是有效的很重要。然而,相较于道德诉诸共时性的共同性,普通法的共同性更多强调历史连续性和一贯性,是历时性的共同性。就如黑尔著名的阿尔戈号船隐喻,"阿尔戈英雄之船(the Argonauts Ship),在漫

---

❶ 〔英〕帕特里克·德富林:《道德的法律强制》,马腾译,中国法制出版社2016年版,第152页。

❷ See Patrick Devlin, "The Common Law, Public Policy and the Executive", *Current Legal Problems*, Vol. 9:11(1956).

❸ 参见〔美〕杰拉德·波斯特玛:《边沁与普通法传统》,徐同远译,法律出版社2014年版,第9、14页。

长的航程中,更换了很多零件,回到母港之时,尽管几乎没有什么部件与出发之前的是同一个,但它仍然是那艘船"❶。由此可见,在思考何谓道德时,德富林仍被普通法深深影响着。

(二)理性人、陪审团与普通法

德富林的"感觉"并不能为哲学学者所理解,因此遭受到了诸多批评,在1965年《道德的法律强制》成书时德富林决定在这一问题上作出让步,提出弱化"感觉"的论述,强调"理性人"标准。❷ 理性人是普通法上的法律拟制,对于英国而言,在合同法、侵权法、刑法等领域适用。一般认为,英国刑法中理性人标准首次运用于1869年的 R. v. Welsh 案。❸ 1957年,英国颁布了有关自杀的刑事法案,其中明确规定理性人标准应交由陪审团判断,法官无权置喙,以防止法官滥用权力。❹ 在陪审团判断理性人标准的问题上,陪审团是主体,理性人标准是客体,然而,在《道德的法律强制》一书中,理性人却摇身一变成了陪审团,在司法案件中决定何为道德,也即理性人成为主体。不过在1959年的"道德的法律强制"演讲中,该做法的深意仍然隐而不彰,然而在1961年的"民主与道德"演讲中,借由对当时社会热点案件——"肖诉检察长案"(*Shaw v. Director of Public Prosecutions*)❺(以下简称"肖案")的评述,德富林逐渐展露意图。

---

❶ 〔英〕马修·黑尔:《英格兰普通法史》,毛国权译,贵州人民出版社2017年版,第65页。

❷ 参见〔英〕帕特里克·德富林:《道德的法律强制》,马腾译,中国法制出版社2016年版,前言第5页。

❸ *R. v. Welsh* (1869) 11 Cox C. C. 336.

❹ Homicide Act 1957, 5 & 6 Eliz. 2. c. 11.

❺ (1962) A. C. 220.

实际上，1957年的沃尔芬登报告又名关于"同性恋犯罪与卖淫的委员会报告"，不仅讨论了同性恋问题，还有卖淫问题。《街道犯罪法》在报告出具的同年通过，禁止卖淫者在街边拉客。"肖案"中的被告虽未触犯上述行为，但出版了一本包括卖淫者的姓名、地址、电话的杂志，最终因与卖淫者协力促成"引诱其读者利用上述广告者实现淫乱目的"触犯普通法中腐化公共道德（corruption of public morals）的共谋而获罪。"公共道德"一词语义模糊，具有不确定性，先例中法官未明确提到过对"公共道德"一词的限制，法官对"公共道德"等概念在法律上的适用可能各不相同，"公共道德"这类概念在法律上的适用同样可能因陪审团的不同而有很大差异，检察机关如今可能会用这一普通法罪行来回避成文法或法定辩护施加的限制。❶ "肖案"判决一出，自然引起了刑法中的法官造法问题的热议，边沁对普通法的恐惧又再上演。

哈特认为，"肖案"复活该普通法罪名导致的其中一个后果是法的溯及既往，任何合作行为（cooperative conduct），只要陪审团溯及既往地认为是不道德的，那它就是犯罪。❷ 边沁与哈特的恐惧不谋而合，在边沁那里，法的根本任务是提升他所谓的"安全"，这涉及在社会互动的复杂语境里确保正当的预期，并确保统治权的行使的充分和有效的责任。而普通法塑造新的法律规则过程的真实本质"必然"是溯及既往的，普通法的溯及既往是个恐怖的幽灵，第一，这些法或规则会使受审中案件

---

❶ See Ian Brownlie & D. G. T. Williams, "Judicial Legislation in Criminal Law", *The Canadian Bar Review*, Vol. 42: 594−601(1964).

❷ 参见〔英〕H. L. A. 哈特：《法律、自由与道德》，钱一栋译，商务印书馆2021年版，第17页。

当事人的预期破灭,普通法的思想不可能让法官采取措施预防、减轻或赔偿这造成的损失;第二,法的溯及既往造成了普遍而全面的后果,法系统本身造成的损害严重;第三,在溯及既往的法律的体制下,一个人首先通过因犯罪受到处罚而了解犯罪,理智和自愿的服从被彻底排除。❶ 不过从哈特的话语中可以看出,他害怕的其实是语义模糊的普通法罪名给陪审团留下了极大的专断空间,从而导致法的溯及既往,因此真正的恐惧来源在于专断。他与边沁相同,甚至边沁进一步认为,因为普通法不能令人满意地调和普遍安全相互冲突的需求与裁判对灵活性的需要,所以它注定像钟摆一样,在专断与僵化两极间徘徊。❷

事实上,德富林所设想的判断社会共同道德的陪审员并不会恣意而为,陪审员在判断道德时受到诸多程序上的约束:"其一,陪审团的裁决必须全体一致,因而一个道德原则如果被赋予法律强制力,应当要求从社会共同体随机抽取的十二名男士和女士不但赞同,而且认真对待并认为违反行为适于惩罚。其二,陪审团成员不会给出一个仓促的决定,而是经过争辩、教育、深思之后才回到其裁决。其三,在陪审团情境中,普通人的道德观念显得直接有效。误以为应当保护的不是社会健全,而是某种特定制度的立法者,将发现该特定法律的衰亡。"❸ 德富林对于陪审团的信任是从始至终的,在1956年出版的《陪审团的审

---

❶ 参见〔美〕杰拉德·波斯特玛:《边沁与普通法传统》,徐同远译,法律出版社2014年版,第304—305页。

❷ 参见〔美〕杰拉德·波斯特玛:《边沁与普通法传统》,徐同远译,法律出版社2014年版,第308页。

❸ 〔英〕帕特里克·德富林:《道德的法律强制》,马腾译,中国法制出版社2016年版,第119页。

判》(Trial by Jury)一书中,他已经提出虽然陪审团并非总是正确的,然而却为防止国家滥用法律制度提供了重要保障。如果陪审团成员被说服这样做会造成严重的不公正,那么他们就不会定罪。❶ 而在1991年发表的《陪审团的良知》(The Conscience of The Jury)一文中,德富林则视陪审团为正义的化身,虽然陪审团"尊重法律,但不会将法律置于案件的公正之上"。❷ 陪审团制度使普通法避免专断,只保持在灵活的状态中,而立法程序惯性极大,且在道德问题上消极立法尤其困难,从而普通法打败立法成为强制道德的选择,"肖案"则是德富林用来主张普通法强制道德的极佳例子。由此,往往被论战中的哈特和后世评述所忽略的主张——"运用普通法强制道德"获得了应有的瞩目。当然,德富林承认法院服从议会之上,议会无法容忍的判决,可以通过事后的立法予以矫正,❸这也一定程度上遏制了哈特所忌惮的民主之暴政。

三、从否定通则化到无法划定界限:
语境主义作为隐秘主线

(一)英国法与通则化

1957年沃尔芬登报告问世后,德富林在1959年"道德的法

---

❶ See Patrick Devlin, *Trial by Jury*, Stenvens & Sons, 1956.

❷ See Patrick Devlin, "The Conscience of The Jury", *Law Quarterly Review*, Vol. 107: 398-404 (1991).

❸ 参见〔英〕帕特里克·德富林:《道德的法律强制》,马腾译,中国法制出版社2016年版,第131页。

律强制"演讲中对报告中饱含密尔教义的文段❶表达了不满,明确反对其中"必须保留一个私人道德与不道德的领域"的观点。在德富林看来,不可能从理论上对国家针对不道德行为的立法权进行限制,不可能对一般规则预先设置例外情形,也不可能明确不可变通的道德区域,从而使法律在任何情况下都不允许进入。法律与不道德本身无关,或试图为法律禁止恶行的功能划定严格界限,都是错误的。法律武器是社会运用的一种工具,决定何种特殊案件需要运用法律则是一个实践问题。事实上存在很多没有纳入法律调整的不道德行为,可见并不存在一个通则。这是个案决定的问题。❷

这种反对通则化的论调来自一个长年浸淫于英国法的人并不稀奇。在韦伯所谓"理性化"过程中,通则化(Generalisierung)是初级阶段。通则化又称"分析",指将决定个案判决的标准理由化约为法律命题,亦即明确的、具有可计算性和可预见性的法律规则。其次是建构一个完整的法律关系,又称为"综合",这意味着法律规则相互关联成内部无矛盾的具体法律制度。最后则是将所有法律命题和法律制度加以整合,以形成逻辑清晰、毫无矛盾和漏洞的完善规则体系,亦即体系化(Sys-

---

❶ "社会与法律在私人道德事务中应赋予个体选择和行为自由的重要性。除非社会有意通过法律手段将犯罪与罪恶的范畴等同,否则必须保留一块私人道德与不道德的领域,简而言之,这并非法律所应干预之事。这样说并不是纵容或鼓励私人不道德;相反,强调道德或不道德行为的个人性与私密性,正是要强调个体对自身行为所负的个人与私人责任,而这是一个成熟行为者在无需法律惩罚威胁的情况下,理应自行承担的责任。"See *The Wolfenden Report: Report of the Committee on Homosexual Offenses and Prostitution*, Stein and Day, 1963, p. 48.

❷ 参见〔英〕帕特里克·德富林:《道德的法律强制》,马腾译,中国法制出版社2016年版,第17、19、27页。

tematisierung)。❶ 然而,英国法并没有实现"逻辑升华"意义上的理性化,只采用一种罗列式的关联方法,只能称作一种法律的"决疑术"(legal casuistry),而且这种基于类推的判例原则,根本不可能产生法律的理性系统,也就不可能产生法律的理性化。❷ 实际上,普通法不是通过封闭的逻辑形式体系建立的,而是通过开放的法律技术完成的,这种理性能力是与"智慧、审慎或技艺"联系在一起的,这是"渐进的、语用式的"(gradual, discursive),是一种"推理"(ratiocination)过程而非"理性化"(rationalization)过程。❸

在德富林看来,不存在一个通则与无法划定严格界限是紧密联系在一起的。然而,在这场演讲中,他没有明确表达无法为法律禁止恶行划定严格界限与不存在一个通则来决定何种特殊案件需要运用法律间的具体关系。密尔教义——伤害原则便是一个通则,当哈特以修正后的伤害原则试图划定一个不受干涉私人领域时,德富林无法划定严格界限的论调则逐渐成为书中的主旋律,不断回响。尽管在论战发生的时期法律自由主义形成压倒性优势,哈特被普遍认为是胜利的一方。然而,在无法划定界限这一点上,后世纷纷认可德富林的观点,美国学者吉拉德·德沃金(Gerald Dworkin)就明确表示过"德富林是对的"。❹

---

❶ 参见〔德〕韦伯:《韦伯作品集Ⅸ:法律社会学》,康乐、简惠美译,广西师范大学出版社 2005 年版,第 26 页。

❷ See Max Weber, *Economy and Society: An Outline of Interpretive Sociology*, University of California Press, 1978, pp. 655-656.

❸ See Roy Stone, "Ratiocination not Rationalisation", *Mind*, Vol.74:481 (1965).

❹ See Gerald Dworkin, "Devlin Was Right: Law and the Enforcement of Morality", *William and Mary Law Review*, Vol. 40: 927(1999).

并且,当代绝大部分学者认可原则性界限是不存在的,不仅是迈克尔·摩尔(Michael Moore)这样的法律道德主义者认为找不出区分公共错误(public wrongs)和私人错误(private wrongs)的标准,❶杰弗里·墨菲(Jeffrie G. Murphy)这样的法律自由主义者也表示用伤害原则或任何简单的原则为国家正当权力划分界限是不可能的。❷ 美国学者伯纳德·哈科特(Bernard E. Harcourt)在梳理密尔伤害原则的坍塌过程时,把"哈特—德富林"论战作为标志性起点。❸ 然而,哈科特在阐述时仍落入保守主义标签的窠臼,而相对忽略了其中的英国普通法特质,分析也稍显不足。因此,有必要重审无法划定界限的论述,再探其中的洞见。

(二)无法划定界限与密尔教义

1964年,德富林在回应过哈特后发表了"密尔论道德自由"演讲,作为收官之作。这场演讲可谓集大成之作,统合了之前所有的论据,最终向密尔发起进攻。这场演讲的开篇便提到"权力是一种准许,而自由并非一种特权"。"权力是一种准许"隐约流露出限权的理念,在论战时期,德富林已经了解到以赛亚·伯林(Isaiah Berlin)的两种自由学说,他认为这一学说带来的结果

---

❶ See Michael S. Moore, *Liberty's Constraints on What Should be Made Criminal*, in R. A. Duff, Lindsay Farmer, S. E. Marshall, Massimo Renzo & Victor Tadros (eds.), *Criminalization: The Political Morality of the Criminal Law*, Oxford University Press, 2014, p.199.

❷ See Jeffrie G. Murphy, *Legal Moralism and Liberalism*, in Jeffrie G. Murphy, *Character, Liberty and Law: Kantian Essays in Theory and Practice*, Springer Softcover, reprint of hardcover 1st edn. 1998, p.110.

❸ See Bernard E. Harcourt, "The Collapse of the Harm Principle", *The Journal of Criminal Law and Criminology*, Vol. 90: 109-194 (1999).

是法治成了灵丹妙药,成为福利国家的理想。他对此表示反对,强调法律关注最小值而不是最大值。❶ 这一观点也出现在第一场演讲中,德富林最早便强调,应该以此审慎作出法律强制的判断。其实这是一种古典自由主义的论调,强调国家只承担守夜人的责任,只容许最低程度的权力干预。这样的限权思想和法治主张也隐含在他对陪审团程序的限制和立法对普通法的纠偏机制的论述中,这些我们已经在前文领略过。若仅从这些部分来看,德富林无疑是一个纯然的自由主义拥护者。然而,后半句话则显示出了他的独特性,在这场演讲中我们便可以全面领略这一特质。在德富林看来,自由并不一种善,而只有工具价值。既然如此,德富林在这场演讲中提出的具体对应主张则是——社会理论上可以全面判断隐私,这一主张只是第一场演讲提到的只存在私人行为,不存在私人道德的换喻说法。❷

为此,德富林必然要攻击自由主义的标杆式人物密尔和其自由原则,也即伤害原则,因为这一原则便是批评者们主张存在不受干涉私人领域的原理。德富林的做法是强调恶行可能造成社会伤害,在他看来,恶行对社会的伤害分为有形伤害和无形伤害。在有形伤害方面,足够数量的个人沉溺恶行弱化自身,社会将因此削弱;在无形伤害方面,若不道德活动助长道德信念怀疑,削减道德信念的强度,社会将缺乏凝聚力。纵然如此,密尔

---

❶ Letter from Devlin to Acheson of 3/2/1959, Manuscripts and Archives, Yale University Library, Dean Acheson Papers, folder 96, cited by Justice John Sackar, *Lord Devlin*, Hart Publishing, 2020, p. 122.

❷ 参见〔英〕帕特里克·德富林:《道德的法律强制》,马腾译,中国法制出版社 2016 年版,第 25、143 页。

却因为我们的行为有可能是错的而要求个人的自由。❶ 在回应"理性主义圣人"密尔教义的过程中,德富林的反理性主义不再仅仅是抽象的思考方式,也衍化为具体的行为主张。

在《论自由》中,密尔清楚地概括了他的伤害原则:只要个人行为仅关一己利害而与他人无干,个人就无须对社会负责,对于其任何有损他人利益的行为,个人都应对社会负责,并且如果社会觉得为了自身安全必须施与某种惩处,则行事者还应受到社会舆论或法律的惩罚。❷ 然而,这样简单的概括并没有为伤害的意涵指明方向,哈科特清醒意识到密尔的"伤害"在其不断重述中变得复杂,最终伤害是建立在功利主义的公认或法律的权利基础上。而德富林的诠释,则是进一步模糊伤害概念。❸ 相较于从伤害语义出发研究,本文则把侧重点放在展现作为普通法法官的德富林在讨论伤害原则时是如何思考的。在德富林的诠释下,伤害分为有形伤害和无形伤害,而伤害的对象都是社会。对于有形伤害,他认为问题在于恶行在本质上对社会的危害,而非恶行超过何种限度方才危害社会,因为限度问题无法衡量。❹ 在这里,他以叛国为例说明问题。叛国的例子早在1959年"道德的法律强制"演讲中便出现。相较于强调普通人运用感觉判断道德,一开始,德富林以一种普通法法官思考方式——

---

❶ 参见〔英〕帕特里克·德富林:《道德的法律强制》,马腾译,中国法制出版社2016年版,第147—156页。

❷ 参见〔英〕约翰·穆勒:《论自由》,孟凡礼译,广西师范大学出版社2011年版,第113页。

❸ See Bernard E. Harcourt, "The Collapse of the Harm Principle", *The Journal of Criminal Law and Criminology*, Vol. 90: 120-121, 129 (1999).

❹ 参见〔英〕帕特里克·德富林:《道德的法律强制》,马腾译,中国法制出版社2016年版,第150页。

类比推理,来支撑无法划定界限的主张。在 1959 年"道德的法律强制"演讲中,德富林在谈到无法为法律禁止恶行的功能划定严格界限后,紧接着运用类推举了一个实例,既然国家立法权禁止叛国与煽动叛乱并不存在理论上的限制,与之相同,立法权禁止不道德行为也没有理论上的限制。这便是他主张不存在私人不道德的概念,应以检验"私人行为"代替所谓"私德"的原因。❶ 这样的类比引起哈特的不满,他在 1959 年《不道德与叛国》中痛斥这样混淆公私的做法,在他看来,叛国显然是公行为,与私人不道德明显不能相提并论。❷ 德富林在 1961 年"道德、准刑法和侵权行为法"演讲中对叛国类比作出了进一步解释,认为叛国在严重性上与不道德一致。❸

但是对于这样的解释哈特并不满意,在 1963 年《法律、自由与道德》中他继续主张区分公私,还以性行为为例阐释如何区分,性行为在私下发生属于私德,只有在公共场合发生才算公德。❹ 倘若抽象地看待叛国和不道德,人们很容易倾向于同意哈特的看法;然而,事实远非如此。在普通法中,跨范畴的类比并不少见。吉拉德·珀斯特曼(Gerald J. Postema)便在阐释普

---

❶ 参见〔英〕帕特里克·德富林:《道德的法律强制》,马腾译,中国法制出版社 2016 年版,第 19、25 页。

❷ See H. L. A. Hart, *Immorality and Treason*, in Paul H. Robinson(ed.), *The Structure and Limits of Criminal Law*, Routledge, 2016, pp. 235–239.

❸ 参见〔英〕帕特里克·德富林:《道德的法律强制》,马腾译,中国法制出版社 2016 年版,第 42 页。

❹ "夫妻之间的性行为并非不道德,但如果在大庭广众之下进行,就触犯了公共仪轨。根据习传道德,成年人之间私下自愿进行的同性恋性行为是不道德的,但它并未触犯公共仪轨。不过若是公开进行,那它既可以算不道德,也可以算是触犯公共仪轨。"参见〔英〕H. L. A. 哈特:《法律、自由与道德》,钱一栋译,商务印书馆 2021 年版,第 42 页。

通法的类比推理时举过这样的例子:传统上认为租赁是土地权益的转让,因此完全属于传统财产法的范畴;然而法院在审理中认为与普通法上的土地租赁相比,现代公寓租赁与动产租赁和货物销售等合同安排有更多的共同之处;法院对这些关系的法律和社会背景进行非常详细的探讨后认为,在城市住宅租赁中存在一种可居住性的默示保证,其运作方式类似于商品可销售性的默示保证。❶ 申言之,类比建立在语境主义的基础上,不存在抽象意义的类比。❷ 而在这一基础上理解叛国类比,便自然豁然开朗。德富林强调的是,在危害社会的语境下,叛国和恶行都有可能造成社会危害,既然存在危害的可能性,而限度难以确定,就不可能划定一个不受干涉私人不道德领域。这一思路沿用到了无形伤害的论证,在无形伤害方面,德富林强调不道德会造成怀疑削弱共同信念,如此在某些语境下会损害作为观念共同体的社会,因而需要个案判断。对于这一方面,被哈特概括为"瓦解命题"反驳,❸但是实际上,哈特忽视了德富林声称按照"谁主张谁举证"的原则,应该由提出通则的人来承担证明责任,自己的任务主要并不在于论证,而更多的是阐明问题的复杂性。❹

在这里,我们可以看到语境主义的两个面向。一方面,基于

---

❶ See Gerald J. Postema, *A Similibus ad Similia: Analogical Thinking in Law*, in Douglas E. Edlin(ed.), *Common Law Theory*, Cambridge University Press, 2007, p. 104.

❷ 参见〔美〕史蒂文·J. 伯顿:《法律和法律推理导论》,张志铭、解兴权译,中国政法大学出版社1998年版,第32页。

❸ See H. L. A. Hart, "Social Solidarity and the Enforcement of Morality", *The University of Chicago Law Review*, Vol. 35:1-4(1967).

❹ 参见〔英〕帕特里克·德富林:《道德的法律强制》,马腾译,中国法制出版社2016年版,第146页。

"普通法心智"(common law mind)而运用常识,在某种语境下叛国与不道德建立了联系,故而语境为类比推理带来了确定性;另一方面,因为危害社会的恶行限度无法确定,所以强调在具体语境下讨论道德强制问题,反对通则化,强调个案判断。在这种语境主义的思路下,普通法存在确定性,而通则却无法指导实践。这似乎恰好可以用来隔空回应指摘普通法的不确定性,从而要求以功利主义通则为最高指导的边沁,尽管德富林并无此意。德富林运用密尔的伤害原则后得出结论,恶行可能会造成社会伤害,无法通过伤害原则,不能以此划出不受干涉私人领域。就这样,德富林以自己的理解诠释"伤害",运用语境主义使密尔的伤害原则变得无效。在论述中,虽然德富林没有指明社会优先于个人,但他对社会重要性的强调,也与强调个人权利至高无上的古典自由主义者南辕北辙。

除批评伤害原则外,德富林还明确指出密尔的一处错误,那便是区分思想自由和行为自由,要求行为与思想分离。在德富林看来,人们的行为应该放置在思想的语境下才得以可能,密尔却要求我们因为行为有可能是错的而搁置我们信念组成的共同道德。❶ 从这样的解释中也可以看出,德富林不可能遵从密尔简单版本的伤害原则的原因——有形的物质伤害必然携带着无形的观念伤害。这种将行为无法脱离其思想语境的观点早在批评哈特以家长主义修正密尔伤害原则时已经草蛇灰线,成为批评的基本原理。英国政府在 1942 年贝弗里奇报告(Beveridge Report)的基础上,先后颁布了一系列社会保障法案,于 1948 年第一个正式宣布建成"福利国家",由于积极主动干预的"国家

---

❶ 参见〔英〕帕特里克·德富林:《道德的法律强制》,马腾译,中国法制出版社 2016 年版,第 161 页。

家长主义"盛行,世异时移,密尔的自由放任(laissez-faire)已经不再适用。对此,哈特提出了以家长主义修正密尔的伤害原则,作为反对德富林的法律道德主义。诚然,以家长主义修正反对家长主义的密尔提出的伤害原则,❶无疑是动摇自由主义根基。然而,德富林的主要批评不在于攻击哈特的叛变,而是主张法律家长主义与法律道德主义是无法分离的。德富林清晰地意识到,家长主义与道德主义在理论上的区分,家长主义的动机是有利于个人,而道德主义的动机是避免因社会成员弱点或恶行对社会所造成的危害。然而,不管是原则上还是实践中,在控制个人物质利益的立法与控制道德福祉的立法之间,都无法画出一条界线,因而无法划分物质家长主义和道德家长主义。其根本原因便在于,行为必须秉持着相应的思想,国家在实施家长主义措施时,一方面是为了强制行为的物质家长主义,一方面也难以脱离为了道德福祉的道德家长主义。❷

在这样的诠释下,运用普通法强制道德的另一原因得以浮出水面,虽然德富林并没有明言这一因果关系:密尔的伤害原则无法适用于道德问题,并且在道德问题上不存在通则,作为通则

---

❶ 在《论自由》中密尔以"过桥"为例阐述对家长主义的反对:"如果一个公职人员乃至任何个人,深知某座桥梁已岌岌可危,却见有人试图从桥上通过,而仓促之间又来不及警告,他们就可以一把抓住他将他拖回来,这算不上对他的自由有任何真正侵犯;因为自由在于为其所欲为,而坠河溺水绝非他所欲之事。但是,如果某事对他并无必然的损害,而是仅有损害的危险,则此事是否足以值得让他冒险一试,除了他自己外没人能代他作出判断。"参见〔英〕约翰·穆勒:《论自由》,孟凡礼译,广西师范大学出版社2011年版,第116页。关于密尔反对家长主义的详细研究,参见 Gregory Claeys, *Mill and Paternalism*, Cambridge University Press, 2013。

❷ 参见〔英〕帕特里克·德富林:《道德的法律强制》,马腾译,中国法制出版社2016年版,第138、158—161页。

体现的立法无法承担起道德判断的重任,普通法才能与道德强制匹配。结合上述已提及的德富林所言立法的极大惯性致使其不适合道德强制,综而观之,若要为《道德的法律强制》一书总结命题,"普通法是英国道德强制的唯一选择"便显得理所应当,而这一判断来自一个普通法法官亦不足为奇。

结语

约翰·菲尼斯(John Finnis)后来在提及"哈特—德富林"论战时对哈特区分批判道德与实在道德的方式不屑一顾。在他看来,在思考道德与不道德之事时应以"柏拉图—亚里士多德"传统和"托马斯传统"为主线梳理,实在道德从来不是决定性因素,德富林就是个没有哲学素养的法官,这不过是他的大老粗(artless)问题。❶ 然而,本文并没有听从菲尼斯的"教诲",而是试图去理解身为普通法法官的德富林究竟是如何思考道德的法律强制,并从中发现主宰着德富林思考的仍是英国普通法传统,这也意味着从普通法的角度去理解是必要的,一直以来"哈特—德富林"论战与"哈特—富勒""哈特—德沃金"论战并列为20世纪英美著名法理学论战,然而,后两场论战的主角都是实证法学家与新自然法学家,他们的思想虽有分殊,但都确信依据人类理性能够制定出一般性、抽象性的法律,倾向于构建一套完备、融贯的理论图景,都被一种理性主义的思维方式主宰,这与普通法的思维方式大相径庭。

---

❶ See John Finnis, *Hart as a Political Philosopher*, in John Finnis, *Philosophy of Law: Collected Essays Volume* Ⅳ, Oxford University Press, 2011, p. 270.

从普通法的角度出发考察,一个别样的世界就这样展现在我们眼前:一位普通法法官构建了一幅"道德的法律强制"的蓝图,普通法这一英国传统文明的产物,被当作强制道德的工具。其中,符合"理性人"标准的陪审团所作的审慎判断被当作社会共同道德的体现。而为了反抗理性主义法哲学家的驯服和改造,普通法法官则不断强调和证明不存在一以贯之的通则,是否进行法律的道德强制永远只能以个案判断。这些对于思考法治的意义是不言而喻的,一直以来,法治一般划分为形式法治和实质法治,道德的法律强制被认为是实质法治问题,本文则呈现了英国法治传统如何塑造了德富林的道德强制论,将德富林的主张放置在英国法治传统的语境下分析,我们可以看到其实质法治论断——甚至那些不为人理解的部分并非难以理喻,这意味着在思考法治问题时无法忽视社会传统因素的影响,脱离历史语境讨论法治意涵很可能只能沦为空谈。

不计后果地谈论隐私和爱?
——评 Privacy, Intimacy, and Isolation

刘名卿*

Love is reckless; not reason. Reason seeks a profit.
Love comes on strong, consuming herself, unabashed.
——Mewlana Jalaluddin Rumi❶

一、还合时宜吗?

近年来,荣格八维/MBTI 成为风靡全球的性格分类框架,甚至超越了"伪科学"的星座而跃升为"权威性"的社交名片。❷ 在该项框架内,以外向直觉(Ne)为主导功能、内向情感(Fi)为辅助功能的"追梦人性格"(ENFP)常被贴上"过度感性""不计后

---

* 北京大学法学院博士研究生。

❶ Mewlana Jalaluddin Rumi, Love is reckless, at https://www.poetry.com/poem/28038/love-is-reckless, accessed 15 April 2024.

❷ "荣格八维"源自心理学家 Jung 于 20 世纪早期提出的性格分类框架,参见 Carl Jung, *Psychological types*, Routledge, 2016;中文版本为〔瑞士〕荣格:《心理类型》,吴康译,上海三联书店 2009 年版。20 世纪 20 年代,心理学家 Katharine Cook Briggs & Isabel Briggs Myers 扩展了 Jung 的框架,由此形成 Myers-Briggs Type Indicator(MBTI)。目前比较流行的 MBTI 测试为 16personalities,网址为 https://www.16personalities.com。

果"的负面标签,但也有很多人欣赏其在亲密关系中的热情和投入。❶ 从这个角度推测,英尼斯(Julie C. Inness)在论证过程中大量运用隐私直觉,讴歌隐私的价值在于"尊重人们作为有爱的能力的自主个体",并否弃后果考量,恰好与上述性格完全相符。❷ 不计后果地谈论隐私和爱,似乎可以作为对其著作《隐私、亲密和孤立》(*Privacy, Intimacy, and Isolation*)的简笔勾勒。

玩笑归玩笑,英尼斯确实在讨论隐私问题时反复使用喜欢(like)、爱(love)、关心(care)等描述情感动机的词汇,这便是其所谓亲密性(intimacy)的意涵(第74—75页)。❸ 在这一基调下,*Privacy, Intimacy, and Isolation* 一书层递式地论述了:(1)隐私的功能——通过隐私,我们可以掌控生活的特定领域;(2)隐私的核心内容——所掌控的领域是亲密决策,即以"爱"为动机的决策;(3)隐私的价值——通过对亲密决策的掌控,尊重人们作为有"爱的能力"的自主个体。相比之下,法律与公共政策领域铺天盖地的论调则是,现代隐私问题纷繁复杂,因而无法凝练出固定的隐私概念和隐私价值,必须通盘考虑各项潜在的后果再作出决策。❹ 当隐私与国家

---

❶ See 16personalities, Campaigner (ENFP): Introduction, at https://www.16personalities.com/enfp-personality, accessed 15 April 2024; 16personalities, Campaigner (ENFP): Romantic Relationships, at https://www.16personalities.com/enfp-relationships-dating, accessed 15 April 2024.

❷ See Julie C. Inness, *Privacy, Intimacy, and Isolation*, Oxford University Press, 1992.

❸ 英尼斯通常把"喜欢、爱和关心"合并在一起使用。为表述简洁,接下来本文将其简称为"爱"。

❹ Solove 在其著作中系统地阐释了后果主义隐私观,参见 Daniel J. Solove, *Understanding Privacy*, Harvard University Press, 2008, pp.78-100,我国篇名包含"隐私"的期刊文献中,拥有最高引用量的文献也主张进行"利益衡量"。参见张新宝:《从隐私到个人信息:利益再衡量的理论与制度安排》,载《中国法学》2015年第3期。

安全❶、行政执法❷、科技伦理❸等公共议题唇齿相依时,以亲密性为核心去建构隐私似乎与沉迷中世纪骑士的堂·吉诃德无异。但果真如此吗?

现代社会滚滚而来,隐私和爱的衔缀非但没有被削弱,反而更值得被关注。侵害性隐私(sexual privacy)的行为便是典型的例证。2008年,一名叫Holly Jacobs的研究生和男友经常通过在线视频进行色情聊天。分手后,她相信前男友会保守彼此的秘密,但后者却在数百个色情网站和成人交友网站上发布了上述视频,并附上了她的全名、邮箱、Facebook主页、工作地址等信息。此即所谓"复仇色情"(revenge porn)。❹ 目前,美国48个州和华盛顿特区均立法禁止非自愿传播亲密图像(nonconsensual distribution of intimate images),并设置了较高的处罚力度。❺ 我国此前对"复仇色情"一般以传播淫秽物品罪认定,这不仅无法

---

❶ See e.g. Peter P. Swire & Lauren B. Steinfeld, "Security and Privacy after September 11: The Health Care Example", *Minnesota Law Review*, Vol. 86:1515 (2002).

❷ See e.g. Ethan Thomas, "The Privacy Case for Body Cameras: The Need for a Privacy-Centric Approach to Body Camera Policymaking", *Columbia Journal of Law and Social Problems*, Vol. 50:191(2016).

❸ See e.g. Bobby Chesney & Danielle Citron, "Deep Fakes: A Looming Challenge for Privacy, Democracy, and National Security", *California Law Review*, Vol. 107:1753(2019).

❹ See Danielle Keats Citron, *Hate crimes in cyberspace*, Harvard University Press 2014, p. 45.

❺ See CCRI, 49 States + DC + Two Territories Now have Laws Against Nonconsensual Distribution of Intimate Images, at https://cybercivilrights.org/nonconsensual-distribution-of-intimate-images/, accessed 15 April 2024; Franks对规制"复仇色情"的立法、技术、社会改革作出了详尽的梳理。See Mary Anne Franks, "Revenge Porn Reform: A View from the Front Lines", *Florida Law Review*, Vol. 69:1251(2017).

让涉案女性被认定为被害人,还容易使其被污名为淫秽视频的"女主",无法保障涉案女性的名誉、隐私等人格权。而根据2024年《江苏省人民检察院工作报告》,苏州工业园区人民检察院针对上述行为,依法追加认定刑罚更重的侮辱罪提起公诉,并得到了法院判决支持。❶ 按照英尼斯的理论,个体即便同意在关系存续期间录制色情视频,也不意味着其对视频的保留、传播等丧失了控制(第48—49页),擅自披露的复仇色情构成隐私侵害。个体是拥有进入亲密关系的潜力的感性选择者(emotional chooser,第105页),而性隐私与该项能力紧密关联,也正因如此,性隐私侵害被普遍认为比其他隐私侵害更严重;尤其当侵犯来自前伴侣时,受害人会感到"深刻的背叛",并严重丧失再次进入亲密关系的能力。❷

现代技术必然会把隐私推向宏大的公共议题,但社会生活仍由日常的人际交往组成,以个体情感为中心的所谓"传统隐私"也将面临崭新的挑战,并且绝不会丧失其重要性。❸ 甚至可以说,如果忽视作为基础的人际关系,所谓公共议题也只能沦为空中楼阁,因为绝大多数人都是秉持着"今夜我不关心人类,我只想你"❹的精神存活于世。为此,隐私法这面魔镜必须不断地

---

❶ 参见石时态:《江苏省人民检察院工作报告》,载江苏省人民政府官方网站(https://www.jiangsu.gov.cn/art/2024/2/1/art_9008311142362.html),访问日期:2024年4月7日。

❷ See Danielle Keats Citron, "Sexual Privacy", *Yale Law Journal*, Vol. 128:1870(2019); Danielle Keats Citron & Mary Anne Franks, "Criminalizing Revenge Porn", *Wake Forest Law Review*, Vol. 49:345(2014).

❸ 例如,邱遥堃以"身体禁忌"为代表,讨论了数字时代对传统隐私问题的新挑战。参见邱遥堃:《作为义务的隐私:数字时代下的挑战与应对》,载《现代法学》2023年第6期。

❹ 海子:《海子的诗》,周易主编,中国书店2007年版,第49页。

映入平凡的人际交往,以满足维持社会秩序的需要。❶ 在这个意义上,重温着眼于亲密关系的隐私理论,不仅是必要而且是合时宜的。不过,这并不代表笔者完全赞同情感导向、非后果论的隐私观,而只是说,亲密性是考虑构建隐私观的重要维度,隐私法研究也不应仅停留在现象表面讨论数据爬取、使用等"时事热点"。在处理现代隐私问题时,我们仍需要保留一些情感考量,想想身边的人和事。❷

不仅如此,英尼斯的隐私理论可能走得更远。在其看来,只有具备亲密性的信息才能落入隐私的概念范畴,而前述公共议题所指涉的信息由于不具备亲密性,充其量只能被称为"机密"(secrecy,第60页)。这更有力地反驳了"不合时宜"的批判——国家安全、行政执法、科技伦理等根本就不属于隐私问题;基于亲密性的隐私理论难以对付前述问题,并非因为解释力有限,而完全是因为"驴唇不对马嘴"。显然,该狭义理解与当前占据主流的信息隐私(information privacy)观相左,❸本文将在下节展示这一冲突。

---

❶ 塔玛纳哈把镜像命题总结为:"法律是社会的一面镜子,其功能在于维持社会秩序。"〔美〕布赖恩·Z.塔玛纳哈:《一般法理学:以法律与社会的关系为视角》,郑海平译,中国政法大学出版社2012年版,第1—4页。

❷ 例如,戴昕在论证隐私规范要求"已获取甚至披露他人私密信息的知情人积极投入成本,在一定范围内掩饰其对特定信息的占有或使用状态"时,给出了尊严(dignity)、亲密(intimacy)、体面(decency)等涉及情感体验的理由。参见戴昕:《"看破不说破":一种基础隐私规范》,载《学术月刊》2021年第4期。

❸ 参见 e.g. Daniel J. Solove & Paul M. Schwartz, *Information Privacy Law*, 6th edn., Wolters Kluwer, 2017; 王泽鉴:《人格权法:法释义学、比较法、案例研究》,北京大学出版社2013年版,第209—221页。

二、谈爱太过狭隘？

(一)亲密性:行为主义还是动机主义？

亲密性,纵然在日常表达中屡见不鲜,其内涵界定仍存在两种截然不同的进路。行为主义主张从行为外观上界定亲密性,即认定具有特定显性特征的行为是亲密的,如亲吻、性活动等。相对而言,动机主义则从内在动因上界定亲密性,即唯有那些源于"爱"的动机的行为,方可被认定为真正的亲密行为(第74页)。英尼斯认为,一方面,行为主义看似符合隐私直觉,但静态的行为外观无法解释相同行为在不同时期、不同文化中的不同界定(第75—76页);另一方面,即便是相同时期、相同文化中的相同行为,也会产生不同界定。譬如,同属于性行为,与恋人发生性关系具有亲密性,但与性从业者进行性交易则难以被界定为亲密(第76页)。两者之间的核心区别便在于动机。前者以性行为作为表达爱意的方式,后者则仅将性行为视为满足欲望的手段。二者动机的差异,使在外观上相同的行为,承载了截然不同的性质。总结起来,当指称亲密性时,我们是在指称超越行为外观的那一部分——在行为之先(prior to behavior)的动机(第76—77页)。

与上述行为主义和动机主义的对立相类似,民法有关意思表示解释的学说中也存在表示主义和意思主义的对立。占据主流的表示主义认为,当外部表示与内心真意不一致、受领人不知道且不应知道表示人的内心真意时,意思表示解释的目标并非探究表示人的内心真意(主观解释),而应以理性受领人的客观理解为准(规范性解释)。❶ 甚至有学者"一刀切"地主张"表意人的内心意思不应是意思表示的效力来源"❷。但需要注意到,英尼斯的理论和上述观点并非水火不容,因为二者所讨论的内容并不完全处于同一层级——前者聚焦于定义亲密性实际是什么;后者聚焦于就"是否亲密"出现不同理解时应如何解决,尤其是如何通过司法解决。而司法解决并不需要严格的客观事实,受诉讼认识方法、司法工作者的主观性、成本收益权衡等因素影响,法律事实永远不可能与客观事实完全重合。❸ 给定这一不可能性,追求客观事实的认识活动在诉讼活动中便不具有决定性意义。司法者的决策仅须建立在法定证据规则的基础上,而非查明客观事实。❹ 在这个意义上,探寻是否存在爱的动机是最优解,因为亲密性的基础就是爱的动机;而借助行为外

---

❶ 参见〔德〕维尔纳·弗卢梅:《法律行为论》,迟颖译,法律出版社2013年版,第362—364页。杨代雄对意思表示解释的相关学说作出了梳理,主张在一般情形下采用理性受领人视角的规范性解释,同时提出了一些例外情形。参见杨代雄:《意思表示解释的原则》,载《法学》2020年第7期。

❷ 纪海龙:《走下神坛的"意思"——论意思表示与风险归责》,载《中外法学》2016年第3期。

❸ 参见陈永生:《法律事实与客观事实的契合与背离——对证据制度史另一视觉的解读》,载《国家检察官学院学报》2003年第4期;桑本谦、戴昕:《真相、后果与"排除合理怀疑"——以"复旦投毒案"为例》,载《法律科学(西北政法大学学报)》2017年第3期。

❹ 参见陈瑞华:《从认识论走向价值论——证据法理论基础的反思与重构》,载《法学》2001年第1期;陈瑞华:《从"证据学"走向"证据法学"——兼论刑事证据法的体系和功能》,载《法商研究》2006年第3期。陈波甚至认为应把三大诉讼法中的"以事实为根据,以法律为准绳"修改为"以证据为依据,以法律为准绳"。参见陈波:《"以事实为依据"还是"以证据为依据"?——科学研究与司法审判中的哲学考量》,载《南国学术》2017年第1期;陈波:《以审判程序为中心,以证据为依据,以法律为准绳——答舒国滢、宋旭光的商榷》,载《政法论丛》2018年第2期。

观间接判断是否亲密至多是次优解,在前述性交易的例子中甚至是错误解。诚然,当理想的最优解无法实现时,次优解对于处理争议确实具有一定的参考价值,但这并不能证明次优选择能够"篡位"成为亲密性的官方定义。做一个类比,加速度在中学物理中的定义式是 $a=\dfrac{\Delta v}{\Delta t}$,同时又可以通过牛顿第二定律 $a=\dfrac{F}{m}$ 计算,但我们绝不会把后者作为加速度的定义。

(二)狭义解读和正面回应

对隐私进行狭义解读的学者不止英尼斯一人。一个著名的例子是,波斯纳将隐私化约为对信息的隐瞒(withholding or concealment of information)。这种隐瞒实际上是在他人面前进行选择性自我呈现,通过扭曲他人的看法而使自身获利,即所谓"社交欺诈"(social fraud)。[1] 尽管波斯纳也标明了隐瞒是隐私的"一个方面",据称是为回避隐私定义的混乱,但其论证过程显然是把隐瞒作为隐私的"唯一方面",并因此主张原则性地废除隐私。[2] 英尼斯和波斯纳的分歧主要发生在隐私的功能层面,前者认为隐私的功能在于控制而非隐瞒,即个体有权作出隐瞒与否的选择(第41—55页)。在这个意义上,波斯纳定义的隐私集合甚至要窄于英尼斯的隐私集合。但除此之外,二者之间还存在一项并不显而易见但同样重要的分歧——是否要对被归入隐私的信息克以资格限制。该项分歧又致使波斯纳定义的隐私集

---

[1] See Richard A. Posner, "The Right of Privacy", *Georgia Law Review*, Vol.12:393(1978); Richard A. Posner, "Privacy, Secrecy, and Reputation", *Buffalo Law Review*, Vol.28:1(1979).

[2] 同上注。

合宽于英尼斯的隐私集合。在英尼斯看来,隐私的内容为亲密决策(intimate decisions),包括对自身亲密接触(intimate access to oneself)和亲密行为(intimate actions)的决策,前者涵盖了亲密信息接触(第69页)。仅就信息而论,由于加上"亲密"作为限定词,隐私集合中的元素将被显著减少;诸如给朋友准备惊喜派对、找到新工作等非亲密信息将被排除在外(第59—61页)。

批评波斯纳太过狭隘的论者聚焦于"隐私的功能是通过隐瞒进行欺诈"的概括❶,而批评英尼斯太过狭隘的论者则否定"隐私的内容必须具备亲密性"的限制❷。或许在批评者看来,在一个极端上波斯纳理性得过分冷血,在另一个极端上英尼斯又感性得过分上头。但毫无疑问,无论是极端理性抑或是极端感性,二人均正面回应了"什么是隐私"这一元问题。作为对比,一种极具影响力的观点是,对于"什么是隐私"无法给出一个明确的答案,追求统一的隐私定义要么过于狭隘要么过于宽泛。这是因为,隐私具有家族相似性(family resemblance),是许多不同但相关的事物的集合。这些事物并非仅拥有单一共通点,而是通过一个汇集了各种相似方式的相似性池(similarity pool)相互连结。正如同血缘家族中的成员,尽管全体成员可能

---

❶ See e.g. Edward J. Bloustein, "Privacy is Dear at Any Price: A Response to Professor Posner's Economic Theory", *Georgia Law Review*, Vol.12: 429(1977–1978); Richard S. Murphy, "Property Rights in Personal Information: An Economic Defense of Privacy", *Georgetown Law Journal*, Vol. 84:2381 (1996).

❷ See e.g. Daniel A. Farber, "Book Review: Privacy, Intimacy, and Isolation. by Julie C. Inness", *Constitutional Commentary*, Vol. 10:510(1993); Judith Wagner DeCew, *In Pursuit of Privacy: Law, Ethics, and the Rise of Technology*, Cornell University Press, 1997, p.56.

未在同一处展现出相似性,但无疑,两两之间必然存在部分相似性。❶ 相应地,隐私也没有固定的概念边界,唯一的判别原则是"视情况而定",❷根据特定场景下的规范来理解隐私。❸ 除核心世界观存在天壤之别,在方法论层面,英尼斯和上述隐私观也显现出完全相反的概念生成过程——前者基于亲密性自上而下地"构建"隐私,后者基于家族相似性自下而上地"聚合"隐私。

在这场概念的论战中,索洛夫(Solove)还将矛头直指英尼斯的亲密性,认为其过分专注于人际关系和由此产生的特定感情,因而错误地排除了本应属于隐私的部分内容(如个人财务信息)。❹ 笔者无意玩弄隐私、个人信息、信息隐私等概念游戏,在解决实际问题层面,重要的不是套上何种概念外衣,而在于是否提供保护以及提供何种程度的保护。我们可以根据"欠缺亲密性"而把个人财务信息排除出隐私,运用个人信息权加以保护;也可以根据"符合家族相似性"而把个人财务信息纳入广义的隐私,运用隐私权加以保护,但要注意,这是两套不同的命名体系——在英尼斯的体系下,亲密信息(隐私)的保护比非亲密信息(非隐私)的保护更加严格;在索洛夫的体系下,不同种类的隐私也对应着不同程度的保护,就像同一家族内部也存在长幼尊卑。所以,所应提供保护的程度并不取决于它被命名为个人信息

---

❶ See Daniel J. Solove, *Understanding Privacy*, Harvard University Press, 2008, pp. 42-43.

❷ See Daniel J. Solove, *Understanding Privacy*, Harvard University Press, 2008, pp. 37-38.

❸ See Helen Nissenbaum, "Privacy as Contextual Integrity", *Washington Law Review*, Vol. 79:119(2004).

❹ See Daniel J. Solove, *Understanding Privacy*, Harvard University Press, 2008, pp. 36-37.

不计后果地谈论隐私和爱？

权抑或是隐私权,而仅仅取决于信息本身的性质;当控制其他因素不变时,亲密信息无疑应获得更高程度的保护。在这个意义上,英尼斯的隐私观并不狭隘,她只是把非亲密信息"驱逐"到另一个概念集合中,该集合中的元素同样能获得法律保护。

但必须指出,尽管语词的意义不甚显著,❶太过宽泛地理解隐私很可能会削弱语词接收者对不同种信息的敏感度。索洛夫把"隐私"一词作为有效的缩略语(shorthand),用以概括地讨论相互连结却不尽相同的事物。❷ 但在"言必称隐私"的世界里,人们很容易将亲密信息和非亲密信息混为一谈,从而低估亲密信息的重要性,高估非亲密信息的重要性。屡见不鲜的是,在地铁上遭遇偷拍私密部位时高呼"你侵犯了我的隐私!",可能因缺乏有效威慑而换来一句"这有什么大不了的?";而面对严重公共健康危机时援引隐私作为拒绝流调的抗辩,却能诱导出激烈的舆论背书。❸ 如果我们要珍视作为基本权利、作为具体人格权的隐私,就必须在其概念范畴中剔除掉那些"德不配位"的内容。

所幸,我国《民法典》已将"私密"作为隐私的构成要件,私密信息将通过人格"权利"加以更周延的保护,❹而其他个人信息则至多归入一般人格权所衍生出的人格"权益"。❺ 有学者

---

❶ 参见苏力:《想事,而不是想词——关于"法律语言"的片段思考》,载《东方法学》2023年第1期。

❷ See Daniel J. Solove, Understanding Privacy, Harvard University Press, 2008, p.45.

❸ 关于公共健康危机中的信息收集与处理问题,参见戴昕:《"防疫国家"的信息治理:实践及其理念》,载《文化纵横》2020年第5期。

❹ 参见《中华人民共和国民法典》第110条、第990条第1款、第1032条第2款。

❺ 参见《中华人民共和国民法典》第990条第2款。《中华人民共和国个人信息保护法》第1条、第2条等条款明确使用了"权益"这一概念。

认为,我国法律制度中隐私权保护与个人信息保护的根本区别在于法理基础:前者所保护的关系具有人际关系的特征;后者所保护的是具有人机关系特征的信息处理关系。❶ 这无疑与英尼斯落脚于亲密关系的隐私理论暗合。其实可以退一步讲,无论是亲密性抑或是其他属性,对隐私进行概念化时至少要具备一项侧重,否则便成了"隐私是个筐,什么都能往里装"。

三、不计后果太过虚浮?

(一)后果论对信息隐私法的"入侵"

在证立或证否一项法律决策时通常存在两派竞争性的理论——义务论与后果论。义务论把独立于决策后果的普遍性道义准则作为判断标准,如禁止撒谎、保持忠诚等。❷ 后果论则是考虑决策所引发的社会后果,通过社会福利分析(social welfare analysis)判断决策是否可行。❸ 隐私法理也同样如此。隐私义务论主张,隐私的价值在于遵守特定的道德义务,即尊重个体的自主性(autonomy)和尊严(dignity)。❹ 例如,布劳斯坦(Blroustein)认为,对隐私的侵犯威胁着我们作为个体的自由;对隐私的侵犯就

---

❶ 参见丁晓东:《隐私权保护与个人信息保护关系的法理——兼论〈民法典〉与〈个人信息保护法〉的适用》,载《法商研究》2023年第6期。

❷ See Cass R. Sunstein, "Moral heuristics", *Behavioral and Brain Sciences*, Vol. 28:531(2005).

❸ See e.g. Louis Kaplow & Steven Shavell, *Fairness Versus Welfare*, Harvard university press, 2002.

❹ Allen 把隐私的内在价值归纳为尊重个体的自主性和尊严。See Anita L. Allen, *Uneasy Access: Privacy for Women in a Free Society*, Rowman & Littlefield, 1988, p. 39.

是对尊严的侮辱。❶ 弗里德(Fried)认为,隐私是所有个体都平等享有的基本权利,这是他们作为个体的地位所赋予的;隐私要求将个体视为目的,禁止为了最大化所有人的福祉而凌驾于个体最基本的利益之上。❷ 而隐私后果论则主张,隐私的价值是工具性的(instrumental)而非内在性的(intrinsic),应从隐私的实际后果的角度理解隐私的价值。❸ 在后果论隐私观下,保护隐私无疑具有极高的价值,如促进亲密性、自由、尊严、自主性、创造性等;❹但保护隐私也无疑要付出一定的个人成本、集体成本与社会成本。❺ 在当代法律和公共政策中,总体后果的优劣已然成为是否提供隐私保护的重要依据,兹举两项后果论在信息隐私法领域的具体运用:

1. 利用卡-梅框架建构隐私规则

卡-梅框架在隐私领域已得到广泛运用与拓展,因为其可将更值得保护的法益"映射"至调整人类行为的法律规则。例如,Janger 在研究破产时的信息隐私保护时主张"模糊财产规则"(muddy property rights)。在模糊财产规则下,每个可能的财产持有者都对其他各方拥有否决权。如果不能协商一致,争议将进入诉讼程序,胜诉者将获得完整的权利。模糊财产规则可

---

❶ See Edward J. Bloustein, "Privacy as an Aspect of Human Dignity: An Answer to Dean Prosser", *New York University Law Review*, Vol. 39: 962 (1984).

❷ See Charles Fried, "Privacy", *Yale Law Journal*, Vol. 77:475(1968).

❸ See Daniel J. Solove, *Understanding Privacy*, Harvard University Press 2008, pp. 83-85.

❹ See Daniel J. Solove, *Understanding Privacy*, Harvard University Press, 2008, p. 98.

❺ 一个综述,参见 Kent Walker, "The Costs of Privacy", *Harvard Journal of Law & Public Policy*, Vol. 25:87(2001)。

以迫使纠纷通过司法解决;同时,基于诉讼成本和司法审查风险的威慑效果,各方将激励主动遵守相应规范、披露相关信息。❶ 科福内(Cofone)将动态效应(dynamic effect)融入卡-梅框架。零隐私保护将导致低水平的信息生产(信息隐私法的动态效应),而绝对隐私保护将激励高水平的信息生产,但阻碍信息流动(信息隐私法的静态效应)。因此,某种程度的隐私保护反而会激励更多的披露;最佳保护水平取决于所涉及的信息隐私类型,一般低于财产规则但高于责任规则。❷ 在近期的研究中,布雷西亚(Brescia)主张应将数字时代的隐私问题视为需要混合采用财产规则、责任规则和禁易规则的集体行动问题,以防止民主制受到破坏。❸

2. 隐私—隐私权衡(privacy-privacy tradeoffs)

随着隐私权利光谱的拓展,诸如国家安全、言论自由等利益与隐私间的冲突逐渐增多,保护隐私会带来一定的个人成本、集体成本与社会成本。❹ 与此同时,两项隐私之间也会发生冲突。斯特拉希莱维茨(Strahilevitz)关注到了隐私规则会导致分配性结果(distributive consequences),并利用公共选择理论和中间选

---

❶ See Edward J. Janger, "Muddy Property: Generating and Protecting Information Privacy Norms in Bankruptcy", *William and Mary Law Review,* Vol. 44:1801(2003); Edward J. Janger, "Privacy Property, Information Costs, and the Anticommons", *Hastings Law Journal,* Vol. 54:899(2002—2003).

❷ See Ignacio N. Cofone, "The Dynamic Effect of Information Privacy Law", *Minnesota Journal of Law, Science and Technology,* Vol. 18:517(2017).

❸ See Raymond H. Brescia, "Zoning Cyberspace: Protecting Privacy in the Digital Upside Down", *Utah Law Review* Vol. 2020:1219(2020).

❹ See Kent Walker, "The Costs of Privacy", *Harvard Journal of Law & Public Policy,* Vol.25:87(2001).

民模型分析隐私保护所造就的赢家和输家。❶ 不过,尽管分配性后果可能最为显著,但它绝不是隐私政策影响的唯一面向。波曾(Pozen)将风险—风险权衡(risk-risk tradeoffs)方法拓展到了隐私领域,❷认为存在分配性权衡(distributional tradeoffs)、方向性权衡(directional tradeoffs)、动态权衡(dynamic tradeoffs)、多维度权衡(dimensional tradeoffs)、多领域权衡(multi-domain tradeoffs)五类隐私—隐私权衡。❸ 管理隐私—隐私权衡则应"关注可能受到决策影响的所有隐私利益、这些利益之间的潜在冲突和一致性以及隐私收益和损失的预期分布和程度",从而在整体上"更好地服务于隐私目标"。❹

Pozen 的隐私—隐私权衡分类

权衡类型	定义
分配性权衡	跨隐私受害者转移隐私风险
方向性权衡	跨隐私侵害者转移隐私风险
动态权衡	跨时期转移隐私风险
多维度权衡	跨相同价值领域的隐私利益转移隐私风险
多领域权衡	跨不同价值领域的隐私利益转移隐私风险

在法律与公共政策领域,公权力机关所采用的监控、信息收

---

❶ See Lior Jacob Strahilevitz, "Toward a Positive Theory of Privacy Law", *Harvard Law Review*, Vol. 126:2010(2013).

❷ 关于风险—风险权衡,参见 John D. Graham & Jonathan Baert Wiener (eds.), *Risk vs. Risk: Tradeoffs in Protecting Health and the Environment*, Harvard University Press, 1995; Cass R. Sunstein, "Health-Health Tradeoffs", *University of Chicago Law Review*, Vol. 63:1533(1996)。

❸ See David E. Pozen, "Privacy-Privacy Tradeoffs", *University of Chicago Law Review*, Vol.83:221(2016).

❹ 同上注。

集等措施会侵犯私主体的隐私,但这些措施的目的和实际效果可能是增进隐私,此时便需要权衡其是否在总体上有益。例如,Pozen 展示了美国国家安全局(NSA)监控中的分配性权衡、方向性权衡、动态权衡与多维度权衡,并认为这些权衡的效力取决于"监控的实际运作,以及人们对何种隐私最重要的规范性观点"。❶ 托马斯(Ethan Thomas)针对执法者的随身摄像机(body camera)展开研究,认为其中存在动态权衡——随身摄像机对被执法者及周围人的隐私侵犯是即时的,但其对潜在隐私侵犯行为的威慑和社区态度的改善需要一段时间才能发挥作用;也存在多维度权衡和多领域权衡——非法搜查和对执法者侵犯隐私的恐惧的减少、更有效的警务和犯罪预防中都存在隐私利益,这不同于随身摄像机所造成的隐私侵害,因为后者不涉及物理侵害。因此,仅担心这项技术的直接隐私损害是不完整评估,法律与公共政策需综合考虑随身摄像机的"净隐私效应"。❷

另外,私主体的某些行为会侵犯他人隐私,但这些行为可能同样受隐私保护,冲突裁决方需要权衡何种隐私处于更高位阶。例如,性隐私的保护可能涉及多维度权衡与多领域权衡。西格尔(Siegel)回顾了 19 世纪普通法对家庭暴力一度的容忍,即便丈夫的暴力行为会侵犯妻子的性隐私,但法庭坚持认为对情感隐私、家庭隐私等的保护可以豁免该侵犯。❸ "冲动的暴力很快

---

❶ See David E. Pozen, "Privacy-Privacy Tradeoffs", *University of Chicago Law Review*, Vol. 83:221(2016).

❷ See Ethan Thomas, "The Privacy Case for Body Cameras: The Need for a Privacy - Centric Approach to Body Camera Policymaking", *Columbia Journal of Law and Social Problems*, Vol. 50:191(2017).

❸ See Reva B. Siegel, "The Rule of Love: Wife Beating as Prerogative and Privacy", *Yale Law Journal*, Vol. 105:2117(1996).

就会忘记和原谅……但当小事被公众所抓住,当事人被揭露和羞辱,每个人都试图通过指责对方来为自己辩护时,那些本应一天内被遗忘的事情将被记住一辈子",所以法庭"不会为了惩罚微不足道的暴力行为这一小恶,而把揭露家庭隐私这一大恶强加给社会"❶。

(二)义务论还是后果论

英尼斯开篇就在义务论和后果论之间明确选择了前者(第8—9页)。如本文上一节的讨论类似,她所探讨的义务论和后果论自然都集中于亲密关系领域——隐私有价值是因为它把我们作为具有爱的能力的自主存在的人而尊重,亦即承认了我们自由发展亲密关系的潜力,而非由于对亲密关系实际数量的增加(第95—102页)。相比之下,超越亲密关系的后果论则对应着广义隐私观;基于相同的原理,后者难以界定隐私的范围,前者也难以界定所涉后果的范围,因而难以开展精准的成本收益分析。但在权衡亲密关系义务论和亲密关系后果论时,英尼斯的选择未必站得住脚,因为不计后果地保护隐私反而会损害有关爱的能力的自主性。质言之,英尼斯所提供的论证依据足以推翻其最终论断。

波斯纳所提出的"社交欺诈"是很有力的例证。❷ 当 A 希望与 B 建立亲密关系时,A 可能会选择隐瞒自己的情史、身体状况等亲密信息。这些信息在英尼斯看来毫无疑问地属于隐私,但如果给予其绝对的保护,致使 B 基于错误的信息作出决策,则无

---

❶ *State v. Rhodes,* 61 N. C. 453.

❷ See Richard A. Posner, "The Right of Privacy", *Georgia Law Review,* Vol. 12:393(1978).

异于剥夺了 B 在亲密关系中的自由意志。隐瞒情史或许仅具有道德上的可责性,但隐瞒身体状况则可能构成法定撤销事由。❶ 在亲密关系中,A 和 B 都需要被作为"具有爱的能力的自主存在的人"而得到尊重,然而对 A 的尊重要求隐瞒隐私,对 B 的尊重则要求披露隐私。我们无法同时保护这两项尊重,就像一枚硬币不可能既朝向正面也朝向反面。若不比较隐瞒和披露何者更有利于亲密关系的生成与发展,仅仅强调不分场合地尊重"个体基于爱、关心和喜欢的亲密选择",那么结局将是双方均无法被有效地尊重。而一旦认定某项尊重优先于另一项尊重,义务论便不再具有康德式的绝对性,从而滑向了后果比较。究其本源,义务论只有可能存活于"万物并育而不相害,道并行而不相悖"的世界,其忽视了权利冲突所划定的生产可能性边界(production possibility frontier),因而只能是无法企及的理想。

四、余论

英尼斯从不吝惜对感性的赞美:"如果我们遇到一个缺乏关心、喜欢或爱的人生,我们可能会惊叹道:'这根本就不算生活!'在这种情况下,我们的惊叹显然不意味着该个体缺乏生物生命,而是意味着她缺乏人格的一个维度,她的生活是有实质缺陷的。"(第106页)无可争议的是,隐私与情感生活之间存在着紧密的关联。只要科技进步尚未能允许人类彻底废除掌管情感的脑神经,英尼斯的隐私理论就具有现实意义。在现代化的浪

---

❶ 《中华人民共和国民法典》第 1053 条第 1 款:一方患有重大疾病的,应当在结婚登记前如实告知另一方;不如实告知的,另一方可以向人民法院请求撤销婚姻。

潮中,只有充分认识到隐私在亲密关系中扮演的角色,并采取合理有效(而非绝对)的保护措施,我们才能更好地维护个人内心世界的安宁。所以,本文的基本立场是:在谈论隐私时应当谈爱,同时也要考虑后果。

前文批评了基于家族相似性的隐私观太过宽泛,问题在于从主观动机出发的隐私观是否同样漫无边际?英尼斯给出的解释之一是"社会建构"(social construct),作为接受社会化的个体,我们对亲密性的理解必然会反映出占据主流的社会观点(第87—88页)。当然,即便不考虑社会对个体施加的无形影响,也不必过分妖魔化动机主义。反对者所担心的是,主客观不一致时若以完全主观为准,则行动者很容易恣意妄为,并借口难以查明的内心真意逃避责任。但在现实生活中,尤其是司法场域以外,昧良心的人也只会占据少数。借用一句流行语:骗别人可以,别把自己骗了。

这并不是在否定现代司法体系,英尼斯也通过举证责任分配处理主客观不一致的情形(第88页)。同时必须认识到,*Privacy, Intimacy, and Isolation* 一书所期构建的是隐私法的基础性理论(foundation for laws and legal rulings),而非诸如场景完整性(contextual integrity)等定位于解决隐私争议的现实主义理论。直接适用前者解决所有问题,便无异于"向一般原则逃逸"。

国际法是国际的吗?

——浅析安西娅·罗伯茨(Anthea Roberts)的著作

康依诺[*]

引 言

安西娅·罗伯茨的著作《国际法是国际的吗?》(*Is International Law International?*)[①]因其具有杰出的创造性学术贡献被美国国际法协会授予2018年图书奖,并成为牛津大学出版社2017—2018年全球最畅销的法律专著。安西娅·罗伯茨在其著作《国际法是国际的吗?》回答了书名的问题,并基于多国实例与数据,论证了"差异、支配和破坏"模式在国际法背景下对国家的影响,并得出结论:西方国家和其他国家间存在鲜明的"差异"与"支配"。不同国家间的"差异"影响着不同国家的国际法学理与实践,而西方国家在国际法领域的"支配"很可能左右着他国的发展进程。中国面对与西方的天然"差异",有着被"支配"的危险,面临国际秩序被"破坏"的可能。因此,中国需

---

[*] 德国汉堡大学法学院博士研究生。本文得到国家留学基金资助。

[①] Anthea Roberts, *Is International Law International?*, Oxford University Press, 2017.

要时刻警惕并跳脱出西方国际法框架,努力构建中国国际法话语体系,提升我国的国际竞争力。

一、我们拥有什么样的国际法?

是否将国际法承认为"法"或"真法"一直是学界争论的焦点,约翰·奥斯丁(John Austin)将国际法定义为"积极的道德",托马斯·霍兰德(Thomas Erskine Holland)将国际法定义为"法学的消失点"。❶ 而近年来,随着国际法在新法理上的转变和国际组织对国际法的依赖程度提高,国际法被普遍认为是其与世界秩序有关的"功能"之总和与实质。❷

该书作者安西娅·罗伯茨具有丰富的国际法学术经历与实践经验。她曾在澳大利亚国立大学监管与全球治理学院、伦敦政治经济学院、哥伦比亚大学法学院等机构任教多年,并曾担任国际争端的仲裁员、顾问和专家,是国际法比较研究领域的权威学者。她将研究视域定位于法律社会学以及比较国际法。基于大众对国际法所固有的普遍性、全球性的认知,她提出了一个极其深刻的问题——国际法是国际的吗?

(一)"差异"与"支配"的国际法学

数十年来,许多学者都认为西方(视角)对国际法的发展存

---

❶ See Vijay Kumar, K. D. Raju & S. R. Subramanian, "History and Theory of International Law–Is International Law International? by Anthea Robert", *Asian Journal of International Law*, Vol. 9:392 (2019).

❷ See Vijay Kumar, K. D. Raju & S. R. Subramanian, "History and Theory of International Law–Is International Law International? by Anthea Robert", *Asian Journal of International Law*, Vol. 9:392 (2019).

在着不成比例的影响。❶ 戴维·肯尼迪（David Kennedy）等批判法学学者、第三世界国际法进路（TWAIL）的学者都提出了相似的论点。❷ 该书作者也具有相似的观点，不过她在书中使用了更加令人信服的证据来支撑其论点。她通过分析"差异、支配和破坏"（difference, domination, and disruption）模式在不同国家的体现，回应该书所代表的问题：国际法是国际的吗？科尔姆·奥辛尼德（Colm O'Cinneide）❸认为，该书以令人信服的方式粉碎了人们对国际法普遍性的幻想。为回答"国际法是国际的吗"这一深刻问题，作者主要对联合国安理会五大常任理事国进行了比较研究。具体而言，在前两章的基本介绍后，作者在第三章对这五大常任理事国与国际法相关的学院及学术机构进行了比较，并在第四章中比较了这些学院、机构使用的教科书，以及教科书中所引用的国内外资料情况。

就"差异、支配和破坏"模式而言，本文将主要探讨"差异"与"支配"。如前所述，在该书的论述中，作者的视角聚焦于学术机构。1977年，奥斯卡·沙卡特（Oscar Schachter）对国际法工作者这般描述："这个专业团体虽然分散在世界各地，从事不同的职业，但却构成了一种'无形的学院'（invisible college），致

---

❶ See Colm O'Cinneide, "Is International Law International?", *International Journal of Constitutional Law*, Vol. 16:1368 (2018).

❷ See David Kennedy, "One, Two, Three, Many Legal Orders: Legal Pluralism and the Cosmopolitan Dream", *N.Y.U. Review of Law & Social Change*, Vol. 31:641 (2007).

❸ Colm O'Cinneide 是伦敦大学学院宪法和人权法教授，在比较宪法、人权和反歧视法领域发表了大量著作，研究方向包括平等与反歧视法、比较宪法学、人权法等。

力于一种共同的知识事业。"❶该书作者对之发问道:这种理想主义的设想真的反映了学术界专家们的观点和实践吗?如果这一设想不能真正地反映现实,那么这对国际法的学术与实践意味着什么?换言之,作者在质疑:来自世界各地的国际法工作者真的有统一的学术想法和实践思路吗?作者没有仅仅停留在发问的阶段,她用经验材料最终论证不同国家之间的国际法存在"差异"。学界也有观点认为,作者对这一问题进行了"挑衅的、引人注目且发人深省的"❷回答。而其论据与回答在体现"差异"的同时,也涵盖了"支配"的特点。作者认为,不同国家学术界对国际法的看法存在着重大差异,而国际法律人学习和实践国际法的方式影响了这一群体理解国际法的方式。追根溯源,需要从法学生的来源国说起。

法学生们主要来自三类国家:"核心"国家("core" states)、"边缘"国家("peripheral" states)和"半边缘"国家("semi-peripheral" states)。(第52—53页)后两类国家的学生倾向于在"核心"国家攻读学位,而"核心"国家的学生则会选择在其他"核心"国家留学。这一现象的"差异"体现在不同国家的学生会选择在不同的地方求学,而"支配"则体现在核心国家是后两类国家学生的就读首选。作者认为,由于英国、美国这两个典型的"核心"国家都是国际法律教育的中心,来自英美的国际法理解在全球范围内更占据主导地位。在此基础上,作者继续分析差异。一方面,教学机构的内在构成有所差异。仅各"核心"国

---

❶ Oscar Schachter, "The Indivisible College of International Lawyers", *Northwestern University Law Review*, Vol. 72:217 (1977).

❷ Colm O'Cinneide, "Is International Law International?", *International Journal of Constitutional Law*, Vol. 16:1368 (2018).

家学术机构在国际法研究者的构成和研究方法上就有些许不同。比如,就国籍和教育背景而言,英国法学院倾向于雇用拥有极其多样化学院背景的人,体现了"非本国化"的趋势(denationalizing tendency);而美国法学院则较少雇用在美国以外地区获得首个法学学位的非美国专业人士,体现了一种"本国化"趋势(nationalizing tendency)。显而易见,国际法工作者在学生时代的经历会直接影响其接触和理解国际法学这一学科的方式。因此,在美国就读的学生不太可能接触到其他的法律文化,他们会基于美国法学院传授的知识相应地构建自己对国际法的理解,并在未来学术与实践中潜移默化受到来自美国法学院的国际法观念的"支配"。而这又是作者在"差异"中融合体现"支配"的例子。另一方面,就国际法实质性内容而言,英国、美国等西方英语国家与其他国家相比,在施加影响的程度上存在显著不平衡。作者在第四章中对国际法教科书和案例书籍进行了比较,并分析了书本引用国际法案件、国内案件、外国案件(即来自不同管辖权的国内案件)及其所涉实质性问题的差异。经过统计分析发现,尽管不同国家的书籍也具有如上所述的"本国化"或"非本国化"的不同性质,但这些书籍中都是"以使用西方国家的资料为主,尤其是英语为第一语言的西方国家的核心资料"。(第165页)在中国等亚洲国家间,这种所谓"向西方看齐"的倾向也能够在国际法院判决与学术权威的引证中找到。(第147页)以上这些事实论据佐证了作者的"差异"与"支配"观点。

紧接着,该书第五章从"差异"和"支配"地位的模式出发,讨论了该模式在更广泛的国际法领域所产生的三种影响。各国对"雇用外国律师的开放程度""比较优势""未来发展可能成熟的领域"等问题的观点存在很大差异。作者以克里米亚事件和南海仲裁案进行个案研究,分析当时国际法法律人所采取的方法,以说明不同国家在国际法领域观点的差异以及本国文化对国际律师立场观点的支配性影响。类似的是,2009年美国海军战争学院举行了一次会议,来自美国和中国的国际法专家讨论了各自对专属经济区的冲突解释。比如,国家可以管制哪些海洋区域的非经济活动、外国军用船只是否被排除在外、航行自由是否可以延伸到航空母舰等。这次会议远不是一场关于国际海洋法细节的抽象学术讨论,而是对因这些法律问题而导致的双边紧张局势升级所作出的直接回应。❶ 在世界上最强大和最有影响力的两个国家争相在太平洋建立更有利于己方的海洋制度时,双方的国际法专家都在探索代表己方利益的制度设置。另外,在条约解释、习惯国际法内容等问题上,不同的国家和国际机构可能会对同一规则做出不同的解释。有时,人们甚至没有意识到解释之间的不同,那么此时这些不同的解释可能很少引起人们的关注。假使这些解释因主体的战略性差异而不同,那么国际规则可能会因此而被改变或破坏。❷

结合基于对"破坏"的分析,作者对"差异"与"支配"的未来趋势并未抱有积极态度。该书作者十分谨慎,不愿对国际法应该是什么持一种特定的规范性观点,❸也没有为因她的文字而

---

❶ See Ryan Mitchell, "Anthea Roberts, Is International Law International?", *Modern Law Review*, Vol. 81:539 (2018).

❷ See Anthea Roberts, *Conceptualizing Comparative International Law*, Comparative International Law, Oxford University Press, 2018, p. 4.

❸ See Anthea Roberts, *Is International Law International? Continuing the Conversation*, at https://wwwejiltalkorg/is-international-law-international-continuing-the-conversation/, accessed 11 April 2025.

反思的读者提供建设性的解决方法。然而,她的措辞中多少流露出对西方国家制定当下国际法议程的不安,并也意识到该书的价值与反馈可能很大程度上取决于国际法中心区域的态度——西方学者的态度。❶ 同时,她明确指出世界在不断变化,国际法中现有的"差异"和"支配"模式可能会"被各种力量扰乱,包括技术创新、国内政治偏好的变化和地缘政治权力的转移等"。(第227页)在第六章谈及"破坏"时,她深刻而有力地指出,随着特朗普总统推进脱离政策和2016年6月中俄签署联合声明,后冷战时代的国际秩序似乎正在发生深刻转变。这种破坏很可能会产生她所描述的"一种更具竞争性的世界秩序"——而这将不可避免地在国际法领域内产生新的动力,并破坏现有的结构性稳定。

(二)西方视角的中国印证

从中国的角度来看,作者的部分观点仍有待商榷。鉴于不同国家对国际法的不同理解,其实并不难解释为何国际法不太能够完全具有"国际"性。熟悉国际形势与世界历史的学者及从业人员也或多或少有过类似的预判。

值得注意的是,作者在介绍中国事例时使用了些许有偏见色彩的词汇,比如"民族主义"和"击败"。(第46、88页)就前者而言,"民族主义"(nationalistic)在朗文词典等词典中的例句无一例外具有负面性。作者将中国政府培养国际法专业人士的政策目标描述为"明确的民族主义",因为"首要任务是……保护

---

❶ See Anthea Roberts, *Is International Law International? Continuing the Conversation*, at https://wwwejiltalkorg/is-international-law-international-continuing-the-conversation/, accessed 11 April 2025.

国家利益",并指出中国政府鼓励其法律人到西方国家留学,目的在于"使中国能够击败一些西方国家"。中国学者朱路也发现了这一问题,并在其文章中评论道:选择"民族主义"很是微妙,因为它通常是贬义词,意味着大力支持自己国家的利益必然排斥或损害其他国家利益。❶ 在全球化日益发展、中国影响力逐渐扩大的今天,西方学者应当能够预见中国实力增强后对国际法人才的需求。曾经,甚至而今,西方国家在定义"国际"时一直发挥着不成比例的影响。对于像中国这样的非西方国家来说,随着全球力量的转移,有更大的能力来促进其规范性议程,应是自然而然的结果。❷ 因而,作者在西方国家已经在国际法话语体系内占据优势、表达且追寻国家利益后,反过来指摘中国确乎有些不妥。同时,作者用"西方中心主义"视角审视中国,也侧面印证了作者的观点:国际法并非"国际的"。

其实,作者有如此观点并不稀奇。近代以来,中国先后摆脱了"挨打"和"挨饿"的历史,但是还没有摆脱"挨骂"的境地。❸ 西方对中国的偏颇化评价主要源于双方思维方式、价值标准等维度的差异,源于西方通过"西方中心主义"视角来审视中国——即便西方学者采用看似中立的实证研究方法,最终也难以摆脱其运用的西方理论和思维。❹ 我们很难在不改变上述维

---

❶ See Zhu Lu, "Is International Law International?", *Chinese Journal of International Law*, Vol. 18:1009 (2019).

❷ See Zhu Lu, "Is International Law International?", *Chinese Journal of International Law*, Vol. 18:1009 (2019).

❸ 参见车丕照:《国际法的话语价值》,载《吉林大学社会科学学报》2016年第6期。

❹ 参见陶南颖:《论国际法治研究的西方中心主义视角与中国视角》,载《法制与社会发展》2020年第3期。

度的基础上消除偏见,为今之计应当是进一步提升我国自身的话语权与国际竞争力。

二、我们需要什么样的国际法?

(一)"美美与共"的乌托邦幻想

国际法法律人是一个集合的概念,也代表着一种身份认同。马尔蒂·科斯肯涅米(Martti Koskenniemi)曾将国际法法律人通过实践路径划归为工具主义(instrumentalism)和形式主义(formalism)两类。❶ 笔者并不反对该书作者提出的"差异"的存在,也认可科斯肯涅米的实用性分类方式,但笔者所言的身份认同则是来自"差异"下的一份基于道德标准与人性伦常的规范。

国际法法律人概念囊括了在国际法领域进行实践的法学毕业生,他们可以生长、就读、从业于不同国家和地区,但都被认为对国际法律制度和设计有着较为一致的立场与倾向。在该书出版之前,也许鲜有人通过出身硬性地区分国际法从业者,在国际法领域实践的人员也大多怀揣着赤诚之心,为自己认知的和平稳定、公平正义作出努力。这种"一腔热血"的一致倾向确乎常在国际法法律人之间达成共识,而站在"正义"对面、为"加害者"出庭诉讼的律师也难逃舆论的口诛笔伐。南非于 2023 年年底就以色列"种族灭绝"行为向国际法

---

❶ See Martti Koskenniemi, *What is International Law For?*, in Malcolm Evans (ed.), *International Law*, Oxford University Press, 2018, 5th edn., 2018, p. 36.

院申请临时措施❶，尼加拉瓜也于 2024 年 3 月初向国际法院提起诉讼，控告德国为以色列提供军事援助支持其进行"种族灭绝"等❷。这两个案子都是关于《防止及惩治灭绝种族罪公约》的公益诉讼案件，起诉方发动案件初期便引来了不小关注，虽然有声音认为南非和尼加拉瓜的行为存在政治意图甚至是"强行提交"，大多数观点仍是对南非、尼加拉瓜维护正义与和平的认可、赞扬与支持，《防止及惩治灭绝种族罪公约》之父莱姆金（Rafał Lemkin）所传递的精神也在诸如此类的实践中体现。❸气候变化咨询意见案中的小岛屿国家青年律师似乎也正在"差异"之中作出"破除"的努力。同时，即便科斯肯涅米曾指出将和平、正义（peace and justice）作为行为依据容易让人失望，但他也承认寻求和平与正义是国际法所追求的"乌托邦"理想。❹ 只是"乌托邦"本身具有幻视色彩，在"差异"客观存在且某方"支配"的现实世界中，"美美与共"似乎暂时只是漂亮的外衣。

（二）破除"差异"与"支配"的"雄关漫道"

"差异"与"支配"的特征在国际法研究领域似乎已体现得

---

❶ See *Application of the Convention on the Prevention and Punishment of the Crime of Genocide in the Gaza Strip (South Africa v. Israel)*, at https://www.icj-cij.org/case/192, accessed 11 April, 2025.

❷ See *Alleged Breaches of Certain International Obligations in Respect of the Occupied Palestinian Territory (Nicaragua v. Germany)*, at https://www.icj-cij.org/case/193.

❸ 参见刘大群：《一个人的公约——纪念〈灭种公约〉生效 60 周年》，载《北大国际法与比较法评论》（第 9 卷），北京大学出版社 2012 年版。

❹ See Martti Koskenniemi, *What is International Law For?*, in Malcolm Evans (ed.), *International Law*, Oxford University Press, 2018, 5th edn., 2018, p. 42.

淋漓尽致。无论是最基准的教义学研究、比较研究还是近年来备受推崇的批判研究与实证研究,学界惯常将西方的国际法研究方式视作权威且科学的研究方法。不少学者认为,在此种研究方式的影响下,任何国家的人似乎都在像西方人一样思考国际法,而中国人在研究本国问题时也会不自觉地遵循西方的研究路径。❶ 该书作者在解释某些西方国家何以对国际法领域产生巨大影响时,特别举出文献引用作为论据。在学习的过程中,文件的引用来源和引用方式都贯彻了西方国家的独特方式。(第165页)美国法学院习作中对哈佛、芝加哥等引用方式的要求使学生逐步养成习惯并沿用至毕业,牛津大学的法律权威引用标准也几乎收割了整个英国甚至欧陆地区法学院的学生。除却英美国家自身综合实力等原因,英语作为一种长期且通用的国际法语言也在帮助着相关国家施加"不成比例的"影响。而当其他国家和地区的学生前往英美学习,一个长期稳定的闭环便形成了。对中国而言,需要打破此种"西方模式"对国际法理论的主导,构建本国国际法理论与话语体系。邓正来教授曾提出"中国法律理想图景",中国国际法研究范式这一概念便来源于此。这是一种中国法学研究应信仰和追求的一整套用以解释、认识、描述、评价、批判和指引中国法律发展的知识系统和方法论,它不仅应关注法律规则的制定和执行,更应关注在中国的语境下何种性质的法律秩序更可欲和更正当。❷

---

❶ 参见陶南颖:《论国际法治研究的西方中心主义视角与中国视角》,载《法制与社会发展》2020年第3期。
❷ 参见邓正来:《中国法学向何处去(上)——建构"中国法律理想图景"时代的论纲》,载《政法论坛》2005年第1期;邓正来:《中国法学向何处去(续)——对梁治平"法律文化论"的批判》,载《政法论坛》2005年第4期。

而为完成这一目标,重要的一步是参与到对方的话语体系当中。该书作者也阐明,希望通过比较国际法帮助国际法法律人有意识地用不同的眼光和角度来审视自己所处的国际法领域,从而更全面地理解他方、更敏锐地发现己方的问题。(第321页)知己知彼,百战不殆。若要建立一个充分涵盖中国话语体系的理想图景,确乎应当先深入"敌营",吃透西方思维模式,熟稔西方法律观念。对青年学生而言,可以以"他山之石"攻"他山之玉",即使不能深入了解西方国际法学习的方式,也可逐渐了解其对案例的引用、分析、应用方法等。参与国际化的国际法模拟法庭赛事是可行路径之一,例如参加杰赛普国际法模拟法庭辩论赛(Philip C. Jessup International Law Moot Court Competition)这一模拟法庭界的奥林匹克。杰赛普国际法模拟法庭辩论赛是国际公法领域的赛事,但它依旧有着浓厚的普通法系(common law)色彩。除此以外,越来越多的法学院也引入了普通法课程。❶ 在参赛和学习的过程之中,我们应长于反思、总结,发展和进步出我们自己的国际法律学习模式和思路。

对任何国家而言,全球范围内的知识输出都是提升本国国际地位和竞争力的有力方式。话语权是一个国家实力的象征,体现了一国在国际社会权力结构中的地位和影响力。❷ 如法国哲学家福柯所说,知识能产生、固化权力,权力也能够创造知识。❸

---

❶ 例如中国海洋大学与美国亚利桑那大学合作举办法学专业本科教育项目,又如北京大学国际法学院的美国法 Juris Doctor 项目等。

❷ 参见陈正良、周婕、李包庚:《国际话语权本质析论——兼论中国在提升国际话语权上的应有作为》,载《浙江社会科学》2014年第7期。

❸ 参见〔法〕米歇尔·福柯:《规训与惩罚:监狱的诞生》,刘北成、杨远婴译,生活·读书·新知三联书店1999年版,第29页;杨立民:《中国涉外法律服务准入机制的争议、现状与比较》,载《上海对外经贸大学学报》2018年第3期。

以国际经贸领域为例,西方发达国家常常作为主导方,熟稔专业性名词、规则等,甚至直接设立新的问题、概念。这种情况下,谁掌握了国际游戏规则的制定权和解释权,谁就可以为其他参与者设定需要达到的标准和满足的条件,❶而这必然会左右其他国家的步伐。对于非英语母语国家而言,专业技术和语言问题无疑都会成为阻碍,一国(尤其是非英语母语的国家)稍有不慎便会失去话语权,从而无法通过在该领域内的活动获得更高的国际地位。

近年来,中美贸易、边界与海洋、领空领土、气候变化、网络(主权)安全等领域都需要国际法人才为之保驾护航。中国积极参与气候变化等相关议题的讨论,提供咨询意见,是积极参与国际法律事务的实践,这些参与都需要熟稔国际法律规则,逐步提升国际法运用能力。❷ 因此,我国更需要加强人才培养,打造世界一流国际法人才队伍,建立世界一流的国际法智库,为新时代的中国特色大国外交提供强大法律支撑,为国家参与国际治理提供更高水平的智力支持。❸

三、我们期待什么样的国际法?

该书是对国际法的历史和理论及其目前实践进行批判性研

---

❶ 参见杨立民:《中国涉外法律服务准入机制的争议、现状与比较》,载《上海对外经贸大学学报》2018年第3期。

❷ 参见马新民:《当前国际法形势与中国外交条法工作》,载《国际法学刊》2023年第4期。

❸ 参见罗照辉:《开启中国国际法研究运用新征程——在中国国际法学会成立40周年纪念大会上的致辞》,载外交部网(https://www.fmprc.gov.cn/wjbxw_673019/202011/t20201110_390834.shtml),访问日期:2025年4月28日。

究的宝贵补充。尽管该书中的经验主义方法让人想起埃里克·波斯纳(Eric Posner)和杰克·戈德史密斯(Jack Goldsmith)的《国际法的局限》(*The Limits of International Law*),但它并未将其研究的复杂现象简化为狭隘的国家经济或地缘政治利益的表达。❶ 相反,作者所描述的多样性囊括了历史、经济和文化地位结构以及潜在的法律假设。这种不断变化的多样性对研究某一特定法律领域至关重要。❷ 国际法从业者和学者们可能会发现,我们更多地不是生活在一个理想的、有序的世界,而是一个多元的世界。

同时,该书中对比较国际法和实证研究的使用带领我们走入了反思的宇宙——基于比较和结果的反思。该书作者在书籍出版后谈道,写作过程中她使用了萨斯基娅·萨森(Saskia Sassen)描述的社会学中的"Before Methods"这一方法,即在处理复杂问题或分析不足时先退一步。通常来讲,特定的概念、框架和衡量标准所遮蔽的东西与所揭示的东西一样多。❸ 我们会不禁思考是什么让我们"如此"界定国际法?是什么让我们"如此"认知并走向国际法?我们的"如此"观点在形成中都被谁影响着?如果想要击破多元世界中的西方泡沫,是否需要反思形成国际认知的路径?国际法法律人们也可能会从该书中"醒悟",重新思考自己的来路与征途。

---

❶ See Andrea Leiter, "Is International Law International? by Anthea Roberts", *Melbourne Journal of International Law*, Vol. 19:413 (2018).

❷ See Andrea Leiter, "Is International Law International? by Anthea Roberts", *Melbourne Journal of International Law*, Vol. 19:413 (2018).

❸ Anthea Roberts, *Is International Law International? Continuing the Conversation*, at https://www.ejiltalk.org/is-international-law-international-continuing-the-conversation/, accessed 11 April 2025.

作者在该书的结尾呼吁国际法法律人对她深入分析的"差异、支配和破坏"之动态保持敏感,尝试站在他人的角度看世界,审慎对待自己的假设和实践,以意识到所选领域的"差异、支配和破坏"模式,这也应当引起所有从事比较法律研究者的共鸣。同时,也应做好参与对话的准备。即便"一个人可能会把他们的价值观视为威胁"(第325页),也要尝试掌握来自其他背景的人的观点。此外,一定程度的批判性自我反省也是必需的。国际法法律人需要对有关国际法性质和内容的长期假设进行诘问,否则可能陷入单一的国家思维模式。该书最后的结论是,国际法不太可能是完全的"国际性"的,并强调"承认和理解来自不同背景的人的观点和经验的重要性"。国际法的比较性也将使国际法法律人"以他人的眼光看待世界,而不仅仅是接受他们自己对真相的自我强化版本",并应"更加意识到该领域的偶然性、更具变化的能力"。(第325页)

人权历史的"显微术"

——关于 Christian Human Rights 的方法论探讨

李祎琳[*]

一、导言：重返人权历史

《基督教人权》[❶]（*Christian Human Rights*）是塞缪尔·莫恩（Samuel Moyn）继《最后的乌托邦：历史中的人权》（*The Last Utopia: Human Rights in History*）之后讨论人权演进史的第二部作品，也为第三本书《不够：不平等世界中的人权》（*Not Enough: Human Rights in an Unequal World*）反思人权概念的缺陷做出铺垫，因此在"人权三部曲"的序列中扮演了特殊角色。该书分为四章，前三章考察了纯粹的人权观念史，展现了保守主义人权观与基督教互动的三个侧面。第一章追溯了"人类尊严"（human dignity）在 1937 年爱尔兰宪法中作为"宗教立宪主义"（religious constitutionalism）的典范首次亮相的历史。第二章讲述了法国天主教哲学家雅克·马里坦（Jacques Maritain）的人格主义[❷]（per-

---

[*] 李祎琳，北京大学法学院本科生。

[❶] Samuel Moyn, *Christian Haman Rights*, University of Pennsylvania Press, 2015.

[❷] 本文将 person, the human person 一律译作"人格"，personalism 作"人格主义"。

sonalism)思想如何通过将世俗自由主义人权改造为宗教保守主义的造物,奠定了《世界人权宣言》的思想基础和欧洲重建的观念前提。第三章则阐述了与马里坦同时期的德国新教历史学家格哈德·里特尔(Gerhard Ritter)呼吁以基督教道德团结西方从而抵御世俗暴力的"基督教现实主义"(Christian realism)立场。第四章以欧洲法院一系列涉及宗教自由的判决为例说明了冷战初期基督教人权观持久的影响:即使当"最低限度民主"的威胁不再来自意识形态的敌人,而是来自宗教上的"异己者",穆斯林头巾案的一系列判决仍然遵循应对世俗主义威胁的模板。

尽管该书由讲稿和论文集合而成,独立的各章对于全书的分量却并不一致。从论述完成度上,最后一章相较前三章稍欠翔实。而在前三章中,又以第二章的思想铺垫最久,引发学界反响最热烈。绪论从1942年庇护十二世在圣诞演说中呼吁"人的尊严以及尊严所带来的权利"(第8页)起笔,将当下"成为左派的世俗教义"(第7页)的人权概念追溯到20世纪40年代捍卫保守主义的天主教士与教徒的创造,已经隐约勾勒出第二章 **The Human Person and the Reformulation of Conservatism**("人格与保守主义的重塑")的写作思路。此前,莫恩不止一次论及20世纪40年代之于人权史学的特殊意义,❶却颠覆了由联合国的建立、《世界人权宣言》的通过以及大屠杀反思等元素构成的上升式历史叙事,转而研究人权作为促进欧洲"二战"后重建的地方性政治议程的原初面貌。这也是第二章所欲达成的目的。

---

❶ See Samuel Moyn, "Substance, Scale, and Salience: The Recent Historiography of Human Rights", *Annual Review of Law and Social Science*, Vol.8: 128(2012). Also See Samuel Moyn, *Human Rights in History*, in Samuel Moyn, *Human Rights and the Uses of History*, Verso, 2014, p. 63.

莫恩关于天主教理论家马里坦为《世界人权宣言》做出思想贡献的认识早在其尚未涉足人权史而专注于历史记忆研究时已经显现。马里坦人格主义思想的发展也很早就进入他的研究视野并形成《雅克·马里坦、基督教新秩序与人权的诞生》(Jacques Maritain, Christian New Order, and the Birth of Human Rights)一文。第二章的即在 2012 年发表的《人格主义、社群和人权的起源》(Personalism, Community, and the Origin of Human Rights)一文的基础上修改而成。因此可以说,第二章之于全书核心论点——当代人权具有基督教保守主义的初始动因——具有举足轻重的地位。与此同时,第二章引申出的人权历史重新分期问题构成了全书方法论贡献的核心,引发了学界广泛的兴趣。

第二章回溯了 20 世纪中叶人格主义天主教思潮如何将世俗自由主义权利改造成本质上带有反共产主义色彩的基督教人权。绪论中,莫恩指出了人格主义影响"二战"后国际法的证据,即国际法律人德·维舍尔(Charles de Visscher)在国际法学会团聚会议上的发言:用席卷欧洲的人格主义思想对抗马基雅维利式的权力。随后,莫恩追溯了人格主义在 20 世纪 30 至 40 年代作为个人主义(individualism)和集体主义(collectivism)之间的社群主义(communitarian)第三条道路的起源;考察了当时最具影响力的天主教哲学家马里坦从天主教右翼专制主义转向人格主义,并在吸收小罗斯福总统的自由民主观念后,重新解释托马斯主义传统,使之与权利话语相协调,从而创造基督教人权的历史;最后探讨了改造后的基督教民主思想对西欧"二战"后重建的关键作用,这尤其体现在《欧洲人权公约》的制定和"二战"后的制宪运动中。在方法论上,莫恩旗帜鲜明地反对辉格主义的人权史书写,说明其写作意在"揭示当下历史书写中的目的论、隧道视野和自鸣得意"(第54页)。

围绕第二章的讨论集中于SSCR线上论坛❶,散见于汇报基督教人权前沿进展的论文集《基督教与人权的再发明》(Christianity and Human Rights Reinvented)以及个别独立书评。论坛集合了13位领域各异的学者在该书出版前的短评和作者的回应,充分展现了学界对新作贡献的理解和质疑,也深入阐释了作者的写作立场。后两种资料总体上未超出论坛的范畴,因此论坛的两个核心争议值得关注:其一是来自作者专攻的欧洲现代史领域外部的批评,其二是狭义上史学同行的质疑。由于观察尺度的不同,两类学者的关注点呈现相当有趣的差异:前者从宏观层面对莫恩的历史叙事进行质疑,后者则在微观层面对莫恩选择复现历史的素材进行商榷。下文将分别阐释两类学者的主张和莫恩的回应,以此探讨莫恩的历史学方法选择。

二、断裂与连续:划定历史的长度

社会科学、哲学、思想史等不同背景的学者不约而同地指出莫恩过分强调了历史断裂性。❷ 许多人在教会史内部寻找人权

---

❶ See *Christian Human Rights*, at https://tif.ssrc.org/category/book-blog/book-forums/christian-human-rights/, accessed 4 April 2024.

❷ See Paolo G. Carozza, "Review of Samuel Moyn's *Christian Human Rights*", *The Review of Politics*, Vol.80:152(2018); Thomas Pink, "Samuel Moyn-*Christian Human Rights*", *King's Law Journal*, Vol.28:6-11(2017); John Finnis, "On Moyn's *Christian Human Rights* (2015)", *King's Law Journal*, Vol. 28:16(2017); Dan Edelstein, *Not Church History?*, at https://tif.ssrc.org/2015/06/03/not-church-history/, accessed 4 April 2024; Carlos Invernizzi Accetti, *From Personalism to Liberalism?*, at https://tif.ssrc.org/2015/06/11/(转下页)

话语发展的线索。哲学家托马斯·平克(Thomas Pink)考据了19世纪末教皇约翰十三世对权利语言的使用,将其追溯到托马斯·阿奎那(St. Thomas Aquinas)的自然法思想,说明人权是教会法自然发展的产物。❶ 哲学神学家尼古拉斯·沃特斯多夫(Nicholas Wolterstorff)辨认出中世纪教会法学家使用"人的权利"(rights of man)的历史,认为人权(human rights)只是"人的权利"被概念化的子集,马里坦的特殊之处在于摆脱了"历史的健忘症"。❷ 政治理论学者卡洛斯·因韦尔尼齐·阿凯蒂(Carlos Invernizzi Accetti)指出马里坦只是用重新定义的人权概念"重述"了基督教自然法教义。❸ 这些"志同道合"的学者不满足于事实层面的反驳,更在方法论上对莫恩发起挑战。艾德斯坦(Dan Edelstein)指责莫恩构建了"无母而生"(sine matre creata)的观念史,这种反辉格主义的史学本身也不免于僵化。❹ 更犀利的诛心之论将莫恩称为"真正的施特劳斯主义者",因其执意忽视教会与权利漫长的接触史,强行将人权塑造为20世纪40年代天主教右派与启蒙时代开启的个人主义相决裂的

―――――――

(接上页) from-personalism-to-liberalism/, accessed 4 April 2024; John Witte, Jr., *Roots and Routes of Rights*, at https://tif.ssrc.org/2015/07/01/roots-and-routes-of-rights/, accessed 4 April 2024.

❶ See Thomas Pink, Id., pp. 6-11.

❷ See Nicholas Wolterstorff, *On the Recognition of Human Rights*, at https://tif.ssrc.org/2015/06/09/on-the-recognition-of-human-rights/, accessed 4 April 2024.

❸ See Carlos Invernizzi Accetti, *From Personalism to Liberalism?*, at https://tif.ssrc.org/2015/06/11/from-personalism-to-liberalism/, accessed 4 April 2024.

❹ See Dan Edelstein, *Not Church History?*, at https://tif.ssrc.org/2015/06/03/not-church-history/, accessed 4 April 2024.

产物,无异于"在圆形的整体中强加一个方形的钉子"。❶

  一些评论者走得更远,要求打破"天主教欧洲中心主义"。美国史学者吉恩·祖博维奇(Gene Zubovich)指出,莫恩系统性地忽视了美国普世新教徒反对一切等级制度、拥抱世俗主义的激进性。朱利亚娜·查米德斯(Guiliana Chamedes)则认为基督教人权诞生于"稳固的跨大西洋的交流空间",是教士教友之争的产物。人权言论并不如莫恩所言,是庇护十二世(Pope Pius XII)的专利,而是教皇巩固教廷权力的观念工具,用以对抗更早由跨欧美的天主教徒建立的、被指责受到共产主义影响的天主教人权事务委员会。另一类以约翰·威特(John Witte, Jr.)为典型的学者,要求在更广阔的思想脉络中追溯当代人权的起源。他追问,既然不同历史时期都存在关于人权的重要文献,"为什么1930—1970年发生的事件比1776—1791年、1640—1660年、1555—1598年、1215—1225年或更早的革命时代更为重要"?❷ 在经历了莫恩所谓20世纪60年代的欧洲"天主教之死"和左派对人权话语的世俗化之后,追溯已成陈迹的基督教人权和人格主义遗产不仅困难,而且似乎没有意义。❸

  以上批评界定了莫恩研究的两种断裂:时间上,使20世纪中叶的历史与更漫长的教会史相割裂;议题上,让欧洲天主教人权脱离于其他人权议程。莫恩及其狭义上的史学同仁充分驳斥了断裂论,以此澄清这一研究范式对人权史的贡献。

  针对议题的狭隘,莫恩承认其他议题超越了自己对欧洲史

---

 ❶ See Vincent Pecora, "Reply", at https://tif.ssrc.org/2015/06/03/not-church-history/, accessed 4 April 2024.

 ❷ John Witte, Jr, Id.

 ❸ See Or Rosenboim, *An Unwanted Legacy: Christianity and the Future of Human Rights*, at https://tif.ssrc.org/2015/06/18/an-unwanted-legacy-christianity-and-the-future-of-human-rights/, accessed 4 April 2024.

的关注,但辩称视野的局限性并非没有意义。欧洲现代史的研究背景让莫恩关心"局势最终如何导向基督教民主党的保守霸权和冷战政治"❶,而不是考察20世纪30到40年代各种观念道路的选择。莫恩认为约翰·威特模糊了各个"人权时刻"的地位,似乎意图还原更复杂的历史,实则忽略了谁输谁赢。历史已经被权力书写,更客观的做法是回到曾经权力博弈的现场。同理,该书第三章将德国历史学家里特尔❷作为"二战"后新教人权观的代表人物,也是出于对保守主义曾经获胜的反思。

而针对时段的割裂,莫恩表达了对连续性论证的开放态度,但也提醒当代基督教知识分子注意连续性立场隐含的政治主张。推理的链条越长,因果关系越可信,但也越抽象和无意义。评论者为了追溯"二战"后基督教人权与教会法学家使用的权利语言之间草蛇灰线式的连续性,不得不忽视法国大革命以降权利被世俗主义去基督教化的故事以及20世纪中叶权利被再基督教化的转折。连续性仿佛想象了观念在与世隔绝的图书馆中被归档和援引,而断裂性则强调观念在现实空间里历史性地演变,作为一个抽象的能指(signifier),被各种政治议程争夺和界定。史学同行辨认出莫恩做思想史的风格:关注"思想的断裂和曲折,而不是思想的顺利传播和继承"❸,"致力于系统地

---

❶ Samuel Moyn, *Christianity, Contemporary Legacies, and the Critique of Secularism*, at https://tif.ssrc.org/2015/07/30/christianity-contemporary-legacies-and-the-critique-of-secularism/, accessed 4 April 2024.

❷ 里特尔是虔诚的路德宗教徒,德国民族主义者,"二战"后德国历史学科的开创者之一。他被莫恩归入"基督教现实主义者",关注道德在政治暴力下面临的困境,因此呼吁"二战"后基督教西方内部的团结。

❸ Udi Greenburg, *The Long Shadow of Christian Politics*, at https://tif.ssrc.org/2015/06/24/the-long-shadow-of-christian-politics/, accessed 4 April 2024.

批判那些逐渐抹去其政治起源的概念"❶。约翰·米尔班克(John Milbank)将其抽象为"考古学的、反谱系学的"(archaelogical, anti-genealogical)方法,即挖掘概念的不同层次,而非寻找某种有机的根源。❷

对连续性或断裂性的偏重本身反映出研究者的旨趣(interest)——不只是学术上的兴趣,更是研究所服务的利益。莫恩将这两种研究视角对应到当代世俗主义批判的两种方法:历史性批判和结构性批判。后者认为世俗主义无法摆脱其基督教根源。在莫恩看来,这种原罪论从两方面削弱了批判的力量:它预设了基督教自身的永恒性,动摇了世俗主义批判的信心;而且根本上限制了人们关于世俗主义的想象力,忘记了"宿命般"失败的世俗主义本是被修订过的"缺陷版本",世俗主义也曾是基督教最大的敌人。相反,承认启蒙时代以降、20世纪中叶之前,基于个人意志的世俗权利观念脱离基督教道德的思想土壤而独立,是莫恩历史性批判的前提。在此背景下才能充分理解,经由人格主义哲学而实现的保守主义与自由主义的融合,以及新的基督教人权话语的发明都得到了政治议程的支持。基督教向现代性的让步使基督教民主党主导了欧洲重建的政治舞台,而自由主义者向宗教保守主义思想的让步则发明出至今仍具影响力的冷战自由主义。莫恩说明,这种叙事的目的不只在于突出历史本身,更是预防性的(prophylactic)。如果说《最后的乌托邦:

---

❶ Camille Robcis, *Is Secularism still Christian?*, at https://tif.ssrc.org/2015/06/26/is-secularism-still-christian/, accessed 4 April 2024.

❷ See John Milbank, *Samuel Moyn and the History of Natural Right*, at https://tif.ssrc.org/2015/07/06/samuel-moyn-and-the-history-of-natural-right/, accessed 4 April 2024.

历史中的人权》通过揭示人权是左派建立在社会主义乌托邦废墟之上的世俗新理想,打破了人权的崇高性和普遍性神话;那么《基督教人权》则通过发掘人权的保守主义历史,质疑了人权计划的进步性。归根结底,莫恩作为左派的立场决定了他选择对人权观念作"病理学"研究,而这正是尼采所谓"批判的历史"❶。莫恩不再追溯更远的犹太-基督教传统或启蒙传统,而是呼吁从晚近的20世纪历史思考国际人权议题的诞生,因此被视为新人权史学的代表人物。❷ 这种研究尺度的转变突出了人权在政治史而非思想史上的重要性,促使人权与当代社会更积极地对话。

深入而论,莫恩对时间和议题的有意剪裁与其关于人权史学三种流派的阐述和倾向密不可分。在《实质、规模和显著性:最近的人权史学》(Substance, Scale and Salience: The Recent Historiography of Human Rights)中,莫恩将人权史学的方法分为三类:实质性历史(substantive histories)、规模性历史(scalar histories)和显著性历史(salience histories)。❸

实质性历史侧重规范的内容,是研究规范的含义如何被编码化(codified)和教义化(canonized)的法律史。20世纪70年代自由主义权利兴起时,理查德·塔克(Richard Tuck)的《自然权利理论:起源与发展》(Natural Rights Theories: Their Origin and

---

❶ 〔德〕尼采:《历史的用途与滥用》,陈辉、周涛荣译,上海人民出版社2000年版,第11页。

❷ See Sarah Shortall & Daniel Steinmetz-Jenkins, *Introduction*, in Sarah Shortall & Daniel Steinmetz-Jenkins (eds.), *Christianity and Human Rights Reconsidered*, Cambridge University Press, 2020, p. 3.

❸ See Samuel Moyn, "Substance, Scale, and Salience: The Recent Historiography of Human Rights", *Annual Review of Law and Social Science*, Vol.8: 126(2012).

Development)就是一种实质性史学的回应。❶ 此外,国际法律人同一些政治家一道,成为早期关注国际人权的学术团体。例如人权法学家路易斯·亨金(Louis Henkin)在20世纪90年代编写的案例集里描绘了一部由《大宪章》到《美国独立宣言》,最终形成《世界人权宣言》的历史。❷ 对此,莫恩特别肯定了林·亨特(Lynn Hunt)《发明人权:一部历史》(Inventing Human Rights: A History)对显著性史学的历史贡献。她考察了18世纪的小说阅读对于重塑同理心和激发超越了团体和宗教身份的个人政治权利宣言的重要性,并提出人权史并不在于观点的积累,而着眼于政治和社会变革,这种变革深植于阅读实践中人类情感回应的重构。❸ 莫恩指出这种研究已经超越了对权利内涵的片面关注,转向更深层的意识形态研究,但依然忽略了规模问题,即简单地认为权利规范可以跨越遥远的帝国空间,例如在海地的奴隶起义中被接纳和利用,以期带来法国人和美国人创造的自由体制。❹ 实际上,恰恰是民族主义对领土主权的诉求成为人权的伴生物。❺ 林·亨特的叙述夸大了人权在规模上的连续性。

莫恩呼吁以规模性史学和显著性史学纠正实质史学的弊端。概念的语言只有在情境中才能展现其全部意涵,情境包含了规模性史学关注的地理区域以及显著性史学揭示的概念作为政治意

---

❶ See Samuel Moyn, "Substance, Scale, and Salience: The Recent Historiography of Human Rights", *Annual Review of Law and Social Science,* Vol. 8: 126(2012).

❷ Id., 127.

❸ Id., 128.

❹ Id.

❺ Id.

识形态、策略和斗争的重要性和可信性。莫恩描绘的历史正是规模性史学和显著性史学的结合：早期人权借助基督教在欧洲最后的黄金时期而兴起，欧洲重建的特殊背景使基督教人权的拥趸无意于将其塑造为遍性理想，而仅仅作为团结包括英美在内的自由主义"西方"（Abendland）以对抗共产主义威胁的工具。

三、激进与保守：考察历史的宽度

与其他领域的学者相反，论坛上的现代史学者肯定了莫恩的研究视角对于人权史学的独特价值，但在"历史化"（historicization）的微观层面关注了另一个问题：如何界定基督教人权的左与右。与历史学或历史编纂（historiography）不同，"历史化"往往是法史学或法律解释的工作：将概念放置在历史情境中，追溯其含义的演变。如果说历史学关注的是事件在时间流中的发展，历史化就是赋予一个时间截面重要性，以事件为素材将抽象的概念具体地呈现。因此，历史化是局部性的转译工作，是历史学在微观层面的投射与在细节层面的延展。通过分析笔墨铺陈与减省的选择，就可以洞悉写作者对议题的态度及其对历史的观念。而莫恩的史学同行正是对第二章的事件剪裁本身提出了质疑。

在第二章开头，莫恩将人格主义的起源描述为"非左非右"（ ni droite ni gauche ）的"第三条道路"，容纳了广阔的政治光谱。（第55—58页）然而结尾却只仓促地指出欧洲天主教左翼在"二战"后很快被消灭，影响寥寥。（第72页）许多历史学家要求对此做出解释，特别提到了左翼人格主义的旗手穆尼耶（Emmanuel Mounier）。詹姆斯·查普尔（James Chappel）将穆尼耶界定为教会的异端，他与马里坦和教会使用的人格主义语言并不相同,却被强行纳入自己所反对的保守主义历史中。❶ 奥尔·罗森博伊姆(Or Rosenboim)区分了马里坦和穆尼耶对"个人"(individual)和"人格"(person)的理解,指出马里坦对"个人"的批评更克制,只要求"个人"受到精神性的"人格"指导;而穆尼耶则坚定地站在"人格"的立场上反对"个人"。❷ 对资本主义个人主义的一贯抨击是穆尼耶后期被视作亲共产主义的原因。皮奥特·H. 科西基(Piotr H. Kosicki)则以人格主义与共产主义相结合而诞生的团结工会运动为例说明,穆尼耶等跨教派者并未通过基督教人权树立边界,而是"通过社群主义人格主义在信仰与非信仰、保守主义与革命意识形态之间跨越边界"。❸

虽然莫恩并未正面回应这种意见,但左翼人格主义者并非从未进入他的视野。在第二章的雏形《雅克·马里坦、基督教新秩序与人权的诞生》中,莫恩指出20世纪30年代的马里坦仅提出人格主义作为反对资本主义和共产主义两种道路,但让"人格"成为当时"法国社会和政治思想试金石"的,首先是穆尼耶。❹ 但随着欧洲右翼政权的上台,教会出于反极权主义的需

---

❶ See James Chappel, *All Churches Have Heretics: On Catholicism, Human Rights, and the Advantages of History for Life*, at https://tif.ssrc.org/2015/06/05/all-churches-have-heretics-on-catholicism-human-rights-and-the-advantages-of-history-for-life/, accessed 4 April 2024.

❷ See Or Rosenboim, *An Unwanted Legacy: Christianity and the Future of Human Rights*, at https://tif.ssrc.org/2015/06/18/an-unwanted-legacy-christianity-and-the-future-of-human-rights/, accessed 4 April 2024.

❸ Piotr H. Kociski, *Border-crossers, the Human Person, and Catholic Communitarianism*, at https://tif.ssrc.org/2015/06/22/border-crossers-the-human-person-and-catholic-communitarianism/, accessed 4 April 2024.

❹ See Samuel Moyn, *Jacques Maritain, Christian New Order, and the Birth of Human Rights* (2008), at http://doi.org/10.7916/D8RJ4R6P, accessed 4 April 2024.

人权历史的"显微术"

要转向人格主义,马里坦也在美国之行中吸纳了自由民主的政治建构,从而"悄然但果断地放弃了他过去将形式自由和形式民主与自由个人主义联系在一起的做法",不再把形式上的权利和民主视为虚伪的资本主义的假象,自此与马克思主义或穆尼耶的人格主义思想彻底决裂。❶ 马里坦偶然的思想发明在特定的历史背景下被选择性地改造,与天主教传统交织,打造出"基督教新秩序"。借此,基督教民主和冷战时期对人权的强调成为欧洲价值观的代表,基督教迎来了在欧洲最后的黄金时期。这是莫恩选择讲述的关于胜利的故事。

但故事并不只有一种讲述方式。第二章中被多次引用的法国思想史学者约翰·赫曼(John Hellman)的研究像硬币的反面,叙述了"失败者"的故事。赫曼的研究领域正是20世纪30年代左翼天主教知识分子的思想和命运。相比于受到天主教右翼运动法兰西行动(Action Française)深刻影响的马里坦,穆尼耶用人格主义与天主教右派划清界限。❷ 他在马里坦的赞助下创办了席卷法国知识界的《精神》杂志(Esprit),却没有达成马里坦的期待,将其打造成天主教官方的喉舌,反而集合了大量跨教派人士甚至非信仰者,将其团结在"人格主义"的名下,构想一种马里坦大为反对的"精神革命"(spiritual revolution),因此造成两人的龃龉。❸

---

❶ See Samuel Moyn, *Jacques Maritain, Christian New Order, and the Birth of Human Rights* (2008), at http://doi.org/10.7916/D8RJ4R6P, accessed 4 April 2024, p.18.

❷ See John Hellman, "The Opening to the Left in French Catholicism: The Role of the Personalists", *Journal of the History of Ideas*, Vol. 34:383-385 (1973).

❸ See John Hellman, "Maritain and Mounier: A Secret Quarrel Over the Future of the Church", *The Review of Politics*, Vol. 42:152-166(1980).

然而,正由于法国维希政府的天主教左翼人士过度投身于探索精神性的第三道路,他们同时受到了左右翼政治力量的冷遇,使哲学上更加严谨的天主教知识领袖马里坦和抵抗运动中更有行动力的基督教民主人士掌握了权力。❶ 诚然,左翼人格主义深刻影响了波兰籍教皇圣若望·保禄二世❷和日后的团结工会运动,但穆尼耶在1950年的骤然离世标志着欧洲天主教左翼的衰落。因此,即便如查普尔所言,穆尼耶的思想不会像异端的肉身一样被消灭,它在权力舞台上的边缘化也使它注定不会进入揭露胜利者意图的叙事。

和赫曼不同,莫恩并未赋予"精神革命"独特的历史意义,基督教内部的激进派逐渐导向社会主义的倾向并未构成叙述的主线。或许这不是因为穆尼耶追求精神性的思想试验在历史上无足轻重,而是因为莫恩本人同社会主义和共产主义保持着克制的距离,只将其视为破灭的乌托邦之一。出于同样的原因,莫恩仅仅对话了马克思主义批判法学方法,但并不属于马克思主义法史学者。马克思主义的人权批判关注自由主义权利观虚伪的中立性,即在市场机制下"中立地"赋予个人选择权,这种原子化的个人主义实则掩盖了它与巩固现有等级秩序的社会运作模式之间深刻的亲和性。❸ 第二章揭露了带有批判倾向的人格主义社群

---

❶ See John Hellman, " Vichy Background: Political Alternatives for French Catholics in the Nineteen-Thirties", *The Journal of Modern History*, Vol. 49:1111-1144(1977).

❷ See John Hellman, "John Paul II and the Personalist Movement", *Cross Currents*, Vol. 30:409-419(1980).

❸ See Brad R. Roth, *Marxian Insights for the Human Rights Project*, in Susan Marks (eds.), *International Law on the Left: Re-examining Marxist Legacies*, Cambridge University Press, 2009, pp. 245-250.

主义思想经过天主教右翼的改造后与自由主义合流,同样服务于反共产主义的目的。这对马克思主义批判方法做了有益的补充。但莫恩无意从事人权的理论批判。在追溯人权历史的前三个章节中,莫恩都没有详细考察人权思想诞生的社会基础,只是截面式地呈现了思想被创造或改造的时刻。第二章中被天主教保守主义改写的自由主义人权如何实际影响"二战"后欧洲的实践也被省略。如莫恩所言,基督教议题服务于对人权观念的研究,但对人权话语的反思停留于自身,而不是结构性、系统性的政治经济批判。

如果说马克思主义学者对人权的态度是怀疑和警惕,莫恩对人权及人权运动的态度更多是遗憾。在《基督教人权》的后记中,莫恩道出将人权与基督教并举的另一原因:他将人权视作世俗版本的普遍信仰,只是它不再许诺灵魂得救,而是现世幸福。因此人权的一切成功都取决于它对不公正世界的改善,对此它显然做得"不够",这便开启了下一本书《不够:不平等世界中的人权》的讨论。尽管在该书结尾和其他文章中,莫恩表达了由人权乌托邦引领的新纪元正在我们脚下飞速逝去,❶人权是需要被改进甚至抛弃的发明,❷他仍将人权和人权运动评价为"我们时代最核心的理念和最杰出的政治运动",❸同时也提出了他心目中人权政治的折中方案:❹人权政治必须涉及步骤上

---

❶ See Samuel Moyn, "Substance, Scale, and Salience: The Recent Historiography of Human Rights", *Annual Review of Law and Social Science*, Vol. 8: 136-137(2012).

❷ See Samuel Moyn, *Human Rights in History*, in Samuel Moyn, *Human Rights and the Uses of History*, Verso, 2014, p. 67.

❸ See Samuel Moyn, *Preface*, in Samuel Moyn, *Human Rights and the Uses of History*, Verso, 2014, p.1.

❹ See Samuel Moyn, "The Future of Human Rights" *Sur-International Journal on Human Rights*, Vol. 11:61-62(2014).

的转变;人权政治必须承认其动员性;人权政治必须超越法官;人权政治必须寻求对享有形式权利的实际条件的权力;人权政治将摒弃个人主义的规范框架,同时不再赋予政治权利和公民权利特权地位。一些方案来自莫恩对激进左翼运动的反思,例如他呼吁放弃左派坚持的革命与改革的二分法,而是"从目前存在的国际人权思想和运动入手,并在此基础上加以激进化"❶。

四、结语:"显微术"式的历史

归根结底,莫恩可以算作人权运动的"诤友"。在《最后的乌托邦:历史中的人权》和《基督教人权》两本书中,莫恩完成的工作很大程度上是厘清人权史上的重要时刻,打破学界围绕20世纪40年代联合国的建立、《世界人权宣言》的发表而产生的所谓"普世主义"的幻想,说明20世纪70年代东欧社会主义革命的退潮与美国趁机推行的人权政治才是当代人权"更即刻性的渊源"❷。但莫恩也自知不能免于雅各布·布克哈特(Jacob Burckhardt)对滥用历史作为当下时代垫脚石的道德愤慨,而是承认历史由生者书写并对其产生意义,因此"对过去的滥用更需要以更美好未来的名义而利用"❸。正如莫恩在该书出版后发表的《人权历史的终结》(The End of Human Rights History)中所说,"关于如何比较20世纪40年代(或之前)和20世纪70年

---

❶ Samuel Moyn, "The Future of Human Rights", *Sur – International Journal on Human Rights*, Vol. 11:61(2014).

❷ Samuel Moyn, *The Last Utopia: Human Rights in History*, The Belknap Press of Harvard University Press, 2010, p. 157.

❸ Samuel Moyn, Preface, in Samuel Moyn, *Human Rights and the Uses of History*, Verso, 2014, p. 2.

代的争论越来越令人厌烦,与对后来人权如何发展的必要调查相比,这种争论就显得微不足道了"❶,他建议"人权史应摒弃对过去的翻箱倒柜"❷,以史为鉴地重塑全球性的人权运动。在创造未来方面,人权做得还远远不够。正因如此,第二章乃至全书都可以被视为"显微术"式的观念史,透视了"人权"的所指(signified)如何在进步与保守之间流动、融合与凝固,但也止步于对这一概念本身微观的、克制的批判,最终仍寄期望于来日。

以莫恩自己对该书的评论作为总结:"它始终是批判性的,却也始终是多元的……最大的风险可能是……当基督教与人权的关系被放在首位时,基督教本身会被削弱。"❸准确来说,莫恩叙述了一部欧洲的、冷战初期的、被基督教保守主义书写的和作为观念的人权历史——并非基督教的历史、以人权为载体的全球史或人权的理论批判。这一系列限定词界定了研究的局限,也因此定义了它的成功。

---

❶ Samuel Moyn, "The End of Human Rights History", *Past and Present*, No. 223:310(2016).

❷ Samuel Moyn, *Preface*, in Samuel Moyn, *Human Rights and the Uses of History*, Verso, 2014, p. 2.

❸ Samuel Moyn, *Preface*, in Sarah Shortall & Daniel Steinmetz-Jenkins (eds.), *Christianity and Human Rights Reconsidered*, Cambridge University Press, 2020, p. xii.

编辑手记

基于为法学界保留一块进行严肃的学术批评的阵地这样的目标,《法律书评》集刊从2003年创刊号至今,已经坚持了二十二年。尽管距离所谓"核心期刊"仍然遥远,但我们也并不因此被学术体制规训,而是希望坚持自己独特的风格与立场,在"学术"与"科研"似乎被分离为不同生产机制的时代,保持读书人的兴趣,并激发写书人的热情。

为了更好地坚持初心,我们也在一直求新求变,努力使读者和作者之间能够形成更为有机的联系。从本辑开始,我们开展了与凯风公益基金会合作的一系列新书沙龙活动,更多聚焦国内青年学者的新著,强调面向当代中国法学开展学术批评,较之于对国外经典著作的阅读创造更多学术增量。同时,与"雅理读书"微信公众号和北大法宝数据库的合作,则可以在移动互联网时代更好地接近读者,形成更为立体的宣传。而作为最长期的合作伙伴,北大出版社对版式和设计也进行了创新,使刊物更具有可读性,更加凸显纸质书的美感。具言之,改用小开本,保留藏书票,封面引入图像,内文图文结合,倡导深思考和轻阅读的联手,达致学术性和人文性的交融。希望在未来通过同各位合作伙伴的共同努力,让刊物能够形成更强的影响力。

而所有这些,当然最终取决于作者和读者的合作。在感谢过去所有的作者与读者热情支持的同时,通过不断追求改变,我们也想向所有潜在的作者发出信号:《法律书评》追求更加多元与自由的学术批评,欢迎更加丰富和个性的话语表达,对于那些不能被纳入主流或是核心套路的思想与文字始终保持开放的态度。以此向读者提供真正需要的智识产品,为中国法学界建设良好的学术氛围和学术批评环境,这就是我们的贡献。

李　晟

2025 年 1 月 9 日

《法律书评》稿约

《法律书评》由北京大学法学院主办,苏力教授担任主编,目前每年出版一辑。本刊的主旨为"开放的批评与阅读",旨在弘扬和鼓励中国学术界尤其是法学界的学术批评,以及为关注学术与公共事务的法律人提供面向开放视野的兼具智识性与趣味性的多元化阅读。有鉴于此,本刊主编会同北京大学出版社立以下稿约,详细说明本刊用稿旨趣,向学界同道征稿:

1. 本刊所接受与刊发的稿件风格追求多元化,不拘泥于特定的形式。既鼓励系统性的深入论述,也同样欢迎短小精悍、一针见血的犀利评点;既立足于法学为基本视野,也关注法学之外的其他学科。

2. 本刊致力于提供一个尽可能自由的批评与交锋空间,鼓励有深度的学术批评而非简单的介绍性评论,尤其欢迎针对当代中国学术著作的犀利批评与深入解读,特别是年轻学者对上一代学人的批评。同时,并不局限于中国学界,同样欢迎对国外学术经典的诠释和新著的及时引介。

3. 在对于具体著作的学术评论之外,本刊还鼓励针对某一学术主题的多部著作的学术梳理与归纳、围绕重要著作展开的对话、与书相关的学术随笔,以及对于其他各类著作的法学视角分析。

4. 基于上述考虑,本刊根据讨论主题与用稿情况灵活设置栏目,投稿人在投稿时不必注明投稿栏目,本刊编辑委员会根据本刊宗旨及栏目的用稿品味在栏目间加以安排,并保留对拟采稿件进行文字性修改的权力。

5. 来稿要求未在任何公开出版物上发表,学术性书评来稿格式参见后附体例要求,也可参考本刊正文体例,字数不限。

6. 来稿仅接受电子版,请以 word 格式文件用附件 Email 至 lawbookreview@163.com。来稿请注明作者姓名,通信地址,所评论的书的名称、作者、译者、出版社和出版年份。

7. 本刊在一个月内对来稿作初步处理并以 Email 通知采用情况。对于采纳稿件,本刊向作者赠送同期刊物三册。

引证体例与范例

一、援用本刊规范

林海:《皮影戏——评苏力的〈法律与文学〉》,载《法律书评》(第7辑),北京大学出版社2008年版。

二、一般体例

1. 引证应能体现所援用文献、资料等的信息特点,(1)能与其他文献、资料等相区别;(2)能说明该文献、资料等的相关来源,方便读者查找。

2. 引证注释以页下脚注形式,每页重新编号。注释中重复引用文献、资料时,若为同一页注释中次第紧连援用同一文献的情形,使用"同上注,第2页""Id., p. 2"等。对于所评价著作,在文中多次重复引用时,可不再加入脚注,直接在正文中括号标注页码即可。

3. 正文中出现一百字以上的引文,不必加注引号,直接将引文部分左边缩排两格,并使用楷体字予以区分。一百字以下引文,加注引号,直接放在正文中。

4. 直接引证不使用引导词或加引导词,间接性的带有作者的概括理解的,支持性或背景性的引用,可使用"参见""例如""例见""又见""参照"等;对立性引证的引导词为"相反""不同的见解,参见""但见"等。

5. 作者(包括编者、译者、机构作者等)为三人以上时,可仅列出第一人,使用"等"予以省略。

6. 引证二手文献、资料,须注明该原始文献资料的作者、标题,在其后注明"转引自"该援用的文献、资料等。

7. 引证信札、访谈、演讲、电影、电视、广播、录音、未刊稿等文献、资料等,在其后注明资料形成时间、地点或出品时间、出品机构等能显示其独立存在的特征。

8. 不提倡引证作者自己的未刊稿,除非是即将出版或已经在一定范围内公开的。

9. 引证网页应出自大型学术网站或新闻网站,由站方管理员添加设置的网页,并且有详细的可以直接确认定位到具体征引内容所在网页的 URL 链接地址。不提倡从 BBS、BLOG 等普通用户可以任意删改的网页中引证。

10. 引用作品之作者或编者等,须用六角括号标注其国籍或所属地区。

11. 英文以外作品的引证,从该文种的学术引证惯例,但须清楚可循。

12. 其他未尽事宜,参见本刊近期已刊登文章的处理办法。

三、引用例证

中文

1. 著作

朱慈蕴:《公司法人格否认法理研究》,法律出版社 1998 年版,第 32 页。

2. 译作

〔法〕孟德斯鸠:《论法的精神》(下册),张雁深译,商务印书馆 1963 年版,第 32 页。

3. 编辑(主编)作品

朱景文主编:《对西方法律传统的挑战——美国批判法律研究运动》,中国检察出版社 1996 年版,第 32 页。

4. 杂志/报纸

张维迎、柯荣住:《诉讼过程中的逆向选择及其解释——以契约纠纷的基层法院判决书为例的经验研究》,载《中国社会科学》2002 年第 2 期。

刘晓林:《行政许可法带给我们什么》,《人民日报》(海外版)2003 年 9 月 6 日,第 H 版。

5. 著作中的文章

宋格文:《天人之间:汉代的契约与国家》,李明德译,载高道蕴等编:《美国学者论中国法律传统》,中国政法大学出版社 1994 年版,第 32 页。

6. 网上文献资料引证

梁戈:《评美国高教独立性存在与发展的历史条件》,载中国教育和科研计算机网(http://www.edu.cn/20020318/3022829.shtml),访问日期:2008 年 8 月 1 日。

英文

1. 英文期刊文章(consecutively paginated journals)

Frank K. Upham, "Who Will Find the Defendant if He Stays with His Sheep? Justice in Rural China", *Yale Law Journal*, Vol. 114:1675 (2005).

2. 文集中的文章(shorter works in collection)

Lars Anell, *Foreword*, in Daniel Gervais, *The TRIPS Agreement: Drafting History and Analysis*, London Sweet & Maxwell, 1998, p. 1.

3. 英文书(books)

Richard A. Posner, *The Problems of Jurisprudence*, Harvard University Press, 1990, p. 456.

4. 英美案例(cases)

New York Times Co. v. Sullivan, 376 U. S. 254 (1964).(正文中出现也要斜体)

Kobe, Inc. v. Dempsey Pump Co., 198 F. 2d 416, 420 (10th Cir. 1952).

5. 未发表文章(unpublished manuscripts)

Yu Li, *On the Wealth and Risk Effects of the Glass-Steagall Overhaul: Evidence from the Stock Market,* New York University, 2001 (*unpublished manuscript, on file with author*).

6. 信件(letters)

Letter from A to B of 12/23/2005, p. 2.

7. 采访(interviews)

Telephone interview with A (Oct. 2, 1992).

8. 网页（internet sources）

Lu Xue, *Zhou Zhengqing Talks on the Forthcoming Revision of Securities Law,* at http://www.fsi.com.cn/celeb300/visited303/303_0312/303_03123001.htm?, accessed 1 April 2025.